CW01661594

CHAJZERÓW
dwóch

CHAJZERÓW *dwóch*

Prószyński i S-ka

Copyright © Zygmunt Chajzer & Filip Chajzer, 2017

Copyright © Anna Derengowska, 2017

Projekt okładki
Paweł Panczakiewicz

Zdjęcia na okładce
Tatiana Jachyra

Zdjęcia w książce
Tatiana Jachyra
Prywatne archiwum rodzinne
Wojciech Glinka (str. 106 – środek, 426-427)

Redaktor prowadzący
Anna Derengowska

Redakcja
Piotr Chojnacki

Korekta
Katarzyna Kusojć
Grażyna Nawrocka

Makieta
Paweł Panczakiewicz/Ewa Wójcik

ISBN 978–83–8097-138-7

Warszawa 2017

Wydawca
Prószyński Media Sp. z o.o.
02–697 Warszawa, ul. Rzymowskiego 28
www.proszynski.pl

Druk i oprawa
Ozgraf

Jak tatę kocham,
tak książkę dedykuję mamie,
bez której świat byłby bez sensu.

Filip Chajzer

Żonie.

Zygmunt Chajzer

Syn o ojcu

przystojny

inteligentny jak cholera

mądry

pracowity

władczy

konkretny

czasami upierdliwy :)

Ojciec o synu

przebojowy

dynamiczny

bałaganiarz

dowcipny

pomysłowy

Zygmunt na początek

Zawsze z dużą podejrzliwością odnosiłem się do książek pisanych przez celebrytów. No bo po co piszą...? I czy faktycznie piszą...? Częściej odpowiadają na pytania, a potem redaktor przepisuje, szlifuje, pucuje i uzupełnia. Do tego dorzuca się trochę zdjęć z prywatnego archiwum i dzieło gotowe. Piszą, żeby się pochwalić swoimi sukcesami albo nagle poczuli się ekspertami w dziedzinach, które ledwie liznęli.

Komuś udało się ugotować zupę... to pisze książkę kucharską albo co najmniej kulinarny poradnik. Schudł parę kilo, to zostaje ekspertem od diety i fitnessu. Trochę mnie śmieszą te poradniki, jak być pięknym, młodym, bogatym i w ogóle człowiekiem sukcesu. Jednym się udaje, a innym nie. Bywa też ekstremalnie... poczytajcie, w jakie bagienko zabrnąłem i jak pięknie się z tego wyczołgałem.

Aż tu nagle... „masz babo placek!" – propozycja książki. Po co?, dlaczego? Co to za dziwaczny pomysł? Nie czuję się ani pisarzem, ani ekspertem w żadnej dziedzinie. No, może poza siatkówką. Ale upierają się, że chcą. I co tu robić? Filip tłumaczy, że „ryje znane, to ludzie ciekawi, skąd się wzięły". Odmówić nie wypada, a nuż coś fajnego z tego wyjdzie. Tylko jak to zrobić?

Więc wymyśliliśmy, że sobie pogadamy. Trochę tak jak w radiu, które obaj bardzo cenimy.

Pogadamy jak stary z młodym, jak uczestnik pochodów pierwszomajowych (tak przy okazji to moja data urodzin, taki pracuś ze mnie!) z bywalcem Ikei i McDonalda.

Gadaliśmy o pierwszych prywatkach – u mnie oznaczało to adapter Bambino, pocztówki dźwiękowe z bazaru Różyckiego i cudem zdobyte płyty zachodnich wykonawców, a u Filipa to była już era płyt CD i jakości HD. Gadaliśmy o samochodach, podróżach, ciuchach i pracy.

Porównania wychodziły zaskakujące i czasem bardzo zabawne. Wyrastaliśmy w różnych epokach. Ja w czasach PRL-u, wielkich zmian i zupełnie nowej Polski, Filip zaś całe trzydzieści lat później. Jaki był świat wtedy, jaki jest dziś? Przeżyliśmy całą epokę rozwoju technologii, od telefonów z tarczą i zdemolowanych budek telefonicznych po smartfony i tablety.

A co z tego wynika? Odpowiedź na to pytanie pozostawiam Wam, Drodzy Czytelnicy!

Miłej lektury.

Pierwsze koty za płoty

F: Jakie masz pierwsze wspomnienie z dzieciństwa? Zaczyna starszy!

Z: Święta. To chyba dzieciom najczęściej zostaje w pamięci, bo to taka fascynująca i magiczna chwila. Moment, kiedy pojawia się Mikołaj, który puka do okna…

F: Przecież wy nie mieliście Mikołaja!

Z: Jak to nie? Mieliśmy.

F: Mieliście jakiegoś Dziadka Mroza.

Z: Oszalałeś?

F: Za komuny?!

Z: Co ja, w Związku Radzieckim mieszkałem?

F: Za komuny Święty Mikołaj?

Z: No przestań… Jaka komuna?

F: No jaka? Głęboka!

Z: Nie no, bzdury opowiadasz.

F: Gwiazdora mieliście!

Z: Sam jesteś gwiazdor.

F: A dziękuję!

Z: Chyba nawet komuniści nie próbowali nigdy podważać takich tradycji, tradycyjnych świąt i tak dalej…

F: Gwiazdor to w Poznaniu.

Z: Ale regionalnie on się inaczej nazywał. Natomiast w Warszawie chodził prawdziwy Święty Mikołaj i roznosił prezenty.

F: Ale przychodził ten w czapce, przebrany?

Z: Tak, tak, tak. To znaczy: pierwszego pamiętam tak, że miał brodę z waty, oczywiście czerwony strój, tylko buty miał jakieś dziwne. Bo dzieci zawsze po butach chyba rozpoznają, że coś jest nie tak. I chyba pierwsze prezenty… Jeszcze pamiętam, jak się choinka spaliła.

F: Kto spalił choinkę?

Z: Chyba ja.

F: Ale jak? Miała prawdziwe świeczki?

Z: Zapałkami. Typowa dziewczynka z zapałkami. Kiedyś nie było, wiem, trudno to sobie wyobrazić, światełek elektrycznych, tylko mieliśmy takie cieniutkie prawdziwe świeczki…

F: Naprawdę?

Z: Na choince były świeczki.

F: A jakieś BHP?

Z: Bardzo lubiłem, jak na choince było dużo włosa anielskiego. Takie serpentyny na całej choince, które imitowały sopelki czy śnieg. No i oczywiście kiedy podpalałem kolejną świeczuszkę, to się wszystko razem pięknie zajęło…

F: Mama zawsze uważała, że włosy anielskie to straszna wiocha. I zabraniała ich używać.

Z: Ale całe święta to wiocha!

F: Ale…

Z: Ale to wszystko musi wyglądać bardzo kolorowo.

F: …Ale w ogóle twój związek z matką to jest trochę mezalians, bo ty jesteś z Pragi. To tak à propos tych włosów anielskich i podejścia do estetyki. I tobie się włosy anielskie bardzo podobają, im więcej „napiżdżone" na choinkę, im bardziej kolorowo, im więcej „nachrzanione" tego wszystkiego, tym lepiej.

Z: Na tym polegają święta!

F: Z kolei matka, która jest z Ochoty, jak widzi włosy anielskie i taki przesadyzm w formie, kolorze i doborze, to już jest chora. Zawsze w tej kwestii mieliście rozbieżne zdanie.

Z: No dobrze, czy ja mogę skończyć o tych świętach? Skończ z dygresjami. Święta były jak najbardziej tradycyjne, a ta paląca się choinka to rzeczywiście bardzo utkwiła mi w pamięci, dlatego że mój brat bardzo dzielnie zareagował – zresztą cała rodzina rzuciła się na tę choinkę – ale chyba brat najsensowniej, bo narzucił jakiś koc na choinkę i ją ugasił.

F: Andrzej, tak?

Z: Andrzej. Trochę się tylko firany spaliły i zasłona.

F: Tak się właśnie kończy przesada w formie.

Z: Nie było zastępczej choinki. Ile ja mogłem mieć lat? Sześć.

F: Ale ciekawi mnie co innego: jak pozyskiwaliście choinkę?

Z: Nie, nie wycinało się, nie chodziliśmy z siekierą do lasu. Kupowało się.

F: Naprawdę? Tak jak dzisiaj? Tak po prostu?

Z: Zwykłą jodełkę. Oczywiście, że tak. Ty masz wyobrażenia jak z filmów Barei, że się bierze siekierkę i rusza do lasu.

F: No tak mi się właśnie wydawało.

Z: Nie no, bzdury. Były normalne składy z choinkami. Myśmy najczęściej kupowali choinkę w składzie z węglem, dlatego że pan, który sprzedawał węgiel i koks, sezonowo sprzedawał inne towary. I zimą, przed świętami, sprzedawał choinki. Podobnie jak dzisiaj były targi też z choinkami. Oczywiście trudno było znaleźć ładną choinkę, a już nie mówiąc o jakichś jodłach, jodłach kaukaskich...

F: Świerk był?

Z: Świerk był i zwykła jodełka. I były sztuczne, straszne drapaki.

F: Ale plastikowe?

Z: Plastikowe.

F: Radzieckie?

Z: Nie, polskie. Polski prywaciarz przecież wymyślał różne cudne rzeczy. Na choinkę, na święta i w ogóle. Były sztuczne choinki, które wyciągało się ze strychu albo z piwnicy, odkurzało... Ale ja ich nigdy nie lubiłem. Zawsze bardzo lubiłem zapach choinki. I chyba najlepiej pamiętam właśnie te pierwsze wrażenia, choinkę, prezenty. Najfantastyczniejszy prezent, jaki dostałem, to samochód zdalnie sterowany – tak się na to mówiło.

F: Zdalnie sterowany w '58?

Z: No oczywiście, na bateryjkę.

F: Ale sterowany – przepraszam – jak?

Z: Ale sterowany zdalnie na druciku.

F: Aaa, na drucie... Nie po wi-fi?

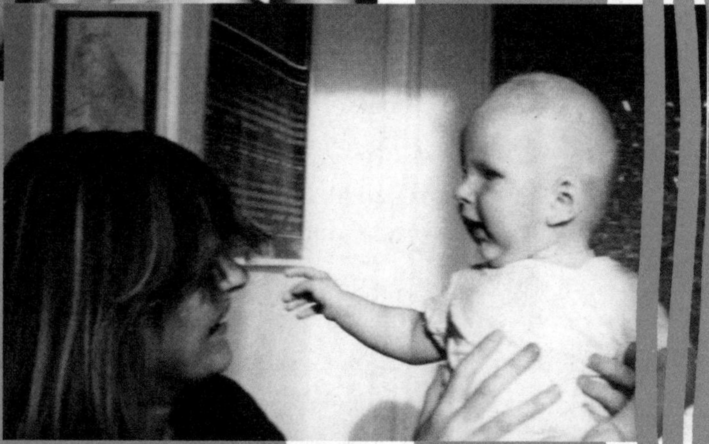

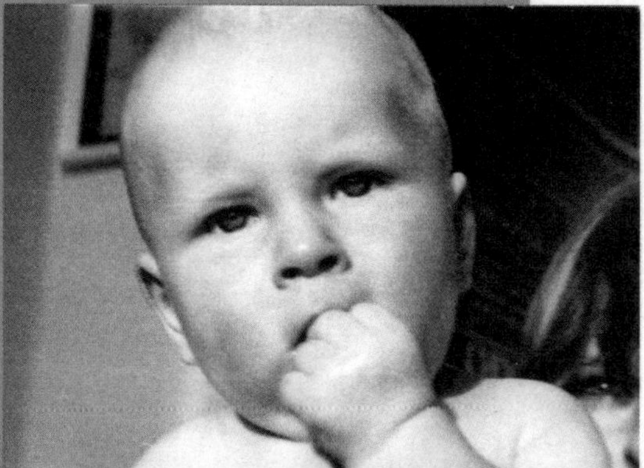

Z: Nie. Ten samochodzik miał przewód, była do tego taka mała skrzyneczka, kierownica…

F: Naprawdę?

Z: Chodziło się za tym samochodzikiem i się sterowało. Do przodu, do tyłu. Boże, jaki to cudny był prezent! O, to takie rzeczy z początków pamiętam.

F: À propos tego, jak się kupowało choinki i w ogóle, co się kupowało, gdzie się kupowało, to jest świetny kawał: matka opowiada córce, że kiedyś w sklepach to był tylko ocet. Od początku do końca, od wejścia do wyjścia – tylko ocet. Na to córka patrzy wielkimi oczyma i pyta: „Mamo, w całej Galerii Mokotów tylko ocet?".

Z: Dobrze. Teraz ty. Pierwsze, co pamiętasz.

F: Pierwsze, co pamiętam, to działka dziadków na Ochocie…

Z: Działka pracownicza.

F: Działka pracownicza na Ochocie. Taka jak te małe ogródki w centrum miasta, podzielone, każdy ma po trzysta metrów. Z tej działki mam pierwsze wspomnienie. Babcia, która robi młode ziemniaki i jajko sadzone na szynce. O! Stamtąd też pamiętam – zaraz jakieś kolejne wspomnienie – Czarnobyl. Pamiętam dokładnie scenę, w której…

Z: To było w '86?

F: Kwiecień '86, zaraz przed Świętami Wielkanocnymi.

Z: Wyścig Pokoju zaraz po tym był.

F: Mam taki flashback… siedzę w piaskownicy z bratem ciotecznym Wacławem, przybiega matka i mówi, że był jakiś straszny wybuch i nadciąga fala czegoś – nie pamiętam dokładnie czego.

Z: Skąd dziecko miało wiedzieć, o co chodzi.

F: Nie pamiętam dokładnie, jakich słów użyła, ale że nadciąga fala nad Polskę. Wtedy wydało mi się to jakoś tak koszmarnie przerażające jak jakiś koniec świata.

Z: To było przerażające. A płyn Lugola pamiętasz?

F: Tego nie pamiętam. Pamiętam tylko tę jedną przebitkę z piaskownicy.

Z: Ja tego świństwa nie piłem. Filip, ty chyba też nie.

F: Ja nie mam prawa nawet tego pamiętać.

Z: Jakbyś pił, tobyś pamiętał.

F: Czyli ta informacja musiała być podana w radiu, bo skąd mama by na działce wiedziała, że coś takiego się stało. Ale przecież – z tego, co pamiętam z książek do historii – ta informacja była długo wstrzymywana. W związku z tym to nie był wcale ten dzień, kiedy doszło do wybuchu.

Z: Nie było wiadomo, że to wybuch, tylko jakaś awaria. Generalnie bardzo to kamuflowano i na początku w ogóle nie było wiadomo, o co chodzi. Coś się wydarzyło, coś strasznego.

Z: A trwał Wyścig Pokoju i nie przerwali go, mimo że kolarze byli gdzieś tam w pobliżu tego Czarnobyla, tylko kazali im dalej jechać w tych oparach, w chmurach promieniowania, udając, że nic się nie stało. No bo gdyby przerwali Wyścig Pokoju, toby znaczyło, że…

F: Że jest nie-pokój.

Z: A przecież nic się nie działo.

F: Bo trwał Wyścig Pokoju.

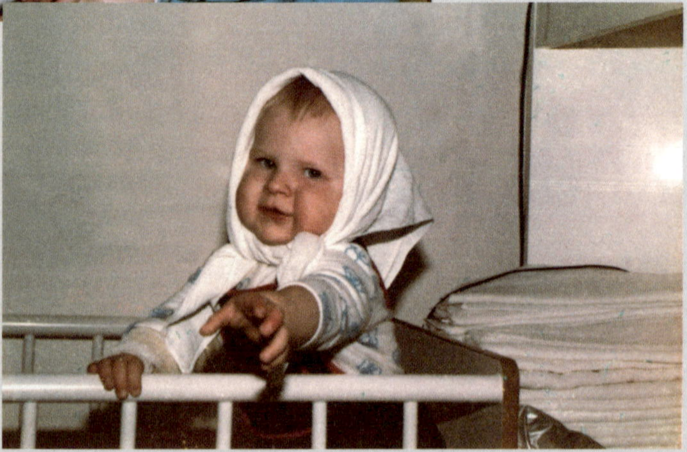

Z: Tak, oczywiście. Zresztą z Wyścigiem Pokoju też mam niesamowite wspomnienia. Ten sygnał pamiętasz?

F: Nie mam prawa pamiętać.

Z: Ja pamiętam.

F: Z Wyścigiem Pokoju kojarzę tylko hasło: „Cudowne dziecko dwóch pedałów".

Z: Bogdan Tuszyński – fantastyczne sprawozdania. Szozda, Szurkowski, Królak jeszcze, ale to był przełom lat pięćdziesiątych i sześćdziesiątych.

F: To ja z Wyścigu Pokoju wrócę jeszcze do tej działki, bo tam też była cała kultura i subkultura życia działkowca. Pamiętam, że działkowiec miał obowiązek uprawiania, jakiś procent działki musiał przeznaczyć na warzywa. I pamiętam matkę, która gotowe, kupione na targowisku arbuzy, dynie wstawia w ziemię, bo przychodzi kontrola. Kontrola szła z kartką i spisywała, inwentaryzowała, ile warzyw i jakich konkretnie rośnie na danej działce. Te działki w centrum miasta wydają się dzisiaj absurdalne, bo po co, to jest idiotyczny pomysł, to nie ma sensu, tu przecież powinny stać domy, biurowce i tak dalej. A ja do dzisiaj, po naszych doświadczeniach z działką, uważam właśnie, że to jest azyl, oaza dla ludzi, którzy mieszkają w blokach, a jedyny ich kontakt z naturą to balkon dwa na dwa. Tu nagle okazywało się, że mogą być właścicielami ziemskimi. Oczywiście o ile kupią arbuzy i wsadzą je w ziemię.

Z: Ktoś mi ze starszych ludzi powiedział: „Panie, kiedyś to ja miałem działkę na przedmieściach i dojeżdżałem do pracy do Śródmieścia, a teraz działkę mam w Śródmieściu i dojeżdżam na przedmieścia". Tak to się zmieniło.

F: No przecież działki na ulicy Niepodległości w Warszawie – no to już jest jakiś kompletny odpał. Ale to chyba we wszystkich demoludach tak było?

Z: W demoludach tak, ale w Niemczech też są ogródki działkowe, z tym że one są przenoszone.

F: Dzisiaj to jest hipsterka. To już dzisiaj ewoluowało do tego stopnia, że moi znajomi z TVN poszukują tych działek, żeby je mieć, wręcz ich pożądają. Bo jak się mieszka w takich nowych deweloperskich blokach, gdzie nawet balkony nie są za duże, bo cena z metra i tak dalej, to wszyscy się ściubią, jak mogą, żeby przez te trzydzieści lat kredyt spłacać choć trochę mniejszy. Poszukują działeczek i kupują od emerytów za odstępne…

Z: Ale to nie jest takie proste! Trzeba mieć zgodę zarządu.

F: No trzeba, ale to wszystko tylko kwestia pieniędzy. Trzeba mieć mniej więcej 50 tysięcy złotych, żeby taką działkę sobie ogarnąć, no a potem to już grille, siedzenie, basenik – w samym środku miasta. Tak więc to, co kiedyś było wielkim przywilejem, dalej nim jest. Pomysł był dobry, tylko że teraz nie jest emerycki, ale hipsterski.

Z: Emeryci nadal z tych działek korzystają. Czasem jest to ich jedyna radość. Pierwsze wspomnienia. Co jeszcze?

F: No to ja – Łeba. Wakacje. Pamiętam, że jeździliśmy.

Z: A ja wyjazdy na wieś. Wieś się nazywała Zaręby Kościelne. Niedaleko płynął Bug, wystarczyło przejść parę kilometrów przez las. W Bugu uczyłem się pływać w wodzie o głębokości 30 centymetrów. Jeszcze pamiętam robienie łódek z kory sosnowej. To była wielka sztuka: najpierw trzeba było znaleźć odpowiednio duże drzewo z odstającą korą, ładnie tę korę odłupać, tak żeby nie uszkodzić samego drzewa, nie zranić go. Jak się już miało duży kawałek kory, to zaczynało się rzeźbienie. Ostry nóż, rzeźbienie łodzi, potem trzeba było do tego żagiel dorobić z patyków, kawałek płótna albo papieru – jeśli nie było – no i próba, czy łódka płynie prosto. Duża sztuka.

F: To ja czasy chałupnictwa ominąłem bardzo szerokim łukiem albo właściwie chałupnictwo już nie istniało, kiedy byłem dzieckiem.

Z: Dzieciństwo to było samo chałupnictwo, bo wszystko trzeba było samemu zrobić. Piłki też sobie szyliśmy.

F: Co robiliście?

Z: Piłki szyliśmy.

F: Jak mogliście szyć piłki?

Z: No trzeba było mieć kawałek jakiejś skóry…

F: Ale to przecież nie była Grecja antyczna!

Z: Uszycie piłki to była duża sztuka, chyba nigdy do końca się nie udało, ale łatanie dziur w piłce już tak. Trzeba było się wykazać, czasy były takie, że trzeba było wiele rzeczy robić samemu. Być może jestem z ostatniego takiego pokolenia „zaradnych", co to musiało umieć zrobić wiele rzeczy, żeby przetrwać albo mieć frajdę.

F: To ja pamiętam z takich przebłysków z dzieciństwa Łebę – oczywiście – kemping, który się nazywał InterCamp. Do dzisiaj uwielbiam polskie morze. I to chyba tak jest, że jak się coś raz zaszczepiło komuś w dzieciństwie, to tak zostaje.

Z: Łeba była fajna…

F: Łeba była fantastyczna. Wydmy… Pamiętam taki osuwający się zamek, kościół…

Z: Kościół był gdzie indziej, w Rewalu.

F: Rewal... Może i Rewal. Kościół, który z każdym rokiem był coraz bliższy zawalenia się z powodu podmywanego brzegu. Z takich wspomnień z dzieciństwa pamiętam jeszcze kolejkę na przejściu granicznym między Berlinem Wschodnim a Zachodnim. O! To też jeden z takich urywków, które pamiętam. Pracowałeś w Berlinie Zachodnim, a my z mamą przemieszczaliśmy się – nie pamiętam środka transportu – czy to był samochód, czy kolej…

Z: Kolej. Przyjeżdżaliście koleją.

F: Ale gdybyśmy jechali koleją, to ja bym nie zauważył kolejki. Musiałem być wtedy pieszo.

Z: No ale dotarliście pewnie do Berlina Wschodniego. Potem dojechaliście do przejścia granicznego Friedrichstraße i tam trzeba było stanąć w kolejce.

F: Pamiętam Niemców, którzy stali, żeby przedostać się z Berlina Wschodniego do Zachodniego. My, jako obcokrajowcy z paszportami spoza Niemiec, przechodziliśmy obok tej kolejki.

Z: Te nienawistne spojrzenia…

F: Nienawistnych spojrzeń niestety nie pamiętam, ale pamiętam mijanie tego tłumu. I to się wydawało takie surrealistyczne, kompletnie. Przecież jesteśmy w jednym kraju, a tutaj stoją

ludzie, żeby pokonać własną wewnętrzną granicę. Na dziecięcy umysł to jest w ogóle coś nie do ogarnięcia. I z tym od razu mam kolejne skojarzenie, jak myślę o tej kolejce: siedzimy z mamą przed telewizorem – ojca wtedy nie było – w domu na siódmym piętrze na Ursynowie, oglądamy telewizję i trwa relacja na żywo, bo mieliśmy antenę satelitarną, więc chyba oglądaliśmy niemiecką telewizję, z burzenia muru.

Z: 1989. Ja wtedy w Berlinie byłem.

F: Bo to są takie momenty, które się pamięta zawsze: „Co robiłeś wtedy, kiedy upadało World Trade Center?"; „Co robiłeś wtedy, gdy »wybuchł« Czarnobyl?". I to też był jeden z takich momentów: mur berliński upadał i panowała atmosfera wielkiej wolności, takiego czegoś świeżego. *Wind of Change* – jak u Scorpionsów.

Z: Ja w tym czasie byłem w Berlinie Zachodnim.

F: Wtedy, kiedy mur upadał?

Z: Tak.

F: No widzisz, dlatego nie było Cię w domu.

Z: Dlatego mnie nie było w domu. Siedzieliśmy przy Sonnenallee w gronie Polaków mieszkających tam na stałe. W pierwszym momencie to wcale nie była taka radość, tylko strach, co się wydarzy, jak zareagują Rosjanie, przecież tam Rosjanie siedzieli cały czas, nie?

F: Przecież to byli poturbowani Rosjanie.

Z: No z jednej strony tak, ale ranne zwierzę pamięta i najgroźniej kąsa. Dopiero na drugi dzień poszliśmy, z ciekawości, zobaczyć, jak to wygląda. Kurczę, można było – to było niesamowite – przejść pod Bramą Brandenburską. Mogliśmy to oglądać. Od strony Berlina Zachodniego znajdowały się takie pomosty – punkty widokowe – w odpowiedniej odległości od Bramy Brandenburskiej.

F: Po to, żeby Niemcy z Zachodu mogli popatrzeć, jak wygląda Brama Brandenburska?

Z: Tak.

F: O kurczę!

Z: I takie tablice pamiętam: „Uważaj, opuszczasz strefę zachodnią, zbliżasz się do strefy NRD, przekraczanie zabronione, grozi śmiercią" – to było niesamowite. I nagle, z dnia na dzień, można było przejść pod Bramą Brandenburską. Jakie to było uczucie, jakie wrażenie. I nagle ci enerdowcy oszalali z radości, którzy trabantami jeździli po Berlinie Zachodnim. Niesamowite!

Ale kawałka muru nie przywiozłem. Nie wpadłem na to nigdy. Chociaż – powiem – nie chciałbym mieć takiej pamiątki. Nie lubię takich pamiątek. Ten mur mi się kojarzy najgorzej, jak może się kojarzyć: z totalnym zniewoleniem, ze złą atmosferą.

F: A niesamowite jest też to, że wszystko się działo tak niedawno temu! No przecież… Ile? Ile minęło? Mamy teraz 2016 rok. 27 lat temu. Jedno pokolenie. A wydaje się, że to tak niedawno.

Z: Trochę czasu jednak minęło. A mur mi się bardzo źle kojarzy. Dobrze, że już go nie ma. Zresztą – ostatnio byłem w Berlinie – Niemcy zostawili fragmenty muru. Ku przestrodze, na pamiątkę.

F: No, przecież przejście graniczne cały czas jest, ten Checkpoint Charlie, nie?

Z: Nie, ale to jest…

F: …atrakcja turystyczna.

Z: Posterunek zostawili symbolicznie, trochę teatralnie. Ale ciarki mi po plecach przeszły, kiedy znowu ten mur zobaczyłem. Zresztą swego czasu zostałem aresztowany na przejściu granicznym. Byliśmy razem z kolegą Tomkiem Lachowiczem w Berlinie Wschodnim i wracaliśmy do Berlina Zachodniego. Zapomniałem, że w kieszeni mam enerdowskie marki, takie aluminiowe – nie wiem, czy pamiętasz jakie. Niedużo, garść moniaków. Już byłem blisko przejścia i mówię: „Tomek, ty jeszcze jesteś bliżej tamtej strony, idź, oddaj te marki" – bo tam była kasa, w której się deponowało. Nie wolno było ich przewozić przez granicę. I ja wyciągnąłem tę garść moniaków enerdowskich, dałem Tomkowi i w tym momencie ktoś mnie „cabas" za rękę.

F: A dlaczego?

Z: Za próbę nielegalnego przewozu przez granicę enerdowskich marek.

F: Tylko po jaką cholerę komu wschodnie marki w RFN?

Z: To nie miało znaczenia. Chodziło o to, żeby upokorzyć i pokazać, kto tu rządzi. Obu nas zamknęli. Zeznania, rewizje, rewizje osobiste, rozbieranie się – coś potwornego, upokarzającego. Przesiedzieliśmy tam ładnych parę godzin. W końcu nie mieli podstaw, żeby nas dalej gnębić, i przejechaliśmy do Berlina Zachodniego. Ale mówię: nie chciałbym mieć w domu kawałka muru. Wspomnienia mam fatalne. Ty jeszcze powinieneś pamiętać, jak chodziliśmy na niedzielne obiady do McDonalda.

F: Tak! U nas jeszcze nie było McDonalda, pierwszy został otwarty w 1992 roku. Ale chcę zacząć od centrum handlowego. Pod koniec lat osiemdziesiątych zobaczenie czegoś takiego jak shopping mall – centrum handlowe z ruchomymi schodami, samoczynnie otwierającymi się drzwiami, z taśmami, które się przesuwają przy kasie i po których jadą towary – to było jak science fiction, jak z opowieści Lema, gały na wierzch wychodziły! Do dzisiaj pamiętam zapach w KaDeWe (Kaufhaus des Westens), zapach mielonej kawy, ubrań – takich nowych, markowych, drogich – i zapach marek, czyli waluty obowiązującej w Niemczech przed wprowadzeniem euro. Do dzisiaj pamiętam mieszankę tych zapachów, tak jak zapach metra, podkładów kolejowych.

Z: Ja podobne wrażenia miałem dużo wcześniej, jak po raz pierwszy pojechałem do Berlina, też w tym KaDeWe. Dwa stoiska zrobiły na mnie największe wrażenie: z serami – u nas wtedy były dwa rodzaje serów: biały i żółty. I tam nagle widzę specjalnie chłodzoną część, gdzie leżą żółte sery – z okrągłymi dziurkami, podłużnymi, bez dziurek…

Drugie stoisko, które mnie zachwyciło, to owoce. Bo oprócz owoców typu gruszka i jabłko były różne egzotyczne. Dziesięć rodzajów bananów – banany do gotowania, banany do sałatek… Coś nieprawdopodobnego!

F: Pamiętam, że to centrum handlowe to było coś takiego wow! Te ruchome schody…

Z: Nie no, ruchome schody już u nas były.

F: W dwóch miejscach, a tam dosłownie wszędzie! A produkty jeżdżące na taśmie zobaczyłem po raz pierwszy w Berlinie. I można było godzinę patrzeć, jak one jadą i kasjerka pika w to, bo u nas nie było pikania, tylko nabijanie na kasę, która wydawała różne mechaniczne i kompletnie nieelektroniczne dźwięki.

Z: A skoro jesteśmy przy McDonaldach – niedzielne obiady. W tej chwili Dorota, choćby ją końmi ciągnąć, do McDonalda nie wejdzie i nie spróbuje niczego – cokolwiek by tam było. Natomiast jak przyjeżdżaliście do Berlina Zachodniego, chodziliśmy tam na niedzielny obiad.

F: Obowiązkowo z sosem słodko-kwaśnym do frytek.

Z: Ulubiony sos mamy.

F: Wyobraź sobie, że w dniu otwarcia McDonalda w Warszawie pobito światowy rekord sprzedaży sieci w ciągu jednego dnia... 13,3 tysiąca zamówień. To był smak Zachodu, na który ludzie czekali przecież przez dziesięciolecia. Coca-cola i McDonald... Wtedy synonimy wielkiego świata.

Z: Big Mac – Boże drogi! – frytki i mama obowiązkowo zamawiała ten sos. To było coś. I marzenia takie: „Kurczę, żeby kiedyś taki McDonald w Polsce otworzyli!". A to był rok '86 albo '87. Marzenia, żeby wielki świat do nas zagościł. To jest miara tego, co się dokonało. Marzenia o McDonaldzie i teraz... niekoniecznie. Chociaż, jak się gdzieś spieszę, po drodze...

Bastion

Z: Do przedszkola nie chodziłem. Zresztą, na Zaciszu nie istniało coś takiego jak przedszkole.

F: Każdy w polu miał robić, a nie się pierdołami zajmować.

Z: Oczywiście, mama miała ziemniaki i ogródek. Ale na przedmieściach Warszawy przedszkole to jakieś zupełnie obce ciało było. Kompletnie nie mam pojęcia, co się w tym czasie działo w przedszkolach. U nas, na Zaciszu, na przedmieściach Warszawy, w ogóle nikt nie myślał o tym, żeby posłać dziecko do przedszkola. To było nie do pomyślenia. Albo mamy się zajmowały, jeśli siedziały w domu, albo jak mama pracowała, to sąsiadka zajmowała się jakąś gromadką. Zresztą tak naprawdę my zajmowaliśmy się sami sobą. Wpadaliśmy do domu, żeby coś zjeść, przegryźć szybko w biegu, i dalej się bawiliśmy. Ja poszedłem od razu do pierwszej klasy podstawówki.

W moim przypadku to było dość niesamowite, bo to był '61 rok. Zaczęła się budować szkoła numer 84 na Zaciszu, tysiąclatka. Ponieważ ta szkoła była jeszcze niegotowa, to uczyliśmy się w baraku klubu sportowego Junak, który na co dzień służył za szatnię dla zawodników, pomieszczenia klubowe i tak dalej. Te pomieszczenia kompletnie nie były przystosowane do zajęć szkolnych, ale wstawiono tam bardzo tradycyjne jednoczęściowe ławki, które się składały z blatu i ławki dwuosobowej. Były dziury na kałamarze. Pierwsze litery pisało się stalówką. Obsadka, stalówka, kałamarz i sposób na to, co zrobić z kleksem. Wiesz, co to jest kleks?

F: Niestety, wiem.

Z: Ponieważ szkoła nie była wykończona, a budynek zastępczy nie był przystosowany do zajęć szkolnych, to nie było dzwonka. W związku z tym woźna – pani Waśków – przerwy ogłaszała ustnie, a po 15 minutach próbowała nas zebrać z boiska na lekcję, dzwoniąc ręcznym dzwonkiem.

F: Jak w *Szatanie z siódmej klasy*.

Z: Tak, właśnie tak. Biegała po okolicznych krzakach. Zbieranie nas po piętnastominutowej przerwie to było co najmniej pół godziny, zanim znowu się zebraliśmy w tej klasie, dużo mniej entuzjastycznie niż w przypadku przerwy.

Wszystkie lekcje mieliśmy z tą samą nauczycielką. Wtedy nie było podziału na specjalności, nasza pani uczyła wszystkiego. Pamiętam też, że w drugiej klasie zaczęliśmy naukę w nowym budynku tysiąclatki im. Waleriana Łukasińskiego. I to było coś niesamowitego. Klasy takie jasne, czyste, te ławki... Już nie było tych z dziurami na kałamarze, tylko stoliki i krzesła. To była wielka uroczystość! Początek drugiej klasy i oddanie szkoły do użytku to było ogromne wrażenie, ogromne wspomnienie.

Szkoła była bardzo nowoczesna. Myślę, że z tych szkół najbardziej się zestarzały sale gimnastyczne, dlatego że budowano je dość oszczędnie. Jak to w latach sześćdziesiątych, które generalnie były oszczędne – małe mieszkania, małe okna, ślepe kuchnie i tak dalej. I te sale gimnastyczne też tak oszczędnościowo robiono. Boisko do siatkówki – bo w tamtej szkole zaczęła się cała moja przygoda z siatkówką – wyglądało tak, że z boku, od linii, było pół metra do ściany, z tyłu metr, może półtora. Pamiętam liny, po których trzeba się było wspinać, skok przez kozła. W tej chwili buduje się szkoły z dużymi salami, z trzema boiskami do siatkówki, hala musi być duża, musi mieć widownię. Kiedyś w ogóle nie myślało się o tym, że na przykład rodzice mogą przyjść, żeby popatrzeć, jak dzieci grają. Teraz można przyjść na mecz. To się bardzo zmieniło. Filip?

F: Ursynów. Ursynów jest genialnie zaprojektowaną dzielnicą. Nie ma drugiej takiej, przynajmniej w Warszawie – może w Polsce gdzieś jest. Tam wszystko było policzone z kalkulatorem: na tyle i tyle bloków będzie przypadać tyle i tyle dzieci. W związku z tym w rejonie tych dwudziestu bloków musi powstać żłobek, przedszkole, szkoła i gdzieś w okolicy liceum. Potem był kolejny kwartał bloków, przy których też musiały się znaleźć żłobek, przedszkole i szkoła.

Z: Jeszcze przychodnia.

F: Tak, jeszcze przychodnia. Dzisiaj, kiedy powstają osiedla, wszystko dzieje się pod dyktando deweloperów. Każdy skrawek ziemi jest obliczony na zysk. Ursynów zaprojektowano tak, aby było użytecznie i wygodnie. I zielono. W związku z tym

od naszego bloku do przedszkola było 300 metrów, do szkoły podstawowej 500. Wszystko pod ręką.

Z: A ty chodziłeś regularnie do przedszkola. Od początku do końca.

F: Bo mama miała jeszcze zakład kosmetyczny.

Z: Krótko.

F: Krótko, ale miała. Więc chodziłem do przedszkola. A przedszkole – pewnie do dzisiaj wszystkie tak wyglądają – że jest jedzenie, którego się nie lubi, że są kotlety rybne…

Z: A w jakiej grupie byłeś?

F: Kotki. Że są kotlety rybne, których się nie trawi.

Z: To straszne!

F: Że jest zupa mleczna, od której chce się rzygać. Z reguły się zresztą rzyga. Co tam jeszcze było z tych świństw? Szpinak! Ja dzisiaj uwielbiam szpinak. Szpinak, który jest zrobiony z liści, posypany parmezanem, polany oliwą – to jest przecież bajka! Tylko to, co wtedy podawano za szpinak…

Z: To przypominało kupę krowy.

F: Tak, bo to chyba była zresztą kupa krowy. Jak nic krowa to zjadła i zwróciła. Nie wiadomo tylko, którym otworem. No coś koszmarnego! A, jeszcze takie mielone kotlety z twardego mięsa… Kogo nie spytać, to traumą z przedszkola jest zazwyczaj jedzenie. Aczkolwiek przedszkole super wspominam.

Z: Pani dyrektor była bardzo fajna.

F: Tak, pani dyrektor była ekstra. Pamiętam, jak byłem ciuchcią. Na przedstawieniu szedłem jako lokomotywa całej grupy. No i tak już zostało. Już zostałem taką lokomotywą.

Z: A szkoła też niedaleko była.

F: Szkoła faktycznie, może 200 metrów dalej, tylko że w przeciwnym kierunku. Ale ze szkołą podstawową miałem straszny problem. Zresztą nauczanie początkowe to jest trauma, którą mam do dzisiaj. Nie wiem, o co chodzi. Nie urodziłem się do nauki, kompletnie, zero. Umiejętność uczenia się, siedzenia nad książką, czytania, zapamiętywania i przekazywania tego dalej podczas kartkówki, sprawdzianu, odpowiedzi ustnej – u mnie w ogóle taka funkcja nie istnieje.

Z: No, nie gadaj. Uczyłeś się. Czegoś się tam nauczyłeś.

F: Nie wiem czego. Dla mnie osiągnięcie oceny cztery to była jakaś kompletna fantazja.

Z: W przeciwieństwie do mnie.

F: Trzy to tak zazwyczaj. Nie, to jakaś katastrofa była. Tę traumę mam do dzisiaj. A w domu – dzikie awantury, łącznie z rękoczynami, i darcie mordy. Przecież ja to do dzisiaj słyszę! Zamykam oczy i mam to przed sobą. A ja nie wiem dlaczego – po prostu nie umiałem się uczyć. I nie umiem do dzisiaj. Dla mnie to jest największa katorga: skupić się na czymś wtedy, kiedy muszę. Ojciec prymus tego raczej nie rozumiał. Nie był w stanie zrozumieć tej funkcji mózgu, a właściwie dysfunkcji. Podstawówkę wspominam właśnie tak – wszystko szło jak po grudzie.

Z: A fartuszki jeszcze miałeś?

F: Nie, fartuszków już nie było. Tarcze były – to chyba ostatni bastion takich symboli. Bez nich nie wpuszczano do szkoły.

Z: A u mnie fartuszki były, i owszem. Do tego białe przypinane kołnierzyki, żeby schludnie wyglądać. Ale miało to swoje plusy.

Dlatego że nikt nie wyróżniał się ubraniem. Wszyscy chodzili mniej więcej w takich samych granatowych fartuszkach. Chłopcy mieli krótkie fartuszki, dziewczyny długie, do tego białe kołnierzyki. I jakoś specjalnie z tym problemu nie mieliśmy. Być może nie wyobrażaliśmy sobie nawet, że może być inaczej, bo było oczywiste, że chodzi się w fartuszkach. Tylko trzeba było dbać o czystość kołnierzyka. I kapcie były!

F: Kapcie są do dzisiaj…

Z: Worek z kapciami to była podstawowa broń w wojnach szkolnych.

F: To zostało do dzisiaj. A mieliście dysleksje, dysortografie i dysfunkcje lewego oka? Ja mam to wszystko. Stwierdzone w poradni. Na egzaminie do liceum mogłem zrobić tyle błędów, ile tylko chciałem.

Z: Kiedyś byłbyś zwykłym głąbem.

F: No i tak też pewnie było, jak sobie teraz na to spojrzę. Ale poradnia to nazwała w sposób bardzo precyzyjny. Do dzisiaj nie wiem, na czym polega dysfunkcja lewego oka, ale faktycznie, bazgrzę jak kura pazurem, więc może to jedno z drugim jest jakoś powiązane.

Z: To może lewe zamykaj? A piszesz coś jeszcze ręcznie?

F: Czasami na komendzie wypełniam jakieś kwity… A, i byłem królem korepetycji! Oczywiście nie jako korepetytor, tylko jako odbiorca tego cudownego wynalazku, który pojawił się w latach dziewięćdziesiątych.

Z: W moich czasach w przygotowaniu do egzaminu pomagał brat lub kolega. Ale żeby płacić za wciskanie do głowy jakiejś wiedzy…

F: Ja mam wrażenie, że te korepetycje to była odpowiedź nauczycieli na rodzący się kapitalizm. Wydaje mi się, że oni na lekcjach za darmo celowo przekazywali tę wiedzę w sposób ograniczony po to, żeby dociskać na klasówkach. I nagle okazało się, że bez korepetycji się nie da. Więc każdy zapierdzielał do nauczycieli, którzy na co dzień pracowali w szkołach, na korepetycje. Ja miałem korepetycje – uwaga – z: matematyki, fizyki, chemii, polskiego. Bez tych korepetycji z chemii to ja bym...

Z: Z chemii? Z matematyki! Cokolwiek, jakiekolwiek zadanie... Pamiętam ten wzrok – normalnie inteligentny, żywy. I nagle pojawia się książka, a ten wzrok robi się mętny, nieobecny. Natychmiast pojawia się ziewanie i takie „dajcie mi spokój!". Ja tego kompletnie nie rozumiałem.

F: Ja w swojej nieświadomości przewidziałem rozwój nowoczesnej technologii. Do dzisiaj kompletnie nie potrzebuję tych wszystkich równań z jednym x, z dwoma x, z trzema...

Z: To ćwiczenia umysłowe, na logiczne myślenie. Ja matematykę uwielbiałem. Nie byłem jakimś asem.

F: Ale za twoich czasów komputer Odra zajmował połowę Pałacu Kultury. Musiałeś więc to umieć.

Z: A co to ma do rzeczy? Chodziło mi o coś innego. Matematyka jest cudowną nauką, w której, jeśli postępujesz prawidłowo, zawsze dojdziesz do właściwego wyniku.

F: Ja to wszystko rozumiem. Gorzej, jeśli widzisz cyfry, a twój mózg się po prostu zamyka. W sposób magiczny. Mój zamyka się do dzisiaj, niestety.

Z: A ja byłem szczęśliwy, kiedy sprawdzałem sobie wyniki...

F: Jakie to proste rzeczy sprawiają ludziom radość, kiedy nie mają iPhone'a, iPoda i kilku innych ciekawych wynalazków!

Z: Jeśli się zgadzało to, co sobie policzyłem, stosując się do odpowiednich reguł, to była frajda. Podobnie pokonywanie trudności. Raz, na koniec szkoły podstawowej, miałem same piątki.

F: A ja musiałem walczyć o trzy, ewentualnie cztery.

Z: Byłem zdolnym uczniem, z paskiem.

F: A ja byłem uczniem z paskiem na dupie.

Z: A życie towarzyskie w szkole?

F: Jestem jeszcze z pokolenia analogowego, cyfryzacja nastąpiła kilka lat później, więc to były przyjaźnie jeszcze zawiązywane *face to face*, bez Facebooka. Czyli na podwórku, w ławce, umawianie się na telefon, tylko jeszcze taki na kablu, ewentualnie darcie ryja pod blokiem: „Krzychu!!! Złaź!!!". Taki antyczny messenger. To wszystko działo się realnie, namacalnie, tu i teraz, na podwórku. Dzisiaj dzieci pięcio- i sześcioletnie już mają swoje konta na Facebooku. Potem biorą do ręki książkę – nie mówiąc już o telewizorze – i próbują palcami rozszerzyć to, co jest za małe...

Z: Czasy są teraz kompletnie inne. Ale myślę, że rywalizacja istniała między dziećmi zawsze. Zawsze konkurowały między sobą. Najmniejsze znaczenie w tamtych czasach miały tak naprawdę pieniądze i status materialny. Z czasów szkoły podstawowej nie pamiętam rywalizacji o lepszy ciuch. Czasem ktoś z paczki dostawał jakiś sweterek, ale to nie było takie fascynujące, nie wyznaczało wartości tego dzieciaka. Rywalizowało się w sporcie – sprawność, zawody szkolne, popisywanie się przed dziewczynami, jazda na łyżwach. Nasza szkoła podstawowa miała kształt litery „U”. Pośrodku był dziedziniec. Na tym dziedzińcu wylewano lodowisko. Tam można było się wykazać umiejętnością jazdy, a dziewczyny stały w oknach i patrzyły, kto fajniej jeździł na łyżwach. Faktem jest, że dobrze było mieć fajne łyżwy. W większości mieliśmy przykręcane na żabkę do codziennych butów. Przy czym buty musiały mieć mocną podeszwę i mocny skórzany obcas. Łyżwy miały szczęki z boku i kluczyk, którym się je zakręcało; szczęki trzymały boki buta. Cała sztuka natomiast to był obcas, żabka w obcasie. Najpierw należało rozgrzać pogrzebacz. Wiesz, co to jest pogrzebacz?

F: No, takie coś do grzebania w węglu.

Z: Tak. Rozgrzewało się pogrzebacz, wypalało się nim dziurę w obcasie, nakładało się metalową nakładeczkę i przykręcało się ją wkręciakami do obcasa. W to miejsce wkładało się łyżwę, przekręcało o 90 stopni, ona tam wskakiwała, boczne uchwyty dokręcało się kluczykiem i się jeździło. W zwykłych butach, na łyżwach, które można było sobie dokręcić. To były moje pierwsze łyżwy. Kiedy dostałem swoje pierwsze hokeje, chyba dopiero w szkole średniej, to było coś.

F: To w moich czasach imponowało się już czymś zupełnie innym. Wchodziła komercja, plastik, chińskie produkty. Pamiętam tamagotchi.

Z: To takie jajko?

F: To było małe jajko, w którym rósł mały dinozaur, kurczak, różne zwierzęta. Dzisiaj, jakby to dać jedenasto-, dwunastolatkom, toby to ciepnęły od razu do kosza. Bo po co to komu, skoro w smartfonie jest sześćset gier, które w każdym momencie można ściągnąć z wi-fi i grać w kilka osób, między sobą? Wtedy, kiedy nie było smartfonów, było tamagotchi. Takie małe jajko, które miało kilka guzików: „Idź spać", „Nakarm mnie", „Obudź mnie" i „Baw się ze mną".

Z: A ty miałeś coś takiego?

F: No, oczywiście!

Z: Nie gadaj! To dziewczyny miały.

F: Nie, to mieli wszyscy. To było *must have*. Taka moda. To tamagotchi najpierw się rodziło, wykluwało z jajka, potem trzeba było stworzenie w odpowiednich porach dokarmiać, kłaść spać albo bawić się z nim. Najwięksi kozacy utrzymywali tamagotchi przy życiu przez kilka tygodni, natomiast ci bardziej nierozgarnięci tracili je po trzech dniach i musiało się ono odradzać na nowo. Ja już dorastałem w pierwszej fali bajerów, które przyszły z teoretycznie Zachodu, a praktycznie to z rejonu azjatyckiego. Tak rodziła się komercha.

Z: A walkmany?

F: Walkman nie musiał być włączony, nie musiał mieć włożonej kasety. Musiał być przypięty do paska, najlepiej z przodu. Później działo się tak z komórkami. Każdy musiał mieć komórę wywaloną – chociaż nikt nie dzwonił, bo minuta w centertelach kosztowała jakiś majątek. Pamiętam też, że dziewczyny kolekcjonowały karteczki. Kupowało się bloczki karteczek w papierniczym, z kotkami albo pieskami, albo jakimiś nosorożcami z tęczą.

Z: Ale po co?

F: Kompletnie po nic! Kupowało się, żeby się wymieniać. I to była dziecięca waluta. Pamiętam też pierwsze albumy, do których trzeba było dokupować naklejki, zbierać je, jakieś misie pandy i inne gazele. Naklejki, oczywiście, kosztowały dodatkowo. Ten system działa do dzisiaj; teraz kupuje się karty z piłkarzami, które kosztują jakieś chore pieniądze, ale to nie ma znaczenia, bo to jest „waluta" obowiązująca w danym momencie. „Waluta", która jest modna. Tą walutą może być karteczka z pieskiem, karta z piłkarzem albo obrazek z gumy Turbo.

Z: My też zbieraliśmy. Znaczki i naklejki na zapałki.

F: Co?!

Z: Naklejki na pudełka zapałek. To był szał! Kiedyś kupowało się pudełka z zapałkami. Każda firma, każda seria miała swoją naklejkę. Jak już się zapałki skończyły, to się pudełko wsadzało do wody, odklejało się te nalepki albo się je odcinało. Oczywiście najpopularniejsze były znaczki, wymienianie się nimi. Ale takimi zwykłymi, pocztowymi. Więc kiedy przychodził jakiś list z zagranicy, to była sensacja. Mieć królową brytyjską na znaczku…

F: To wszystko jest dla mnie jak opowiadania sprzed wojny. Tylko nie wiem której – drugiej czy pierwszej. To zupełny oldskul. Ja pamiętam Pokemony – kolorowe, piękne.

Z: Znaczki też były fascynujące! Na przykład z jakichś Antyli Holenderskich… Godzinami się siedziało, wyobrażało sobie, jak tam jest.

F: A pegasus? Rodził się polski kapitalizm, otwierały się pierwsze sklepy komputerowe i coraz szybciej następował postęp technologii – pojawiło się marzenie wszystkich dzieci z całego bloku, bloku obok i całego Ursynowa: komputer Amiga. Oczywiście, wcześniej były komputery Commodore i Atari, na które gry wgrywało się z radia. W Programie Trzecim Polskiego Radia, w nocy, leciały dziwne audycje, które puszczały dziwne szumy.

Z: Naprawdę?!

F: Nie potrafię tego odtworzyć, ale to było takie „szszsz-chchch-puf-puf!". Tak. Była taka audycja dla maniaków komputerowych. Trzeba było wtedy włożyć kasetę do kasprzaka, grundiga czy innego wynalazku i włączyć nagrywanie.

Z: ...I nagrać to? Ale przez mikrofon?

F: Nie. Ten sprzęt miał radio i kasetę. W związku z tym odpalałeś radio, wkładałeś kasetę i włączałeś nagrywanie. Kod był podawany przez kilka godzin. Potem wyjmowało się kasetę z kasprzaka i wkładało do przystawki do atari. Potem atari przerabiał ten sygnał i można było grać w grę, której poziom trudności pewnie ogarnęłaby koza z podwórka do pary z kaczką. Później była amiga – marzenie ściętej głowy. Mnie trafił się pegasus. Poszliśmy z rodzicami do sklepu. Stało tam atari, ale było strasznie drogie, kosztowało tyle, co samochód, a obok stał pegasus, czyli tajwańska wersja nintendo. Gry kupowało się na kartridżach, na których było nawet kilkaset gier, z czego działały trzy. Wielka radość była z tego. Teraz, kiedy odpalam PlayStation 4 i patrzę na grafikę, która jest już fotorealistyczna – człowiek ma wrażenie, jakby oglądał film – przypominam sobie, jak bardzo cieszyły te piksele, kwadratowe, ogromne, nieporęczne. To było wspaniałe.

Z: A co było, jak nie było PlayStation? Trzeba było sobie PlayStation zrobić samemu. Myślę, że tamte lata, końcówka pięćdziesiątych i sześćdziesiąte, wymagały od dzieci ogromnej kreatywności i wyobraźni. Oglądając w telewizji zawody bobslejowe, wpadliśmy na pomysł: „A może byśmy bobslej zbudowali?". No i prawie się nam udało z deski, trzech przykręcanych łyżew, starej pokrywy od silnika i koła od wózka dziecięcego, które służyło za kierownicę. Tylko, cholera, toru nie mieliśmy.

F: Drużyna jamajska też nie miała toru, a wystąpiła na igrzyskach...

Z: Bobslej nam się udało zbudować, ale problem polegał na tym, kto jedzie, a kto pcha.

F: À propos tego, kto jedzie, a kto pcha – była też wojna z mamą. Rodzice kupili mi moskwicza. Moskwicz, czyli samochodzik na pedały, genialny, bo miał światła i elektrykę.

Z: Chyba na Gwiazdkę dostałeś, prawda?

F: Nie pamiętam. Moskwicz miał też sznurek, który był podstawą prowadzenia moskwicza. To był pierwszy samochód z autopilotem. Ja dopiero dzisiaj, w 2016 roku, kupiłem samochód z autopilotem – taki, który się sam prowadzi, a moskwicz miał to w '88... Pedały były średnio wygodne, bo znajdowały się pod maską, daleko, trzeba było zasuwać nóżkami, to wszystko skrzypiało i trzeba było uważać, żeby nie przypieprzyć się w nogę.

Z: Ale z górki jechało się dobrze.

F: No, dopiero z górki było dobrze. Pamiętam, jak mama zawsze marudziła, że musi ciągnąć tego moskwicza, który za każdym obrotem wydawał z siebie takie „łii-łii-łii".

Z: Ale dlaczego moskwicz? Pewnie innych nie było...

F: To było przed rokiem '90, więc być może kupiliście to od Rosjan na Stadionie Dziesięciolecia. Kto jeszcze pamięta Stadion Dziesięciolecia? Przecież dawno, dawno temu, przed Euro 2012, słowo „stadion" w Warszawie nie kojarzyło się ze sportem. O nie! Sport to było ostatnie skojarzenie ze słowem „stadion".

Z: Wracając do gier: trzepaka nie mieliśmy, natomiast sami organizowaliśmy sobie życie sportowe. Budowaliśmy boiska, bramki, czasem trzeba było ściąć jakąś gałąź, ktoś wykombinował kawałek siatki i mieliśmy jedną bramkę. A może skok w dal? Wybudowaliśmy skocznię. Praktycznie wszystko robiło się samemu. Chcieliśmy mieć szałas? Trzeba było naścinać gałęzi, wybudować sobie szałas, rozpalić ognisko. Dzieliliśmy się na Indian i kowbojów i było super. Współpracowaliśmy przy realizacji różnych dziecięcych pomysłów, wszystko trzeba było wykombinować samemu, bo orlików nie było, a na salę gimnastyczną nie wpuszczali. Fajnie się przy tym bawiliśmy, miało to swoje dobre strony. Przy okazji człowiek się uczył współdziałania. Czasem się też pokłóciliśmy, oczywiście, ale chyba nigdy się nie tłukliśmy, bo nie było takich zwyczajów.

F: To pokolenie zdecydowanie musiało być bardzo zaradne. Bez dwóch zdań. A znak czasu jest taki, że ostatnio robiłem materiał o tym, jak dzisiaj dzieci spędzają czas, i trafiłem na osiedle, na którym stoi trzepak – pewnie stoi tam od zawsze – dookoła ogrodzony siatką, z furtką i obok niej takie miejsce do przyłożenia chipa, żeby sobie otworzyć tę furtkę.

Z: Trzepak na chipa?

F: Tak. Stoi ogrodzony, smutny, opuszczony. Widać, że dzieci mogłyby się na nim pohuśtać. Mijają go z plecakami, wracając ze szkoły, on taki smutny patrzy na te dzieci, ale nie ma do niego dostępu. Podchodzę do baby i pytam: „Przepraszam bardzo, ale o co chodzi?". A ona mówi: „Tu jest administracja osiedla. Administracja osiedla może zrobić z trzepakiem, co chce, bo on należy do administracji. To jest po to, żeby żadne dziecko nie zrobiło sobie krzywdy". Ja na to: „Przepraszam bardzo, a ile dzieci – zanim trzepak został ogrodzony – zrobiło sobie na nim krzywdę? Jaka jest statystyka?". „No, żadne, ale teoretycznie by mogło".

Z: A wiesz, na czym rzecz polega? Administracja, jako właściciel trzepaka, zostałaby pociągnięta do odpowiedzialności, gdyby coś się zdarzyło. I znalazłby się adwokat, który na pewno wyciągnąłby kupę kasy.

F: I tak oto dochodzimy do paranoi.

Z: Drzewa trzeba by powycinać, bo dzieci wchodzą na drzewa.

F: Jest ryzyko, jest zabawa. My z dzieciakami z Ursynowa wchodziliśmy na budowę metra. Wielkim sukcesem było zakraść się tak, żeby ochrona ani budowlańcy nie widzieli, i przejść przez te wykopaliska. Krajobraz był księżycowy, bo Ursynów był w połowie rozkopany i działy się tam w ziemi jakieś niesamowite rzeczy. Ale nikt do końca nie wiedział jakie, bo nikt tego metra na oczy nie widział. Pamiętam więc pierwsze wejście – na zupełnym nielegalu, z ominięciem ochrony, jakieś budki, ogrodzenie – na peron metra. I to było takie wow!

Z: Który to był rok?

F: Z tego, co pamiętam, metro zostało otwarte w '95.

Z: Więc to było na początku lat dziewięćdziesiątych?

F: Wejście na peron metra – to był ten Zachód. Pachniały podkłady kolejowe... Chociaż wagony były rosyjskie.

Z: Ale trzepaka koło naszego bloku nie było?

F: Był gdzieś tam... Pamiętam wycieczki z kolegami na giełdę komputerową na Grzybowską. Jak składało się pierwsze komputery, jak kupowało się gry – oczywiście pirackie, jak stali panowie w szpalerach, którzy trzymali płyty skopiowane w domu, i mieli jedno hasło, powtarzane non stop: „Gry, użytki na płytach". Podchodziło się do takiego pana, kupowało się płytę, płaciło dzisiejsze 50 złotych i – standardowo – z 250 gier na płycie działały dwie. Czasami zdarzało się tak, że pytało się: „Czy jest gra *Need for Speed*?", a wtedy na rynku były pierwsza i druga część, pan natomiast już miał *Need for Speed 4*. Wiele gier kupowało się w wersji rosyjskiej i wtedy trzeba było liczyć na pomoc rodziców.

Z: Pamiętam kupowanie płyt na bazarze Różyckiego, ale to były pocztówki grające. Genialne! Można było sobie zamówić dowolną piosenkę ze świata.

F: Ale na jakiej płycie? Bo chyba nie CD?

Z: Nie, to były normalne pocztówki z życzeniami, takie trochę większe kartki pocztowe. Pocztówki dźwiękowe wzięły się w ogóle z życzeń. Bo najpierw jakiś prywaciarz wpadł na pomysł, że można drugiej osobie nagrać na takiej winylowej płytce życzenia z okazji czegoś tam. To się naklejało na zwykłą kartkę pocztową z kwiatuszkiem i wysyłało się życzenia, które można było odtworzyć.

A potem, skoro można nagrać głos i wysłać komuś życzenia, to można do tych życzeń dołączyć piosenkę. Były życzenia z dedykacją i były piosenki. Potem już życzeń nie było, tylko same piosenki, i bazar reagował bardzo szybko. Wystarczyło, że w radiu usłyszało się coś nowego albo Luksemburg nadał nową piosenkę, ktoś przysłał płytę z zagranicy, natychmiast to było kopiowane i na bazarze, bez problemu, sprzedawali pocztówki na stoiskach, czasami z walizek. Otwarta walizka, kolekcja płyt, spis, co jest do kupienia.

F: Ale to był nośnik do czego?

Z: Do adapteru, gramofonu. Coś takiego jak prawa autorskie nie istniało. Piractwo totalne, bo te pocztówki kosztowały grosze. Na bazarze Różyckiego można było kupić dowolną melodię i piękny widoczek do tego – zwykle kwiaty. Dwie piosenki na to wchodziły. Był tylko jeden problem: one przeskakiwały. Produkowano je w piwnicach i garażach, więc nie była to precyzyjna produkcja i te płyty zwykle się zacinały. Ale wynalazek był genialny. Nie wiem, czy takie pocztówki istniały w innych krajach, ale w Polsce, a zwłaszcza w Warszawie, były bardzo popularne.

F: Co ty mówisz?! Czyli taki trochę Facebook, tylko że Anno Domini 1960?

Z: No, końcówka lat sześćdziesiątych, początek lat siedemdziesiątych.

F: Taki YouTube!

Z: Tak!

F: A pamiętasz pierwsze rowery? Mój to BMX. Pamiętam BMX-a, przepiękny rower. Szał, każdy chciał mieć taki. Nie

wiem, czy to był polski rower, i nie wiem, gdzie go kupiliście. BMX to był odlot, każdy musiał go mieć. Człowiek, który nie miał BMX-a, się nie liczył. BMX musiał mieć niskie, twarde siodełko, grube opony, kierownicę za to wysoką, z przedziałkiem pośrodku i gąbką, żadnych przerzutek. To był cały BMX, prościej się nie da. Najprawdopodobniej wywodziły się od rowerów wyczynowych, na których robi się ewolucje. Aczkolwiek to nie były żadne rowery wyczynowe.

Z: Mój pierwszy rower był trójkołowy. Później dopadłem chyba jakąś radziecką ukrainę, duży i ciężki rower. Byłem za mały, więc jeździłem pod ramą. Ty pewnie nie wiesz nawet, o co chodzi?

F: Nie mam zielonego pojęcia. Po co jeździć pod ramą?

Z: No bo nóg nie wystarczało, żeby sięgnąć do pedałów. Rowery zwykle należały do dorosłych, żeby do roboty dojechać albo do sklepu. Nikt się nie przejmował rowerami dla dzieci. Jazda pod ramą to był wyczyn, coś niesamowitego. Kierownicę trzymało się z góry. Trzeba się było wcisnąć pod ramę, żeby jedna noga przeszła pod spodem, na drugą stronę. Prowadziłeś wygięty w paragraf i nie widziałeś niczego ponad kierownicą. Trzeba było jeszcze pedałować. Jazda pod ramą to była duża sztuka. A pierwszy mój rower to trójkołowiec. Dwa koła z tyłu, jedno z przodu, siodełko bezpieczne dla dzieci. Moim największym marzeniem był jednak rower brata. Brat mieszkał z ciocią przy ulicy Stalowej i miał wyścigowy rower Huragan na szytkach, bezdętkowy. To było coś niesamowitego. Był czerwony i wisiał na ścianie, a ja chodziłem i czekałem, aż brat powie, że będzie mój.

I tak się stało. Dostałem go za świadectwo po siódmej klasie. Jaki ja byłem dumny, kiedy zaliczyłem na tym rowerze pierwszą trasę z Warszawy do Nieporętu nad zalew. Wydawało mi się, że przejechałem całą Polskę i znalazłem się nad morzem. I zrobiłem to sam, samodzielnie, na tym niesamowitym czerwonym rowerze. To był mój kolarski wyczyn. Mogłem sobie w tym zalewie popływać i wrócić do domu. Byłem najszczęśliwszym człowiekiem na świecie.

F: A potem na osiedlu weszła po BMX-ach moda na górale. Każdy musiał mieć górala. Była licytacja na liczbę przerzutek – im więcej, tym większy kozak. Tak jak teraz dorośli porównują sobie silniki, liczbę koni, napęd na cztery koła, skórzane fotele, automat, tak wtedy liczyła się liczba przerzutek. Tak samo liczyła się liczba szwów na czapce, konkretnie na daszku. Sprawdzało się, kto ma jaki daszek i kto ma jaką czapkę. Jeśli ktoś miał na daszku osiem szwów, to oznaczało, że czapka jest oryginalna. Nikt nigdy nie potrafił określić, co to znaczy „czapka oryginalna" i czym odróżnia się od „nieoryginalnej", ale zawsze trzeba było drugiemu dzieciakowi policzyć szwy, żeby sprawdzić oryginalność czapki. Jeśli było ich pięć, to się wyśmiewało: „O! Masz nieoryginalną czapkę!". Ale drugim *must have* był rower górski. Pamiętam mój pierwszy rower górski marki Girardengo.

Z: Tak? Ja nawet nie pamiętam, że coś takiego było…

F: Bo przygody z rowerami na Ursynowie były raczej krótkie. Wszystkie, co oczywiste, zostały skradzione, wyniesione, wyjechane w kierunku bliżej nieokreślonym, zgłoszone oczywiście na policję i nigdy nieznalezione.

Z: A ja wygrałem zawody dzielnicowe na rowerach. Wyścig był na stadionie na Targówku, jeździło się po bieżni. Obowiązywała okrutna zasada, jeżeli jesteś ostatni na okrążeniu, to odpadasz. Co to był za wyścig! Jechało się po żużlu, w którym wąskie opony się zapadały. Myślałem, że wyzionę ducha, ale wygrałem. Taki byłem ambitny! Choć głównie spierniczałem, żeby nie być ostatnim. „Udało się! To jeszcze raz! To może jeszcze jedno okrążenie".

F: A po rowerach *must have* były rolki. Jak się miało rolki, to się było kozakiem.

Z: To się traciło zęby.

F: No właśnie. I tu jest historia z dzieciństwa, która zdeterminowała całe moje przyszłe dentystyczne życie. Bo ojciec – jak już powiedział – zapalony łyżwiarz pokazywał mi na Stegnach, gdzie jeździliśmy co weekend, jak jeżdżą panczeniści. Pokazał mi postawę, pozycję, jak się jeździ na tym długim dystansie – że ręce za siebie, że trzeba się schylić, długo nogami powłóczyć i wtedy jest dobrze. A jeszcze, niestety, nauczył mnie przeplatanki. I do tego wszystkiego doszły rolki, które stały się bardzo popularne mniej więcej w '95 roku. Efekt? Przeplatanka na asfalcie z rękami trzymanymi w kieszeniach... nie wiem, dlaczego ubzdurało mi się, że ojciec powiedział, że się te ręce wkłada do kieszeni.

Z: Nie, tego na pewno ci nie pokazywałem.

F: Prawdopodobnie nie, ale ja to jednak tak zapamiętałem. W związku z tym połączyłem wszystkie nauki ojca z rolkami i wyglądało to tak, że robiłem przeplatankę, jeżdżąc w kółko po asfalcie. Ręce miałem jak prawdziwy długodystansowiec – w kieszeniach dżinsów.

Z: Przeplatanki się nie robi z rękoma do tyłu. Co za głupoty opowiadasz?!

F: No, ale ja tak robiłem!

Z: To na prostej!

F: Teraz twoje rady, po tych dwudziestu kilku latach, nie mają znaczenia, bo i tak tych zębów już nie mam i nigdy nie będę mieć!

Z: Pracujesz prawą ręką przy przeplatance!

F: A ja pracowałem tylko prawą nogą. I wylądowałem na jedynkach.

Z: Jaki to dramat był!

F: Przyjechałem na siódme piętro, krew się leje, bo zęby rozcięły mi twarz. Oczywiście zgubiły się, zostały na asfalcie. Wjeżdżam bez zębów. Mama w turbulencjach, histerii kompletnej. A ojciec przychodzi, z takim spokojem – okej, stało się, to się stało – i pyta się, gdzie leżą te zęby, licząc na to, że można je przykleić. Więc ojciec poszedł szukać tych zębów, ale ich niestety nie znalazł. To było wyzwanie dla pani dentystki z Ursynowa. Do dzisiaj pamiętam, jak się nazywała – Połeć. Pisała wtedy pracę doktorską na podstawie moich zębów, jednocześnie je sztukując i zapisując, co robi.

Z: Nie było jakichś koronek i innych takich. Jakby nikt nigdy wcześniej nie stracił zębów…

F: Straciłem je do połowy. A dentystka chciała zachować te zęby i ja mam je dzięki niej, normalne, żywe zęby – chociaż tylko do połowy. Bo je spiłowałem na asfalcie. Technologię dorabiania tych zębów tworzyła na bieżąco. Do dzisiaj, kiedy sobie o tym pomyślę, przez zęby przechodzi mi taki prąd.

Z: Dwa błędy. Ręce w kieszeni. Przy przeplatance muszą być z przodu.

F: Jak ci już powiedziałem, raczej już nigdy nie będę robił przeplatanki z rękoma w kieszeniach. Wydaje mi się, że nie.

Z: Skoro już jesteśmy przy wypadkach, to ja miałem wypadek na łyżwach. Dobrze jeździłem i brałem udział w zawodach szkolnych. Łyżwy – zresztą jak większość takich rzeczy – ostrzyłem sam. Można to było zrobić w dwojaki sposób: albo za pomocą pilnika do metalu, ale wtedy ostrzyło się łyżwę na płasko, albo był taki przyrządzik, w którym był okrągły pilnik, luka i tym przyrządem pociągało się po łyżwie i tworzyło się wgłębienie. Ja sobie nieźle ostrzyłem łyżwy, ale doszedłem do wielkiego finału zawodów dzielnicowych. Wiedziałem, że na miejscu jest gość, który ostrzy łyżwy, tyle że nie miałem pojęcia, że on się na tym nie zna. Wziął moje łyżwy, naostrzył, wołają na start, wkładam hokeje na nogi, a one nie jadą, stoją w miejscu. Ten debil naostrzył je w poprzek, w związku z czym powstało mnóstwo rys. To tak, jakbym próbował jechać na papierze ściernym. Myślałem, że się popłaczę. Chciałem wygrać te zawody i pewnie bym je wygrał, ale łyżwy po prostu przestały jeździć. Próbowałem jeszcze swoim przyrządem coś tam podostrzyć, ale nie miałem na to czasu. Oczywiście wystartowałem w wyścigu – nie jechałem, tylko biegłem za wszystkimi. Zająłem chyba ostatnie miejsce i była to dla mnie porażka. Pomyślałem sobie: „Idioto, trzeba było jechać na swoich łyżwach". Jak sobie człowiek sam przygotuje i popełni błąd, to wie, że skopał sprawę. A oddać komuś, kto się nie zna i popsuje, to straszna rzecz.

F: Pamiętam wesołe miasteczko i samochodziki zderzane ze sobą. Ciekawe, czy one jeszcze są? Chyba są, bo widziałem takie nad morzem. Pojechałem z mamą. Oczywiście siedziałem na kolanach. Nie trzeba być Nostradamusem i nie trzeba wiele wyobraźni, żeby zrozumieć, że jak się siedzi kilkanaście centymetrów od kierownicy w zderzanych samochodzikach, kierownica jest twarda, a dziecko ma zęby – to się musi ze sobą spotkać, nie ma siły, żeby się nie spotkało. Pamiętam, jak mnie szyli na Niekłańskiej... Ja chyba w ogóle byłem takim dzieckiem wojny. Cały czas mi się coś działo.

Z: A ja żużel mam w biodrze.

F: Po co? Wyjmij.

Z: Jechałem pod ramą na rowerze. Jeździło się wtedy też po ulicach wysypanych żużlem. Nie zawsze się ta sztuka udawała. Wyhamowałem biodrem i je sobie pozdzierałem. Pan doktor powiedział, że całego żużlu nie da się wybrać.

F: Mogłeś powiedzieć, że do wojska nie możesz iść, bo masz żużel.

Z: Z historii dziecięcych wypadków? Fasolka w nosie. Wepchnąłem sobie fasolkę do nosa i, oczywiście, bałem się do tego przyznać. Nie mogłem jej wydłubać. Fasolka znalazła sprzyjające środowisko. Najpierw napęczniała, trochę mi spuchł nos, a potem zaczęła wypuszczać kiełek.

F: Niemożliwe! Ale w nosie?!

Z: No, w nosie! Miała wilgotno, ciepło, dobrze. Zielony kiełek zaczął wyrastać mi z nosa. Zauważyła to ciocia i pyta: „A co ty tam masz?”. I już nie było wyjścia. Musiałem się przyznać, że wepchnąłem sobie fasolkę do nosa w ramach eksperymentu, czy dam radę ją wydmuchać. Chciałem sprawdzić, jak daleko poleci fasolka, którą wydmucha się przez nos. Ale troszkę za mocno załadowałem strzelbę i, niestety, nabój nie odpalił. Już mi na pół centymetra wystawał ten kiełek, taki zielony. Pojechaliśmy do chirurga, który za pomocą swoich magicznych przyrządów wyciągnął sporej wielkości fasolkę, która nieźle się miała, ale musiała zginąć. Jej było dobrze, ale mnie trochę gorzej.

F: To od czego byli rodzice?

Z: Jak zawsze – od tego, żeby dawać kasę. I to się chyba nie zmienia.

F: No, ale dzisiaj są jeszcze od pilnowania, dzwonienia, wysyłania wiadomości.

Z: Mają „smycz”, inne możliwości kontroli.

F: A na smyczy się nosiło klucze. Przynajmniej w moich latach – na szyi, na sznurówce. Ale też pamiętam plakaty miejscowej, dzielnicowej policji, żeby „nie chodzić z kluczami, bo to kusi pedofila”.

Z: Kluczami?

F: Tak, kluczami. Bo jak idziesz z kluczem, to oznacza, że idziesz sam do domu, gdzie nie ma nikogo. I żeby tego absolutnie nie robić, bo są zboczeńcy i złodzieje. Pamiętam też takie plakaty, które wisiały w szkole: „Uwaga, gazownik!”. Bo chodził po osiedlu gazownik i krążyła miejska legenda, że on z dziećmi robi różne dziwne rzeczy. I to pamiętam à propos samodzielności. No, ale nie było telefonów komórkowych, Internetu, więc wszystko się opierało na zaufaniu.

Z: Ja zawsze – gdzieś od siódmej klasy szkoły podstawowej – miałem mnóstwo zainteresowań, zajęć. Rano wychodziłem z domu do szkoły, brałem jakieś kanapki, w szkole się jadło obiad, a potem były albo treningi, albo kółko teatralne, albo jakieś zajęcia recytatorskie, albo SKS-y. Wracałem dosyć późno. Rodzice chyba od początku mieli do mnie spore zaufanie. Właściwie to zawsze zajęcia sam sobie wybierałem, sam organizowałem. I fajnie to szło. Gdzieś pod koniec szkoły podstawowej poszedłem już zupełnie w kierunku sportu, więc obozy sportowe, treningi zajmowały mi właściwie cały czas. Musiałem tylko wracać o w miarę przyzwoitej porze. Ale swego czasu trenowałem na Bielanach zapasy, trening się kończył o ósmej, dziewiątej. Zanim więc dojechałem tramwajem do domu, robiła się jedenasta. Czasem jeszcze trzeba było odrobić lekcje. W ten sposób byłem zajęty od świtu do nocy.

F: Pamiętam, jak rodzice kupili mi zegarek i umówiliśmy się, że o dziewiętnastej będę w domu. Wracam sobie z osiedla, jest dziewiętnasta trzydzieści, czyli luzik, bo przecież cały czas dziewiętnasta, wszystko się zgadza, a tu ojciec wypada: „Która jest godzina?! O której miałeś być w domu?! Szukam cię, byłem u twoich kolegów, a ciebie nie ma". Czyli wtedy, jak na to spojrzeć, to już się zaczynał nadzór. Jeszcze nie miał Internetu, nie miał komórki, ale zegarek już wtedy był. A ja – jak powiedziałem wcześniej – do matematyki się zbytnio nie przykładałem. Więc jeśli z przodu była ta dziewiętnastka, no to dla mnie ciągle jeszcze była dziewiętnasta, już mniejsza ze szczegółami. Ale samodzielny byłem.

Z: Z tego, co pamiętam, to taki znowu samodzielny nie byłeś. Pewnego razu spałeś, nas nie było w domu, obudziłeś się i histeria.

F: Ale ja nie mówię o jakichś nocnych wyjściach, bo to już jest w ogóle dzisiaj nie do pomyślenia. Mówię o takich zwykłych powrotach ze szkoły. Czy dzisiaj dzieci w pierwszej lub drugiej klasie podstawówki same wracają – powiedzmy – kilometr, same otwierają sobie drzwi do domu, po czym robią albo odgrzewają sobie obiad, oglądają telewizję i zaczynają odrabiać lekcje?

Z: Ale sam wracałeś przez krótki czas, kiedy mama pracowała w gabinecie. Co ty gadasz?

F: Wszystko jedno. Nie mówię o swojej sytuacji. Dzisiaj dziecko samochodem odstawia się pod szkołę i spod tej szkoły samochodem dziecko ma być odebrane. A jeśli nie składa się z godzinami rodziców, to siedzi na świetlicy i czeka, aż samochód podjedzie albo przyjdzie niania, która jest uprawniona do odebrania dziecka.

Z: A co to jest niania?

F: Na szczęście nie mieliśmy przyjemności obcować z żadną nianią.

Z: Ja do szkoły podstawowej miałem kilometr i chodziłem na piechotę. Mogłem podjechać jeden przystanek autobusem, ale trzeba było mieć bilet. A po co? Worek z kapciami, teczka, wolałem na piechotę. Na początku, kiedy wracałem, w domu była mama. Potem mama zaczęła pracować. Obiad w szkole, potem powrót, teczka w kąt i szliśmy pograć na boisko...

F: Nie w *Fifę*?

Z: W co...? Nie, nie paliliśmy wtedy.

Być jak...

Z: A kto był dla ciebie bohaterem? Bo dla mnie Zorro! Absolutnie! Czarno-biały serial telewizyjny *Zorro* z sierżantem Garcią był kultowy, z tym „zet" wycinanym na brzuchu sierżanta i z tym koniem, nie pamiętam, jak się nazywał, który zawsze wiernie czekał, aż Zorro zakończy zadanie. Potem Zorro wskakiwał prosto na siodło, ruszali z kopyta i ten koń w czołówce, pamiętam, stawał dęba razem z Zorro w siodle. Robiliśmy sobie szpady, maski na oczy, kapelusze. W moich czasach Zorro był absolutnym idolem.

F: O rany… Ja z kolei pamiętam, jak na bal przebierańców w podstawówce mama przebrała mnie za Dona Johnsona z *Miami Vice*. Wtedy amerykańskie seriale podbijały Polskę, wszyscy je bardzo chętnie oglądali i każde dziecko chciało być amerykańskim policjantem. Ja też tak miałem. To pragnienie niestety później już tylko się pogłębiało, ponieważ kiedy przyszedł serial *Ekstradycja* z Markiem Kondratem jako komisarzem Halskim, już wiedziałem, że będę zdawać do szkoły policyjnej w Szczytnie. Wydawało się to pewne jak

w banku, tylko jakoś inaczej się losy potoczyły. Na tym balu byłem Donem Johnsonem, miałem długie włosy, biały garnitur i giwerę za pasem. Ten strój Dona Johnsona nie wziął się znikąd, bo dzieci zazwyczaj nie mają w szafie białego garnituru. A ja miałem! Garnitur od komunii. Do dzisiaj nie rozumiem, dlaczego na zdjęciu komunijnym – a jest ono po horyzont zawalone dzieciakami, bo należę do wyżu demograficznego, więc do komunii przystępowało nas jakoś koszmarnie dużo – jest jedno dziecko, jedno jedyne, płci męskiej, które stoi w białym garniturze. I to jestem ja. Dlaczego? Do dzisiaj nie rozumiem. Kupili mi biały garnitur, a dzieci w tym wieku nie lubiły się wyróżniać, bo cała reszta lubiła na nie wsiadać, jeśli jakoś się odróżniały. No i ja przeżyłem takie spotkanie z rzeczywistością. Właśnie! Dlaczego był biały garnitur?! Pamiętam, że był ze Smyka...

Z: To na pewno był pomysł mamy. Ona miała takie różne pomysły.

F: Mama generalnie była fanką różnych takich idoli lat osiemdziesiątych. Mnie się wydaje, że ten garnitur to była oczywista inspiracja serialem *Miami Vice*. Poza tym mama oszalała wtedy na punkcie facetów z długimi włosami. Don Johnson miał długie włosy, ja też musiałem nosić długie włosy. I zespół Europe też miał długie włosy. Wszystko było fajne, co miało długie włosy. Tak więc na tym zdjęciu komunijnym ja też stoję na Ursynowie, między blokami z wielkiej płyty, w białym garniturze i z długimi włosami. Długo wam tego nie zapomnę.

Z: Przy czym włosy długie musiały być głównie z tyłu.

F: Tak, długie z tyłu, no oczywiście!

Z: Model enerdowski.

F: Właśnie!

Z: Ale i tak Filip miał na komunii lepiej niż ja, bo ja miałem ciemny garnitur, ale za to krótkie spodnie i białe podkolanówki.

F: O! Też mocne! Powiem ci, że Arkadius nie powiedziałby „nie"...

Z: Trochę się buntowałem, bo wydawało mi się, że długie spodnie będą poważniej wyglądać...

F: Ale dzisiaj na pokazach to jest szał! Wyprzedziłeś swoje czasy.

Z: Jakoś tak wydawało mi się, że to nie wypada. Te krótkie spodnie, z takim mankiecikiem jeszcze, i białe podkolanówki, i białe pantofelki... Większość miała długie spodnie. Nie wiem, kto się uparł na te krótkie. Mnie się to nie podobało, ale niewiele miałem do gadania.

F: Ale teraz zrobili dobry motyw, bo wszystkie dzieci idą jednakowo ubrane. Wkładają na siebie takie białe worki...

Z: To się jakoś nazywa...

F: Alba! Teraz dzieci chodzą w albach! Uważam, że to jest spoko, bo jest solidarnie, każdy jest taki sam.

Z: Ale za moich czasów też nie było jakiejś szczególnej rewii mody. Komunia była raczej skromnym, rodzinnym świętem. Nie było takich prezentów jak w tej chwili, quadów, komputerów i nie wiadomo czego jeszcze.

F: Mnie się marzył telewizor.

Z: I dostałeś.

WX

MEXICO 68

F: A psuł się! Co tydzień był zepsuty. Pamiętam, że trzeba było w niego walić, bo wtedy wracał obraz. Ale miałem w pokoju telewizor – prawdziwy luksus.

Z: Kiedyś prezenty komunijne były bardzo skromne. Medalik, krzyżyk...

F: No, ale wtedy wszyscy mieli tyle samo, czyli nic. To pewnie dlatego.

Z: Ale myślę, że to w jakimś sensie było fajne. Rower był superprezentem...

F: Pamiętam, jak dwa lata temu robiłem materiał o hitach komunijnych i wtedy panował szał na kuca. Dziewczynki dostawały kucyki.

Z: Kucyki? Mój Boże... Od razu pomalowane na różowo?

F: Niektóre pewnie tak. „Kuc komunijny" – tak się to nazywało.

Z: Straszne!

F: Tak. Dziewczynka, która marzyła o kucyku, nagle stykała się z rzeczywistością – okazywało się, że ten kucyk sra. A ona się tego nie spodziewała!

Z: Bo kucyk, którego miała w domku dla lalek, nie robił...

F: A ten akurat tak! Sra, ale nie tęczą. I z tymi kucykami zrobił się duży problem, bo nie wiadomo było, co z nimi robić.

F: Tragedia wielu zwierząt. Tak, właśnie! Poprzewracało się ludziom w głowach.

Z: Z późniejszych bohaterów młodości to oczywiście byli czterej pancerni.

F: Ale to jakaś prehistoria!

Z: Jaka prehistoria?

F: *Czterej pancerni* to lata sześćdziesiąte.

Z: To był niesłychanie popularny serial. Powstawały kluby pancernych, zabawy i wszystkie psy miały na imię Szarik. Janek Kos był idolem, Gustlik też i w ogóle wszyscy kochali pancernych. Chociaż ja to tak chyba schyłkowo – oni byli idolami, ale mnie już inne rzeczy zaczynały kręcić. Załapałem się na końcówkę.

F: Wiem! Przypomniałem sobie! Jeszcze był *MacGyver*! Chyba nie opuściłem żadnego odcinka. To było genialne! Facet z drutu, szpilki i taczki potrafił zrobić helikopter. To wtedy tak działało na wyobraźnię, że on tak z niczego coś robi… Wyśmienite to było i to był mój idol, zdecydowanie.

Z: Zaraz, zaraz… Jak już przy tym jesteśmy, to *Zaczarowany ołówek*.

F: Co…?

Z: Zaczarowany ołówek potrafił wszystko.

F: Myślisz, że to jest analogia do *MacGyvera*?

Z: No tak! *Zaczarowany ołówek*? Absolutnie! Był lepszy od *MacGyvera*.

F: Była jeszcze *Drużyna A*. A ze sportowych idoli tamtych czasów?

Z: Oj, mnóstwo ich było. Przede wszystkim Włodzimierz Lubański, absolutny idol sportowy. Wtedy jeszcze grywałem dość intensywnie w piłkę nożną, więc Włodzimierz Lubański i Zygfryd Szołtysik. Grali w Górniku Zabrze. Ale takich idoli sportowych było wielu. Waldemar Baszanowski – podnoszenie ciężarów, Jerzy Kulej – boks, Królak – kolarstwo. Wyścig Pokoju – niesłychana impreza.

Być jak...

F: Myślę jeszcze o idolach lat dziewięćdziesiątych. Pamiętasz taki zespół Just 5?

Z: Oczywiście!

F: Oni chyba występowali u was na koncertach *Lata z Radiem*. Taki pierwszy polski boysband.

Z: To było niesamowite! Oni mieli specjalnego człowieka do zbierania maskotek i części bielizny rzucanych na scenę, dlatego że lądowało tam tego dziesiątki, setki. Ten człowiek więc zbierał potem te maskotki i bieliznę, dzielił je do osobnych worków i maskotki zawozili do napotkanych po drodze domów dziecka. Akcja miała bardzo szlachetny przebieg. A co z bielizną? Słowo daję, że nie wiem, znam tylko los maskotek, które lądowały na scenie. *Kolorowe sny* znali wszyscy…

F: I chyba tylko to.

Z: Natomiast nam, ekipie realizującej *Lato z Radiem*, zdarzało się czasem nocować w tym samym hotelu, co zespół Just 5. I to było nieszczęście. Pod hotelem fanki przez całą noc potrafiły stać, siedzieć, wrzeszczeć: „Bartek! Bartek!". I spać się nie dało. Musieliśmy zamykać okna, a i tak był koszmar. Nocowanie z zespołem Just 5 było naprawdę dużym przeżyciem.

F: Nie można też nie wspomnieć o Bogusławie Lindzie. Nie ma większej ikony lat dziewięćdziesiątych. *Psy*, *Psy 2* – każdy chciał być jak Linda. I pamiętam też Jarka Jakimowicza, dzisiaj to już postać budząca raczej uśmiech niż podziw, ale *Młode wilki*, pierwsza i druga część, to film mojego życia, film wszech czasów. Kicz i tandeta – mogłoby się dzisiaj wydawać – ale on tak pięknie pokazuje, jak wtedy żyliśmy i czym się fascynowaliśmy, i co nam imponowało – to takie fajne zwierciadło tamtych czasów.

Z: Tak się zastanawiam nad pierwszymi dziecięcymi idolami. Co zaprzątało wyobraźnię kilkuletniego dziecka żyjącego na przełomie lat pięćdziesiątych i sześćdziesiątych. Ważny był na pewno sport. Miałem też wujka strażaka. Możliwość założenia hełmu, posiedzenia w kabinie wozu strażackiego to było coś. W ogóle takie zawody, jak policjant, strażak... Chciałem zostać strażakiem. Ale to chyba ze względu na atrybuty strażackie – ten hełm, toporek, wyposażenie.

F: Z tego wynika, że dzisiaj wszystkie dzieci będą marzyć o tym, żeby zostać żołnierzem wojsk obrony terytorialnej.

Wyczynowcy

F: Sport to jest rozdział, który napisze ojciec. Ja nie będę miał wiele do powiedzenia, niestety. Chodzę regularnie na siłownię i na squasha, i tyle.

Z: Dla mnie sport zawsze był rzeczą bardzo ważną.

F: O! Opowieść się zaczyna, to ja idę sobie zrobić potrójną kawę…

Z: Urodziłem się na przedmieściach Warszawy, na Zaciszu, gdzie było bardzo dużo terenów zielonych, gdzie miało się szansę uprawiania wszystkich dyscyplin, jakie sobie człowiek mógł wymyślić. Przy czym obowiązywała taka zasada: najpierw zrób, a potem korzystaj. To znaczy, że jeśli chcieliśmy grać w piłkę nożną, to najpierw musieliśmy sobie wyrównać kawałek placu. Miejsc do grania było mnóstwo: łąki, jakiś wolny kawałek przestrzeni, zresztą blisko mojego domu. Ale najpierw trzeba było sobie wyrównać, zrobić z czegoś bramkę. No ale boisko do piłki nożnej było dosyć proste do zrobienia. A jak się chciało uprawiać lekką atletykę i skok w dal, to trzeba było skocznię zrobić: wykopać dołek, nasypać tam piasku, zrobić

belkę do odbicia – i skocznia w dal gotowa. A jak się chciało skocznię wzwyż zrobić, to trzeba było jeszcze postawić dwa wsporniki, poprzeczkę. Właściwie wszystko organizowaliśmy sobie sami. Ba! Jeśli chcieliśmy podnosić ciężary, to sobie sami zrobiliśmy sztangę. Sztangę się odlewało z betonu.

F: O Boże!

Z: No tak! Należało znaleźć kawałek stalowego pręta i do tego beton. Łatwo było zrobić, bo wiadomo, że cementu zawsze jeden czy drugi rodzic skombinował. Trochę piasku do tego, rozmieszać, zrobić formę, wylać – i była sztanga. I boisko do siatkówki… Uprawialiśmy chyba wszystkie sporty, jakie nam przyszły do głowy. Ba! Bobsleje nawet!

F: O tym akurat chętnie posłucham!

Z: Bobsleje były, rzecz jasna, własnej produkcji. Robiło się je z trzech łyżew, tych przykręcanych, i drewnianej konstrukcji. Tę ramę przykrywało się jakimś kartonem, te trzy łyżwy, z czego dwie ruchome, pod spodem – i już był bobslej, można było się ścigać. Oczywiście musieliśmy ten bobslej ciągnąć, ale wyobraźnia dzieci nie zna granic. No i od tego się zaczęło, od uprawiania wszystkich dyscyplin i grania w piłkę, i podnoszenia ciężarów, i lekkiej atletyki. Szaleliśmy! I w szkole, i po szkole. Zimą oczywiście łyżwy. Robiliśmy sami lodowisko. Wylewało się je, a ponieważ było nierówne, to mieliśmy sposób na jego wyrównanie. Trzeba było nagotować wody w czajniku, wziąć dużą szmatę, gorącą wodą polewało się szmatę i przeciągało się nią po tafli. Wtedy górna warstwa się rozmrażała i lód się wyrównywał. Ale często zdarzało się tak, że wychodziliśmy się ślizgać na takie potężne rozlewiska jesienne, które w jednych miejscach były zamarznięte, a w innych nie. Niezamarznięte pozostawały głównie przy brzegu, gdzie można było po kolana wpaść w takie błoto, no i potem w zamarzniętych butach i nogawkach wracaliśmy do domu, przemarznięci, zmęczeni, ale szczęśliwi. Następnym etapem były zapasy. Uprawiałem je dlatego, że na Zaciszu mieszkali bracia Kudelscy. Świetni zapaśnicy, mistrzowie Europy, zdobywali mistrzostwa Polski, wielka kariera. No i pojawił się owczy pęd – wszyscy, którzy mieli jakiekolwiek predyspozycje, zapisali się na zapasy. Ja oczywiście też. Treningi odbywały się w obiektach warszawskiego AWF. W związku z czym z Zacisza najpierw jechałem autobusem, a potem tramwajem na AWF, na trening, potem do domu. Szło mi całkiem nieźle, byłem wicemistrzem Polski młodzików w zapasach w stylu wolnym. Powołano mnie – i to był chyba rok '68 albo '69 – do kadry Polskich Nadziei Olimpijskich w zapasach. Pojechałem na obóz do Zakopanego, w Centralnym Ośrodku Sportu. To była jakaś nieprawdopodobna bajka! Zakopane, kadra Polski i… to żarcie. Takie oczy, jęzor po pas i można było jeść, ile się chciało, i brać dokładki. Fantastyczne! W życiu nie widziałem takiego żarcia jak tam. I tylu potraw, i takiej obfitości tego wszystkiego…

F: No to co się stało, że się zesrało?

Z: Zapasy są bardzo kontaktowym i brutalnym sportem. Okazało się, że to kompletnie nie leży w mojej psychice. Kontakt *face to face* to mało powiedziane – czasami to kontakt *face to ass*. To jest naprawdę bardzo twardy, męski sport. Stwierdziłem,

że chyba się do tego nie nadaję. A po powrocie z obozu zapaśniczego odbywały się jakieś szkolne zawody w siatkówce. Byłem wysoki, sprawny, w związku z czym szybciutko do tej siatkówki przeskoczyłem. I nagle okazało się, że nie trzeba wąchać przeciwnika, przyklejać się do jego potu, nie ma bezpośredniego kontaktu. Siatkówka jest eleganckim sportem, w którym zawodnicy stoją naprzeciwko siebie, ale nie mają kontaktu fizycznego. W siatkówce od razu się zakochałem. Była to chyba ósma klasa szkoły podstawowej. Ze szkołą doszliśmy do finałów zawodów ogólnowarszawskich. Zostałem zauważony i zaproszony do klubu sportowego Rzemieślnik. W 1969 roku rozpoczęła się moja przygoda z siatkówką, która trwa do dziś.

F: W klubie Emerytura Piaseczno?

Z: Nie, w Bobry Piaseczno. To taki amatorski klub.

F: A wytłumacz jeszcze, na czym polega olimpiada seniorów. Jakie są limity wieku? Jakie konkurencje?

Z: Olimpiada seniorów? Ja nie startuję w olimpiadzie.

F: Nie, ja mówię o tym, że musi być 180 lat w drużynie.

Z: Nie, to jest siatkówka plażowa. Gram w nią w zawodach seniorskich, oldboyów. I tam jest kilka kategorii wiekowych. Ja startuję w kategorii 120 plus.

F: O, to, to!

Z: To znaczy: gra dwóch na dwóch i suma wieku obu zawodników nie może być mniejsza niż 120 lat i żaden z nich nie może mieć mniej niż 60 lat. Jestem aktualnym wicemistrzem w Pucharze Polski.

F: W kategorii studwudziestolatków?

Z: W kategorii 120 plus.

F: No i jak wielką rozpaczą dla takiego człowieka jak ty musi być to, że jego własne dziecko okazuje się kompletnym antytalentem sportowym? Czego się dotknie, to wszystko spieprzy!

Z: Ale nie, nieprawda!

F: Wracając do tego, co uważa mama – bo to jest sprawa, jak pewnie niektórzy zdążyli się już zorientować, kluczowa. Tak jak był Don Johnson w białym garniturze, tak był jeszcze Andre Agassi. Dzisiaj jest kompletnie łysy, ale kiedyś miał długie włosy, grał w tenisa i zarabiał strasznie dużo kasy, więc mama stwierdziła, że to jest to, i posłała mnie na lekcje tenisa. Po pierwszym treningu zostało wykonane zdjęcie. Wyglądam dziwnie, ponieważ mam ochraniacze do siatkówki na kolanach, ortalionową kurtkę – chyba – rakietę w rękach i opaskę. Andre Agassi musiał mieć opaskę, żeby te kudły mu nie wpadały do oczu. I ja tak właśnie stoję na tym zdjęciu.

Z: Ale twoja przygoda z tenisem trwała dość krótko…

F: Krótko?! Siedem lat wożenia na treningi! Dwa razy w tygodniu. Wtedy na Ursynowie otworzył się klub tenisowy – za cholerę nie pamiętam, jak on się nazywał, ale miał siedem kortów.

Z: No bo to był taki ekskluzywny sport. Wielki świat, wyjeżdżało się…

F: Tak, tak. No i ja jeździłem na tego tenisa, mama mnie woziła cinquecento wte i wewte, z treningu na trening. Aż w końcu, w tym siódmym roku, okazało się – jak pan trener dosyć brutalnie powiedział mamie – że no, niestety, ani Pete'a Samprasa, ani Andre Agassiego, ani Borisa Beckera ze mnie nie będzie. Ale dzięki tenisowi odkryłem swoją pasję, bez której bym się dzisiaj w ogóle nie ruszał, czyli squasha. Tenis w pewnym momencie zaczyna być irytujący. Wszędzie jest mączka ceglana – w samochodzie mączka, wszystko na czerwono, buty na czerwono, wszystko jest utytłane tym dziadostwem. Zbieranie piłek – to jest upierdliwe, bo tenis to nie tylko magia, ale też chodzenie i zbieranie piłek do koszyka. I na koniec czesanie kortu – jak koń z chomątem, wte i wewte zamiatanie.

Z: Siatką taką, prawda?

F: Tak. No to przecież jest jakaś paranoja! I tak oto narodził się squash, czyli wyciągnięcie samej esencji, samej przyjemności z tenisa, zamkniętej w hermetycznym słoiku w postaci kortu do squasha.

Z: Ale nie ma tej elegancji, nie ma tej kultury…

F: To nie chodzi o elegancję, tylko o to, że wchodzisz i naraz spalasz 1500 kalorii.

Z: Fakt, to intensywny sport.

F: Wychodzisz i jesteś spompowany jak po żadnym innym treningu.

Z: Refleks i szybkość – wszystko jest ważne.

F: Tak. W związku z tym ostatnio złamana noga najbardziej mnie bolała nie dlatego, że nie mogłem chodzić, że byłem ograniczony i tak dalej, tylko dlatego, że nie mogłem grać w squasha. Po trzech miesiącach wywaliłem gips, włożyłem buty, poszedłem na kort, wygrałem dwa mecze i już jest dobrze.

Z: A wracając do mojej pasji, Rok '69 to początek uprawiania siatkówki. Dosyć szybko awansowałem w klubie i trafiłem do kadry Polski juniorów. Miałem wielkie marzenia o grze w reprezentacji Polski i o olimpiadzie, i o medalach. Niestety, wszystko było okej poza wzrostem. Metr osiemdziesiąt trzy to jednak nie jest potężny wzrost...

Marzenia się nie spełniły, ale sport został. Długo się zastanawiałem, co mam robić po maturze. Pomysłów miałem mnóstwo, od szkoły teatralnej do politechniki – wszystko przerobiłem. W końcu ręce mi opadły i stwierdziłem, że idę na Akademię Wychowania Fizycznego. Miałem bardzo dobre oceny, egzamin sprawnościowy też nie sprawił mi problemu, więc zostałem studentem AWF. Później, w trakcie studiów, wpadłem na pomysł, żeby jednak równolegle studiować dziennikarstwo. W sumie zająłem się tym drugim, ale siatkówka została mi do tej pory, bo grywam w siatkówkę plażową, zjeździłem pół świata, dopingując polskich zawodników – byłem w Japonii i na igrzyskach olimpijskich w Londynie, w Portugalii. Byłem wszędzie, gdzie działo się cokolwiek wielkiego, związanego z siatkówką, i dopingowałem razem z grupą takich samych pasjonatów. Do tej pory siatkówka jest bardzo ważną częścią mojego życia.

Filip, ty też trenowałeś w którymś momencie! Miałeś być rozgrywającym...

F: Myślę, że tutaj kluczowe jest to „miałeś być". No, niestety, nie byłem, ale jeżdżę na rowerze, lubię rower. I zawsze w bagażniku mam rolki. Jak mam kwadrans wolnego pomiędzy spotkaniami, to zakładam rolki i jeżdżę na Polu Mokotowskim.

Z: A dzisiaj jeździłeś?

F: Dzisiaj? A dlaczego miałem dzisiaj jeździć?

Z: Ot tak pytam.

F: Dzisiaj pływałem.

Z: Ja dzisiaj grałem w siatkówkę plażową. Gram prawie codziennie, jak tylko jest dobra pogoda.

F: Wiem, dlaczego dzisiaj nie jeździłem! Bo ostatnio kupiłem sobie nowe rolki, takie do szybkiej jazdy, na dużych kółkach, i się tak rozpędziłem, że tak zwana dupa zbita – i to dosłownie.

Z: Poleciałeś na pysk?

F: Tak, poleciałem!... i to jak! Jestem w tym mistrzem.

Z: Lubię oglądać sport. Choć, prawdę powiedziawszy, średnio lubię piłkę nożną. Nie jestem jej wielkim pasjonatem.

F: Fajnie jest, jak Polska gra, ale tak poza tym to tak sobie mnie obchodzi.

Z: Nie za bardzo. Natomiast piłka ręczna – tak. Siatkówka na pierwszym miejscu, ale piłka ręczna jest twardym, męskim sportem, fantastycznym. Bardzo mi się podoba.

F: W golfa ostatnio próbowałem grać. Jezu, jakie to jest nudne... Grałeś kiedyś w golfa? Wiesz, co jest najfajniejsze? Jazda melexem! To jest najfajniejszy element tej gry! Poza tym straszna nuda.

Z: Raz czy dwa razy próbowałem, ale znam wielu ludzi, pasjonatów absolutnych.

Walą w piłeczki i łażą sobie po polu. W trakcie studiów na AWF-ie przechodziliśmy przez właściwie wszystkie dyscypliny sportu i pamiętam, że najbardziej bolesny był bieg przez płotki.

F: Bieg przez płotki?

Z: Tak, dlatego że czasami człowiek zostawał na płotku w rozkroku.

F: Nie wpadłbym nawet na pomysł, żeby podejść do takiego toru. A co dopiero spróbować i jeszcze przeskakiwać! Nie ma mowy!

Z: Skok o tyczce też był dosyć niebezpieczny.

F: Skakałem ostatnio o tyczce w TVN Turbo. To jest niebezpieczne.

Z: Ale przez poprzeczkę?

F: Tak, przez poprzeczkę.

Z: No więc na początku my też skakaliśmy przez poprzeczkę, a potem, jak już dziesiątą złamaliśmy, to pan magister wyciągnął gumę z majtek i rozwiesił ją na stojakach. Skakaliśmy przez nią i było to dużo bezpieczniejsze niż skakanie przez poprzeczkę.

F: À propos, to ostatnio przypomniało mi się, że nie mam już 16 lat, a ciągle mi się wydawało, że jednak mam. Teraz bardzo modne są parki trampolin – wielkie hangary, do których przychodzą dzieciaki, skaczą na trampolinach, płacą za to pieniądze, wychodzą i są szczęśliwe. Ja się jednak przekonałem o tym, że można wyjść stamtąd średnio szczęśliwym. Wszedłem na trampolinę, a pan instruktor mówi: „No to proszę zrobić teraz obrót o 180 stopni w powietrzu". Raz, nie udało się. Drugi raz, nic. Trzeci raz spróbowałem, ale niestety stopa mi się podwinęła i złamałem ją w kostce. Jadę na ostry dyżur. Pan ortopeda na mnie patrzy i mówi: „Co pan, panie Filipie? Trampolina, co?". Ja mówię: „Nostradamus czy lekarz? O co chodzi?", a on mówi: „A, dziennie mamy tu trzy, cztery osoby z trampolin". Podobno jest tam plaga kontuzji. Przyjeżdża tam masa dzieciaków, całymi klasami, szaleją, bawią się. A tam, żeby zrobić sobie krzywdę, to podobno wystarczy sekunda, moment.

Z: Najbardziej typowy uraz siatkarski to skręcenie stawu skokowego. A to miałem wielokrotnie. I powybijane palce, ale to w normie. A poza tym...

F: Jeszcze piłką w łeb mogłeś dostać.

Z: Ale wtedy nic się nie dzieje. Piłka nie jest ciężka. Raz mi się drzazga w brzuch wbiła.

F: A to przy jakim sporcie?

Z: Przy siatkówce. Parkiet był nierówny. Wykonałem rzut i nagle wyhamowałem na drzazdze, która wbiła mi się prosto w brzuch.

F: Tym optymistycznym akcentem...

Z: A o sportowych idolach mówiliśmy?

F: Tak, ale jakbyś chciał o Wagnerze opowiedzieć, to opowiedz.

Z: Jeden z lepszych trenerów, a może najlepszy, na świecie – Jerzy Wagner. Miałem przyjemność – i to podkreślam – poznać go osobiście. Był fantastycznym fachowcem, niezwykle odważnym. Przed igrzyskami w Montrealu w '76 roku powiedział, że interesuje go tylko złoto. I zdobył je. Do tej pory nie udało się powtórzyć tego sukcesu. Powtórzyliśmy po 40 latach mistrzostwo świata – w '74 roku w Meksyku zdobyliśmy pierwsze, w 2014 roku w Katowicach drugie, ale nigdy nie powtórzyliśmy olimpijskiego sukcesu z Montrealu. Poza tym, że Wagner był znakomitym fachowcem, znakomitym trenerem, to słynął z niezwykłego dowcipu. Z przyjemnością przebywało się w jego towarzystwie.

Pamiętam, kiedyś wracaliśmy – w czasie Ligi Światowej była wieczorna wycieczka w góry – jednym autokarem. Oczywiście gwiazdą autokaru był Jurek Wagner. Opowiadał o swoich czasach w wojsku. W czasie studiów – wojsko. Po studiach – wojsko. On – okazało się – był dowódcą czołgów średnich. Nie miałem pojęcia, że są czołgi wielkie, średnie i małe! Wagner mówił o tym, jak tymi czołgami się jeździło, gdzie się jeździło i po co się jeździło – to były rzeczy niesłychane! Tego trenera darzyłem ogromnym szacunkiem. Bardzo brakuje takich ludzi jak on.

F: A wojsko? Co z twoim wojskiem?

Z: O, wojsko to w moim przypadku długa historia.

F: Ja się całą noc drapałem po wszystkich możliwych miejscach – w łokciach, pod kolanami. Przy atopowym zapaleniu skóry człowiek reaguje na kurz tak, że pojawia się wysypka czy jakieś zaczerwienienie. Walczyłem o swoje „D", dostałem je. Następnego dnia przychodzę do liceum, mówię, że mam „D". Pytam kumpla – chłop jak dąb, siłownia codziennie, mięśnie po prostu jak na zawodach strongmanów – co u niego, a on mówi: „Też D". Jeszcze jeden kumpel przychodzi, zdrowy jak ryba: „D". Idzie chłopak z delikatnym porażeniem – mieliśmy takiego w klasie – pytamy go: „A jak u ciebie?", na co on odpowiada, że dostał „A". Od razu była teoria, że on idzie na ogień zaporowy.

Z: Ale to chyba taka prawidłowość, dlatego że po AWF-ie ci najbardziej sprawni, najzdrowsi nie szli do wojska, a takie ofermy batalionowe to wszystkie po kolei. Ja miałem problem, szczerze powiedziawszy, dlatego że skończyłem AWF, natomiast do ukończenia studiów dziennikarskich został mi rok.

W związku z tym napisałem podanie z prośbą o odroczenie rocznej szkoły oficerów rezerwy: jak skończę dziennikarstwo, to spełnię swój obowiązek wobec ojczyzny i pójdę do wojska – nie ma problemu. Na co dostałem odpowiedź, że nie, że sobie skończę studia, jak już będę po wojsku. Pomyślałem wtedy, że, cholera, później to już mogę nie mieć ochoty, coś się może wydarzyć, a bardzo chciałem je skończyć. No i trzeba było coś wykombinować. Pomógł mi brat. Dzięki jego jakimś szczególnym układom udało się coś pokombinować z rentgenem, dostałem zdjęcie rentgenowskie jamy brzusznej – nie moje. I chyba trochę z tą podmianką przesadziliśmy, bo komisja wojskowa po zobaczeniu tego zdjęcia była bardzo zdziwiona, że ja żyję. No ale oczywiście dostałem kategorię „D" i jakoś udało mi się od wojska wymigać. Tak więc obaj nie odsłużyliśmy.

F: A potem znieśli obowiązek. I oby nigdy nie przywracali.

Z: Chociaż książeczkę wojskową jeszcze gdzieś mam.

F: Nie no, musisz mieć.

Z: Tak?

F: Każdy musi mieć książeczkę wojskową na wypadek – odpukać w niemalowane – konfliktu zbrojnego.

Z: Ale wspomnienia ze studium wojskowego mam do dziś.

F: Co to jest „studium wojskowe"?

Z: Zajęcia z obronności, rozkładanie i składanie karabinu, czołganie się.

F: A to na studiach?

Z: W czasie studiów. Oczywiście wykładowcami byli frontowi oficerowie, często zaciągający, opowiadający swoje wojenne historie. Mam dużo ciekawych wspomnień z tego studium. Zbiórki przed akademikiem…

F: O kurde!

Z: Przez wiele lat na AWF-ie wykładowcą był słynny major Lis. Zbiórka przed akademikiem, wojsko stoi na baczność i nagle z akademika ktoś krzyczy – przepraszam, ale tak było – „Lis, ty chuju!". Na co całe wojsko w śmiech. I pan major Lis wykazał właściwą postawę, bo powiedział: „Czego się śmiejecie? To do mnie, nie do was!". Tym zasłużył sobie na duży szacunek.

F: No to niezły jajcarz był!

Z: Natomiast absolutnie mrożącą krew w żyłach opowieść miał Tomek, mój kolega ze studiów dziennikarskich, który służył w Zegrzu. Zima, stan wojenny. Ostra amunicja, broń. Postawili go na warcie przy świniarni – bo wtedy wojsko świnie hodowało, nie wiem, jak teraz – miał ich bronić dzielnie, do ostatniej kropli krwi. No i w środku nocy słyszy, że ktoś idzie. Skrzypienie śniegu, więc kolega krzyczy: „Stój! Kto idzie? Będę strzelał!" – i właściwie w tym momencie powinien strzelić w powietrze, a potem ładować do człowieka. Do końca zachował zimną krew, bagnet na broni przystawił mężczyźnie do gardła. A tamten nic nie powiedział. Dlaczego? Mojemu przyjacielowi zapomnieli powiedzieć, że w nocy pracownik, który jest głuchoniemy, przyjdzie karmić te świnie. I to było straszne. Pomyślałem sobie, że mam duże szczęście, że w tym wojsku nie jestem.

F: Masakra.

Z: A pamiętasz taki motyw z pogranicza dzieciństwa i sportów zespołowych – czyny społeczne? Ja odbudowywałem Zamek Królewski.

F: Kurde, ja nie. Dzień Ziemi pamiętam. Trzeba było przynieść kij od szczotki i wbić w niego gwóźdź, a potem zbierało się tym papierki. Ale to cały czyn społeczny, jaki sobie przypominam. Nie było innych.

Z: My, całe liceum Władysława IV, na początku lat siedemdziesiątych braliśmy udział w odbudowie Zamku Królewskiego. Staliśmy w rządku i podawaliśmy sobie cegły.

F: O, to ładne! Piękna historia!

Z: Mam swój wkład w odbudowę Zamku Królewskiego. Parę cegieł przeszło przez moje ręce.

F: Jak na Zygmunta przystało… Wszystko się zgadza. Z tego są znani. A w którym roku odbudowany został Zamek Królewski?

Z: To była druga połowa lat siedemdziesiątych, a odbudowa zaczęła się na początku, bo od '69 do '73 byłem w liceum, więc to musiał być '71, może '72 rok. Jeździliśmy też, oczywiście, pomagać w wykopkach, czyli zbierać ziemniaki.

F: Komu?

Z: No, pegeerom.

F: A to oni sobie sami nie radzili?

Z: Kiepsko sobie radzili, a poza tym to był, wiesz, taki patriotyczny czyn.

F: A maszyn nie mieli?

Z: Może i mieli, ale popsute... Najfajniejsze w tym zbieraniu ziemniaków było ognisko na koniec. Mogliśmy upiec sobie ziemniaki. I wożenie przyczepami… Tak, tak! Zbierało się ziemniaki do wiklinowych koszyków, wrzucało się je potem na przyczepkę od traktora. Właściwie to nie buntowaliśmy się jakoś szczególnie przed takimi pracami społecznymi. Bo, po pierwsze, wyrywał się człowiek ze szkoły, przebywał na świeżym powietrzu, wygłupialiśmy się, trochę się porobiło i na końcu było ognisko.

F: No to fajnie. Ja też bym pojechał.

Z: Teraz rodzice by wszystkim wydrapali oczy.

F: Myślę, że teraz dzieci, oderwane od tabletów i telefonów, jakby usłyszały, że mają zbierać ziemniaki, toby nie wiedziały, o co chodzi.

Z: Ale w Niemczech jest przerwa jesienna, nazywa się Kartoffelferien, ta przerwa jest w październiku i chyba do dzisiaj dzieciaki mają zajęcia na wsi. Wcale nie uważam, że to jest głupie i przestarzałe. Taka przerwa jakiś czas po wakacjach jest potrzebna, do tego zdrowe, świeże powietrze, trochę ruchu. Czemu nie?

Czar kół

F: Kiedy robiłem prawo jazdy w wieku 17 lat…

Z: A dlaczego od razu zaczynasz od prawa jazdy? Może zacznijmy trochę wcześniej. Od samochodziku na pedały.

F: Już mówiliśmy o czerwonym moskwiczu.

Z: Mam zdjęcie w samochodzie na pedały przed domem dziecka w Warszawie. Od małego ciągnęło mnie do motoryzacji. I wcale nie od samochodu się zaczęła ta moja przygoda, tylko od skutera Wiatka.

F: No proszę… Prawie drugi Bublewicz.

Z: Mój szwagier Andrzej poszedł do wojska. A był szczęśliwym posiadaczem radzieckiego skutera o nazwie Wiatka. Zostawił więc ten skuter u nas w domu, w komórce. Jaki on był piękny, jaki śliczny! Ale jak go, cholera, uruchomić bez kluczyków? Pomysłowy Dobromir: gwóźdź wygiąć pod kątem prostym, młoteczek, kowadełko, sklepać gwóźdź na końcu. Wsadzić do stacyjki, przekręcić, sprawdzić, oj, za gruby. Jeszcze raz wyklepać, wsadzić do stacyjki. Odpaliło, poszło. Mój pierwszy pojazd mechaniczny to był podprowadzony szwagrowi skuter

Wiatka. I było fajnie, bo najpierw jeździłem sam. Potem woziłem okoliczne dzieci. Wreszcie zazdrośni koledzy stwierdzili, że będę chamem, jeśli nie dam się im przejechać. Oczywiście nikt z nas nie miał pojęcia o jeździe na skuterze, o prawie jazdy i tak dalej. Ponieważ na chama nie chciałem wyjść, pożyczyłem. Ale jeden z kolegów, wyjątkowo nieogarnięty, przy dosyć dużej prędkości wywalił się na tym skuterze na żużlu, więc nie tylko sam siebie uszkodził, ale również skuter. No i co było zrobić? Musiałem skuter z powrotem wstawić do komórki, w której stał, i przygotować się na niezły łomot. Szwagier pojawił się na przepustce, ja się przyznałem, on zobaczył skuter i o mało się nie popłakał. Ochrzanił mnie strasznie. Myślałem, że stłucze mnie na kwaśne jabłko, ale do rękoczynów nie doszło, na szczęście. Był wkurzony okropnie, powiedział, że nigdy więcej – i chyba bardziej chodziło mu o moje bezpieczeństwo niż o ten skuter, bo przecież mogło stać się coś niedobrego. Zostałem odcięty od skutera i już rzeczywiście na nim nie jeździłem, ale pasja do motoryzacji pozostała. Następnym krokiem była syrenka brata. Miałem z nią mnóstwo przygód. Zaczęło się od tego, że w czasie niedzielnego obiadu na świeżym powietrzu sobie wsiadłem do tego samochodu. Wszyscy siedzieli przy stole pod jakimś kasztanem czy orzechem, a ja zacząłem przy tej syrence najpierw majstrować, potem robić „brum, brum", że tak powiem, „paszczowo", a potem zauważyłem: „O, kluczyk jest!". Przekręciłem go, a akurat był włączony wsteczny bieg. Syrenka zaczęła się cofać prosto na nasz stół, na ten obiad niedzielny. Powstał popłoch, wszyscy się rzucili, włącznie z bratem i szwagrem, wyciągać mnie z samochodu. A syrenka cały czas jechała. Równiutko, powoli zmierzała w kierunku niedzielnego obiadu i stołu. Jechała, jechała, nawet zahaczyła o taki drewniany garaż. Ale zdążyli dopaść samochodu, wyrwać kluczyki ze stacyjki i mnie bladego – omal nie zemdlałem – wyciągnąć. Nie chciałem, ale tak wyszło. To była moja pierwsza przygoda samochodowa. To była szkoła podstawowa, powiedzmy siódma klasa, więc miałem jakieś 14 lat. Tak wyglądał mój debiut.

F: U mnie wyglądało to mniej więcej tak samo, bo parę ładnych lat jeździłem bez prawa jazdy. Fiatem bravo mamy.

Z: To było straszne! Spaliłeś sprzęgło!

F: Jak sprzęgło spaliłem?! W życiu zrobiłem parę złych rzeczy, ale nie spaliłem żadnego sprzęgła w bravie! Prawo jazdy zrobiłem chyba w 2001 roku, wtedy trzeba było mieć 17 lat, żeby zrobić prawo jazdy. To był ostatni rok sprzedaży polonezów w salonie. A ja tak marzyłem o polonezie! To było moje największe marzenie! W ogóle spełnienie wszystkich możliwych marzeń – polonez!

Z: Ale dlaczego chciałeś akurat poloneza?

F: Nie wiem dlaczego. Jakoś cholernie mi się do dzisiaj podoba. Jestem wielkim fanem tego samochodu. No i wtedy ojciec powiedział, że po jego trupie, nigdy mi nie kupi i w ogóle mam zapomnieć o polonezie. Dostałem fiata punto jako pierwszy samochód od rodziców. Wspaniale, ale musiałem czekać 15 lat, żeby spełnić swoje marzenie. W tym roku kupiłem poloneza. Kosztował mnie 2,6 tysiąca złotych, wyciągnąłem te pieniądze z bankomatu, natomiast kiedy kupiłem do niego koła i opony, okazało się, że są o 400 złotych droższe od całego samochodu. Polonez ma 44 tysiące przebiegu, więc jest absolutnie nowy. Opony rozpadły się podczas powrotu autostradą do Warszawy, bo kupowaliśmy wóz na Śląsku i okazało się, że one nigdy nie były zmieniane. Ba! jeszcze mają takie gumowe kolce, bo on był tak mało jeżdżony, że się nie zużyły. Więc te dwudziestoletnie opony – bo samochód jest z '97 roku – po prostu pękły. Stałem na środku autostrady, składałem tego poloneza do kupy.

Z: Opony sparciały.

F: Właśnie to zrobiły. Ale polonez był nowy. Udało mi się znaleźć przepiękny egzemplarz – caro plus, '97 rok, z napisem „FSO Daewoo", bo wyprodukowano go już po przejęciu. Wykonałem gigantyczną operację zmiany przodu z nowego na stary, taki z czasów Borewicza. Borewicz jeździł polonezem – w ogóle prototypowym.

Z: Boże! To ja musiałem podania pisać, żeby mieć nowy tył do starego poloneza. Bo w starych polonezach burta bagażnika się nie otwierała, natomiast w nowym polonezie, to się chyba Caro nazywało, tylna klapa schodziła do samej podłogi. I ja musiałem pisać podania…

F: Robili ci poloneza na specjalne zamówienie?

Z: Nie robili, tylko chcieli mi dać stary model, a ja chciałem ten nowy, więc musiałem napisać podanie i uzasadnienie wymyślić. I uzasadnienie było takie, że jestem dziennikarzem Polskiego Radia i wożę ze sobą ciężki sprzęt. Pracowaliśmy wtedy na dużych magnetofonach – albo były to UHER-y, albo Nagra Kudelski, bardzo dobre, znakomitej jakości magnetofony, produkowane w Szwajcarii, ich twórcą był polski inżynier Kudelski. I to rzeczywiście trochę ważyło, ale bez przesady – mogłem ten sprzęt przez burtę przerzucić. Ale złożyłem podanie i uwzględnili mi to.

F: Ojciec pisał podania, a ja oddałem do serwisu, żeby mi zamienili wszystko, co nowe, na stare. I faktycznie wygląda tak, jakby właśnie wysiadł z niego Bublewicz. Jest przepiękny, ma dwa reflektory przeciwmgielne z przodu…

Z: Polonezy mieliśmy dwa, o ile pamiętam. Biały i granatowy. Granatowy charakteryzował się tym – to był właśnie ten z opuszczaną do podłogi klapą – że dla nadania mu kosmicznego wyglądu dekle pomalowane miał na granatowo, na kolor karoserii.

F: To się tuning nazywa.

Z: Pan Zdzisio trysnął granatową farbą, lakierem – co też nie było łatwe, bo należało znaleźć lakier taki sam jak na karoserii. Ale pan Zdzisio znalazł, trysnął dekle i samochód wyglądał kosmicznie. Jak się nazywał ten samochód z serialu, co się zmieniał?

F: Transformers. *Nieustraszony*?

Z: Chyba tak.

F: KITT?

Z: Tak, KITT!

F: To jest motyw, który będę u siebie robił w polonezie. Chcę mieć taki pasek latający w lewo i w prawo.

Z: I ten drugi polonez, granatowy, był prawie jak ten KITT.

F: Zauważyłem jedną prawidłowość – pierwszy raz podczas wycieczki na miasto już po wyremontowaniu tego poloneza, to znaczy po postarzeniu go – obojętnie, czym człowiek stanął, czy lamborghini, czy ferrari, czy porsche, to i tak jest na straconej pozycji, bo ludzie obejrzą się za polonezem. On budzi, nie wiem, jakiś taki sentyment, uśmiech. Ludzie się zatrzymują, oglądają i mówią: „Wow! Patrz!".

Z: E, bo za Gierka było fajnie...

F: To nawet nie chodzi o to, że za Gierka było fajnie, tylko mi się wydaje, że te wszystkie dzieciaki wyżu demograficznego, czyli właśnie rocznik '83–'85, mają do poloneza sentyment, bo takim samochodem jeździło się na wakacje, z tyłu, między fotelami, bez pasów – bo przecież kiedyś wszyscy tak jeździli. I to są wspomnienia. Jak się wchodzi do poloneza, ten zapach... To powrót do dzieciństwa, z miejsca!

Z: Ale cofnijmy się jeszcze bardziej, bo pierwszym moim samochodem, którym jeździłem, była syrenka 102. To były czasy studiów na AWF-ie. Mieszkałem wtedy w Śródmieściu. Obok mieszkało starsze małżeństwo. Pan po osiemdziesiątce już nie bardzo mógł prowadzić swoją syrenkę i powiedział, że ja na ten AWF dojeżdżam, że to jest kawał drogi i że on mi da tę syrenkę w użytkowanie. Syrenka 102 miała silnik od motopompy i drzwi otwierane do przodu. Rozpędzała się do prędkości 60 km/h, z górki łapałem 70 km/h, wajcha zmiany biegów znajdowała się przy kierownicy. Newralgicznym punktem mojej podróży na AWF był wiadukt na Żoliborzu, dlatego że najpierw syrenka musiała się tam wtoczyć, co nie było proste, bo na maksymalnych obrotach ledwo, ledwo dawała radę. Potem, jak z tego wiaduktu zjeżdżała, rozpędzała się powyżej 60 km/h, a przy tej prędkości otwierały się drzwi. I otwierały się do przodu. W związku z tym jak już wdrapałem się na ten wiadukt, to musiałem wrzucić czwórkę i lewą ręką trzymałem lewe drzwi, prawą – jeśli nie było pasażera i jechałem sam – trzymałem prawe, bo jakby się otworzyły, toby pęd powietrza je wyrwał… Ty wiesz, jaki jest pęd powietrza przy 60 km/h? Czułeś kiedyś taki pęd?

F: Na rowerze kiedyś tyle jechałem, więc tak, wiem, jak to jest.

Z: No więc syrenką sobie dojeżdżałem, dopóki działało sprzęgło i jedynka wchodziła. W pewnym momencie przestała wchodzić jedynka, więc ruszałem z dwójki. Żeby syrenką 102 ruszyć z dwójki, trzeba było dodawać naprawdę gaz na maksa, w związku z czym z tyłu powstawała taka niesamowita zasłona dymna – nic nie było widać za syrenką. I z dwójki się ruszało. Wreszcie któregoś dnia odjeżdżałem spod budynku, na balkonie stał sąsiad, który mi syrenki użyczył, i zauważył, że coś dziwnego się dzieje – i ten dym z rury, i ciężko – wezwał mnie na rozmowę, po czym stwierdził, że źle eksploatuję syrenkę, że tak nie może być, że ja ją po prostu zarżnę, a to jest tak przyzwoity samochód… I odebrał mi prawo jeżdżenia nim na uczelnię, więc wróciłem do autobusu przegubowego marki Jelcz. A! Jeszcze ciekawa historia wiązała się z pierwszym samochodem kupionym za własne pieniądze, a to, oczywiście, był żółty maluch, rocznik chyba '76. Jak poznaliśmy się z Dorotą, czyli twoją mamą, moją żoną, to ją odwiozłem z radia na Ochotę właśnie tym żółtym maluchem. Problem był w tym, że maluch miał dziurę w podłodze na miejscu pasażera. Leżał tam gumowy chodnik, a pod chodnikiem była dziura na wylot – kupiłem używanego

LS 650 PR
SUZUKI

TEMIK FINAN
ROVER

malucha, podłoga przerdzewiała, dużo soli wtedy sypali, nie było zabezpieczenia, więc powstała dziura. Cały czas odwożąc Dorotę do domu podczas pierwszego spotkania, myślałem tylko: „Boże, żeby ona się nie zaparła na tej podłodze! Żeby noga jej nie wpadła, bo zacznie hamować obcasami na asfalcie". Ale jakoś udało się dojechać.

F: Maluch chyba nie był udanym samochodem.

Z: Mama też jeździła maluchem. Miała białego malucha.

F: Tak, ale z tymi maluchami zawsze były jakieś problemy.

Z: Nie, nie. Kultowy samochód, absolutnie. Dojechałem maluchem z Warszawy do Wiednia.

F: O, i to jest dobra historia!

Z: Dojechać, dojechałem, ale wyjść z niego nie mogłem, ponieważ siedziałem cały czas skulony i pochylony…

F: O nie, to nie ta historia. Moja ulubiona opowieść z maluchem jest o tym, jak w serwisie sprawdzali koła.

Z: Jak się zatarło. W Berlinie. To też ładna rzecz. Pojechałem maluchem do Berlina Zachodniego, gdzie pracowałem, no i tam miałem dziewczynę, Christianę. Christiana w którymś momencie zaproponowała, że pojedziemy do Tybingi odwiedzić rodziców. Ona jeździła garbusem. Z tym garbusem coś było nie tak, więc mówię: „Okej, to pojedziemy maluchem". To było albo pod koniec zimy, albo na początku wiosny – śnieg, jeszcze przymrozki. Jechaliśmy autostradą. W pewnym momencie maluch przestał skręcać. Kierownica zaczęła tak ciężko chodzić, że oboje ciągnęliśmy w jedną stronę i potem, żeby wrócić, w drugą stronę. Jakoś dojechaliśmy. Zjechaliśmy z tej autostrady, jest warsztat

Fiata, więc oboje kręcimy kierownicą. Zatrzymaliśmy się, jest super. Wytłumaczyłem, co i jak. „Dobrze, to my zrobimy" – było jakoś tak w okolicy południa, w związku z czym mieliśmy przyjechać za cztery godziny. „Prawdopodobnie chodzi o zwrotnice, które są nienasmarowane, to my je nasmarujemy, uruchomimy. Wszystko będzie okej". Wróciliśmy taksówką, taksówką przyjechaliśmy po odbiór tego samochodu, a na tej stacji wesoło, radość jakaś taka ogólna panuje. Poszliśmy do kierownika stacji zapytać, czy zrobione. „Tak, oczywiście, zrobione". „Ile płacę?". „Nic pan nie płaci". „Ale jak to? Zrobione?". „Zrobione!". „No to przecież praca została wykonana…". „Tak, ale mieliśmy taki ubaw z tym samochodem, tyle radości i śmiechu, że ma pan za darmo!". „Ale jak, dlaczego?". „Wie pan, po pierwsze, to nie ma smarowniczek, bo ich w fabryce nie wkręcili. Ale to nic, że nie wkręcili. Nie mogli wkręcić, bo tam nie ma dziur na te smarowniczki. Nie wywiercili, w związku z czym to się musiało zatrzeć. No i zatarło się, ale myśmy wywiercili, nagwintowali, smarowniczki są, wszystko fajnie chodzi. Ale jak już mieliśmy go w warsztacie – a to taka ciekawostka, bo to włoski samochód, produkowany w Polsce, nigdy takiego nie mieliśmy – zaczęliśmy się przyglądać. I wie pan co? Myśmy zaczęli go mierzyć. Pan pewnie nie wie, ale on z jednej strony jest dłuższy o trzy centymetry. W ogóle to ten samochód, jakby porównać do figury geometrycznej, to on jest taki bardziej romb. To znaczy przednie lewe koło ma przesunięte w stosunku do prawego o kilka centymetrów i podobnie tylne, więc jak pan jedzie, to jedno koło ma pan z przodu, a drugie z tyłu. Wie pan, tyle zabawy! Z elektryką coś jeszcze było, elektryk mało ze śmiechu nie umarł, kiedy zobaczył, jak działają lampy, migacze. No w życiu żeśmy się tak nie ubawili, więc dziękujemy panu bardzo, samochód zrobiony za darmo". Ile lat ja potem przejeździłem dzięki temu niemieckiemu przypadkowi! Ale podłoga nie wytrzymała, niestety, przerdzewiała.

F: To niesamowite! Który to mógł być rok?

Z: To był '79 lub '80.

F: No i zobacz, minęły dwa pokolenia, a ja w swoim dzisiejszym samochodzie mam autopilota. I tak oto historia zatacza koło.

Z: Ale w dzisiejszych samochodach nie jesteś w stanie sam zrobić nic. Żarówki nie wymienisz.

F: Nawet nie przyszłoby mi to do łba!

Z: A kiedyś człowiek sobie spokojnie generalny remont silnika sam robił, mając niewielki instruktaż, poradnik znajomego. Dużo rzeczy w maluchu robiło się samodzielnie. W maluchu zawsze opadała podsufitka.

F: Wtedy podpierało się ją szczotką, chociaż szczotka zawsze była dwuzadaniowa.

Z: Tak! Szczotką podpierało się podsufitkę w maluchu i odpalało silnik.

F: No tak.

Z: Rozrusznik był na dole, przy dźwigni zmiany biegów. Od rozrusznika do silnika z tyłu prowadziła linka. Ta linka się bardzo często zrywała, a samochód trzeba było jakoś odpalić. Wtedy wyjmowało się szczotkę spod podsufitki – podsufitka opadała, ale tylko chwilowo, przecież szczotka zaraz wracała na swoje miejsce – brało się ją, żeby dopchnąć taki nieduży elemencik. Samochód odpalał i wszystko grało. Samodzielnie można było jeszcze dyszę gaźnika przepchnąć. W tym celu należało wozić ze sobą albo niewielkich rozmiarów gwoździk, albo szpilkę, ewentualnie igłę. Wykręcając odpowiedni element – wystarczyło wiedzieć który – można było tę dyszę przepchnąć, przedmuchać i samochód odpalał. Wiele rzeczy można było samemu zrobić. W przypadku poloneza bardzo duża korelacja była między gaśnięciem silnika a opadami deszczu. Ponieważ w ramach unowocześniania poloneza wprowadzono tak zwany moduł elektroniczny.

F: Tak, on się zalewał…

Z: Cholera wie, o co chodziło w tym module. Chyba o to, żeby samochód mniej palił. Ale jak padało i były kałuże, to ten moduł się zalewał i wszystkie polonezy stawały. Więc jak deszcz padał, lepiej było polonezem nie wyjeżdżać na miasto. Co sprytniejsi uszczelniali sobie moduły, przykrywając je folią, zaklejając taśmą, papierem. Moduł był bardzo czułym punktem poloneza i bardzo cennym.

F: Ciekawe, czy ja mam coś z modułem. Pewnie tak, bo to '97 rocznik, jakby nowoczesność. Nieprawdopodobne, jak szybko i w jakim tempie to wszystko poszło do przodu. Mój samochód potrafi sam utrzymywać pas, skręcać kierownicą, sam się zatrzymuje i rusza.

Z: Ja bym mu nie ufał.

F: Ja mu nie ufałem przez pierwsze trzy miesiące, ale potem się okazało, że daje radę. A historia z maluchem, który był w kształcie rombu i miał dwuzadaniowy kij od szczotki, pokazuje, w jakim nieprawdopodobnym tempie to wszystko idzie do przodu. Więc jak ktoś mówi, że samochód autonomiczny to jest w ogóle coś niemożliwego do zrealizowania, to mówię: „Bzdura, to jest kwestia pięciu lat".

Z: Nie byłbym taki pewny.

F: A mój polonez jedzie do Palermo. 25 września 2016 wyruszamy na rajd, który nazywa się Złombol.

Z: Ale w Palermo jakaś mafia jest.

F: Była. Czy dalej jest? Nie wiem, to się zobaczy. To jest taka akcja charytatywna. Z Katowic ruszają samochody tylko i wyłącznie z rodowodem komunistycznym. Co roku w inne miejsce, ale zawsze strasznie daleko. Każda załoga musi znaleźć sponsora, darczyńcę, który okleja ich samochód reklamami i wpłaca minimum 1500 złotych na konto jednego ze śląskich domów dziecka, bo akcję organizuje fundacja ze Śląska. Sponsorów już mamy, samochód jest gotowy i teraz tylko musimy dojechać. Największym problemem, jak mi się wydaje, jest brak klimatyzacji.

Z: Ale nadmuch jest!

F: Szczególnie na Sycylii nadmuch dobrze robi.

Z: Okno otwierasz, łokieć wystawiasz, masz nadmuch, jest dobrze. Wiesz, dlaczego Czesi mówili na trabanta BMW?

F: No?

Z: Bo to był skrót. „Bakelitowe Motorowe Wozidlo".

F: Tak… No więc jedziemy do Palermo i mamy zamiar wrócić. A czy się uda, to cholera wie.

Z: Uda się, uda. My z polonezem mieliśmy tylko jeden kłopot. Jak w Niedźwiedziu mama była w górach, to wpadła do rowu. I tylko tyle. Wtedy koń go wyciągał góralski, tak?

F: Koń nie dał rady, robur. Nie, robur nie dał rady, a koń tak! Tak było!

Z: No, zimą biały polonez wpadł do białego rowu i roburem próbowali wyciągnąć…

F: Polonez to bardzo przyjemny samochód. Lubię nim wyjechać na miasto, pocieszyć ludność cywilną miasta stołecznego Warszawy. Wszyscy się cieszą, jest naprawdę super.

Z: Wśród moich marzeń samochodowych był jeszcze ford escort.

F: Ford escort?!

Z: Tak.

F: Ale dlaczego? Przecież to bardzo przeciętny samochód!

Z: Tak, ale w połowie lat siedemdziesiątych samochody były sprzedawane w Pewexie, za bony.

F: Ale te samochody tam stały w tym Pewexie?

Z: Stały, tak. I na ścianie wisiała lista, co ile kosztuje. Polonia zagraniczna przysyłała dolary, żeby ludzie mogli sobie tutaj takiego poloneza, na przykład, kupić poza kolejnością.

F: Jak to „poza kolejnością"? Przecież jest salon…

Z: No nie, przecież samochody były na zapisy. Nie było tak, że idziesz i sobie kupujesz. Tak to tylko na giełdzie. Przy czym nowy maluch kosztował – w salonie, jak już się dostało przydział na niego – 68 tysięcy, a wjeżdżając na giełdę, natychmiast zyskiwał wartość 120 tysięcy złotych.

relaksie
WE 02

F: Naprawdę?!

Z: Tak.

F: Ale biznesy!

Z: No, dlatego trzeba było dostać przydział. Kiedyś Jan Himilsbach dostał przydział na fiata…

F: Ale dużego czy małego?

Z: Dużego.

F: To luksusowo!

Z: Ze Związku Literatów dali mu przydział na dużego fiata. I on przyszedł z wielką awanturą do Związku i powiedział: „Wy dranie! Wy mordercy! Skurwysyny! Dajecie mi talon na samochód, a wiecie, że ja wódkę piję!", i oddał im ten talon. Wracając do tego Pewexu – tam zagranicznym samochodem, który można było kupić za bony albo dolary, był ford escort. Kosztował 7 tysięcy dolarów. Na początku wydawało mi się, że jest to jakaś kosmiczna, nieosiągalna kwota, natomiast później, jak zacząłem wyjeżdżać do Berlina i zarabiać marki, pracując ciężko, to nagle ten samochód stał się realniejszy.

F: Nie mogłeś go sobie kupić w Berlinie?

Z: Ale to nie chodziło o to. Chodziło o to, żeby kupić nowy, z salonu, żeby znajomi wiedzieli.

F: Ale to w Berlinie też byś sobie kupił w salonie.

Z: Ale nie w Pewexie! Kupić w Pewexie to było coś. I potem wszyscy mówili: „O, z Pewexu…". No i już byłem blisko tego forda escorta, już prawie uzbierałem… A on zawsze drożał. Potem kosztował 9 tysięcy. Każdego roku, co sobie odłożyłem, to drożał. I to jest moje niespełnione marzenie.

F: A jakie były wtedy relacje cenowe zachodniego samochodu u nas i na Zachodzie?

Z: Podejrzewam, że ceny się zbytnio nie różniły, natomiast samochody były kompletnie niedostępne dla kogoś, kto zarabiał w złotówkach, a nie w dolarach. Natomiast optyka zmieniała się zupełnie, gdy się wyjeżdżało na przykład na kontrakt zagraniczny i część wypłaty dostawało w bonach. Mój brat pracował w Libii, w szpitalu, jako konserwator sprzętu medycznego. I to była fucha! Część pieniędzy wypłacali w bonach i on był potentatem pewexowym. To było coś, wyjechać na kontrakt zagraniczny albo gdzieś się do pracy załapać, zarobić, przemycić.

F: Jak stewardesa. To przecież wymarzona robota!

Z: Kiedyś tak. Ponieważ każdy chciał wyjechać na Zachód, możliwości wyjazdu były dwie. Albo dostało się zaproszenie, albo miało się przydziałowe 130 dolarów, bo tyle ojczyzna była w stanie obywatelowi zapewnić raz na kilka lat po nawet przyzwoitym kursie. Na przykład na wyjazd do Jugosławii. Ponieważ chętnych na te 130 dolarów było multum, odbywało się losowanie – kto wylosuje 130 dolarów i kto będzie mógł na Zachód wyjechać z pełnym portfelem.

F: A dlaczego państwo to dawało? To takie kieszonkowe?

Z: To taki przydział. Były książeczki walutowe, wpisywało się w te książeczki. Pierwszy raz za granicę wyjechałem dzięki temu, że ktoś przyjechał z Zachodu – nie wiem, z Anglii, z Francji – do znajomych. Poszliśmy razem do banku PKO i on na moje konto – założył mi konto – swoje, czyli moje, bo kupione na czarnym rynku, pieniądze przywiezione do Polski podarował mi, wpłacił je na moje konto. I dopiero z tymi pieniędzmi można było wystąpić o paszport i możliwość wyjazdu za granicę. Ich tam musiało być 130 dolarów czy ileś tam. Gołodupców nie wysyłali. A teraz nie marzę o żadnym współczesnym samochodzie…

F: Ja współczesny samochód marzeń mam, bo mam wreszcie poloneza. Reszta już nie ma znaczenia.

Z: Ja od wielu lat kupuję samochody w salonie…

F: Ojciec kupuje samochody w salonie, a głównym czynnikiem decydującym o zakupie jest podświetlenie zegarów. To jest niesamowite! Samochód musi mieć zegary albo białe, albo zielone. Każdy inny kolor dyskwalifikuje – ilekolwiek by kosztował i cokolwiek by miał, to i tak nie zostanie kupiony.

Z: Nie, w ostatnim volkswagenie jest trochę czerwonego, ale musiałem to zaakceptować. Natomiast przez wiele lat, rzeczywiście, jeździłem różnymi fiatami, dlatego że, po pierwsze, fiat dawał zniżki dziennikarskie, a po drugie, miały na zielono podświetlone zegary, a mnie zielony uspokaja. Czerwony jest agresywny, więc w grę ewentualnie wchodził jeszcze tylko biały. Teraz jest biały i, no niestety, trochę czerwonego, ale pogodziłem się z losem.

F: A w moim samochodzie już nie ma zegarów, jest ekran. I tam można już ustawić wszystko, co się tylko chce, każdy kolor tęczy.

Z: A gdzie ja próbowałem zmienić kolor? W volvo chyba. Okazało się, że to jest niewykonalne.

F: W volvo miałeś dobre… Chciałeś zmienić w seacie toledo. On miał chyba takie niebieskie…

Z: Nie, bursztyn. Taki agresywny bursztyn…

F: Agresywny bursztyn!

Z: Nie widziałeś agresywnych bursztynów? Są okropne!

Do pracy, rodacy

Z: Pierwsze zarobione pieniądze. W moim przypadku sprawa jest bardzo prosta. W czasie studiów zacząłem zarabiać w studenckich spółdzielniach pracy, takich jak Plastuś…

F: Co?!

Z: Plastuś, Robuś... Taka studencka spółdzielnia pracy. Zakłady pracy zamawiały tam różne takie dosyć proste prace, typu przeprowadzka, mycie okien, jakieś roboty fizyczne. Miało się specjalną studencką książeczkę pracy, do której wpisywano zarobki, potwierdzane – nie można było zarobić kwoty wyższej niż jakieś 1500 złotych. Ponieważ ekipy z AWF-u były dosyć sprawne, to najczęściej angażowali nas na przykład do mycia okien w biurowcach.

F: Przecież wtedy nie było biurowców.

Z: Były, były… Były wysokie budynki.

F: Ale przecież do tego to trzeba mieć uprawnienia alpinistyczne.

Z: A kto tam wtedy sprawdzał jakieś uprawnienia! Co ty, żartujesz sobie? Nie było czegoś takiego! Brało się ścierę, kredę w kostce, którą się rozpuszczało w wodzie, właziło się na parapet i przechodziło na zewnątrz. Panie w biurze oczywiście wszystkie mdlały, bo to było dziesiąte albo dwunaste piętro. Najpierw się na mokro zasmarowywało okno tą białą mazią, czekało, aż to wyschnie, i suchą szmatką wycierało biały pył z okna. I okno było superczyściutkie. Dodatkowym zarobkiem było to, że jak się oszczędnie używało szmatek i kostek wapniowych, to można było je opchnąć w sklepie. A ponieważ mój szwagier prowadził taki ajencyjny sklep właśnie z chemią gospodarstwa domowego, to chętnie przyjmował te ściereczki i kostki. Największą kasę zarobiliśmy podczas mycia mleczarni na Mokotowie.

F: Na Mokotowie była mleczarnia?

Z: Tak, ogromny zakład mleczarski. Zbliżał się jakiś zjazd partii. Mleczarnia dostała bardzo szczytne zadanie dostarczać uczestnikom zjazdu PZPR mleko i wyroby mleczne. Ale najpierw musiała przyjść komisja i sprawdzić, czy tam jest czysto. I w zakładzie stwierdzili, że mają brudne okna. Przeszklone całe ściany były tam do wysokości jakiegoś trzeciego, czwartego piętra. Cholera, nie dawało się tego umyć! Wpadliśmy więc na pomysł, że na tyczkach zrobimy sobie coś w rodzaju mopa i tym się przetrze. A na miejscu była straż pożarna i dogadaliśmy się ze strażakami, że jak my przetrzemy, to oni przyjadą z wężami. Mieliśmy tę robotę zaplanowaną na ponad tydzień – tyle nam to miało zająć. Opędziliśmy to praktycznie w ciągu czterech godzin. Trochę te szyby przesmarowaliśmy, podjechał wóz strażacki, wodą psiknęli i się błyszczało! To była kasa! Zarobiliśmy wtedy chyba po dwa tysiące na łeb. Nieprawdopodobne!

F: Ile?

Z: Po dwa tysiące.

F: A co można było kupić za dwa tysiące?

Z: No, to był ponadmiesięczny zarobek.

F: Naprawdę?! A co można było za to kupić? Ile kosztował maluch na przykład?

Z: Maluch kosztował 68 tysięcy.

F: A to malucha nie można było kupić…

Z: Nie, nie. Ale on tylko teoretycznie tyle kosztował, dlatego że…

F: …że najpierw się dostawało przydział.

Z: Na przykład, a na giełdzie drożał. Pamiętam, że z tymi książeczkami pracowniczymi jeszcze była taka historia, że jak się przekraczało limit lub do niego zbliżało, to pracowało się na czyjąś książeczkę. Bo nie można było zarobić więcej niż te, powiedzmy, 1,5 tysiąca. I to były pierwsze moje zarobki. Robiliśmy tam jeszcze jakieś przeprowadzki, nosiliśmy ciężkie rzeczy, ale zarabiało się przyzwoicie. A tak naprawdę duże, kolosalne pieniądze, pierwsze zarobione, to oczywiście miałem z wyjazdów do Berlina Zachodniego i pracy malarza-tapeciarza.

F: No to ja z kolei jako pierwsze pieniądze zarobiłem dwa złote – pamiętam do dzisiaj widok tych dwóch złotych, jak one leżą w koszyczku i czekają na mnie…

Z: Kto ci taką gównianą kasę zapłacił? Dwa złote?!

F: No strasznie gównianą, ale pierwszą. I pamiętam te dwa złote do dzisiaj.

Z: Za co je dostałeś?

BERLIN

OSTRÓDA
NYSA

F: W Grajewie rodzina mojego kuzyna prowadziła knajpę i potrzebowała ludzi do roboty. Pojechałem tam. Stwierdziłem, że i tak nie mamy co robić, a to zawsze jakieś doświadczenie. Chodziłem wtedy do liceum. Pamiętam, że robiłem za kelnera. Moja kariera kelnerska skończyła się wieczorem, kiedy wbito mi widelec w dupę. Był straszny ruch, bo to szczyt sezonu. Ludzie zamawiali cholerne golonki. Pamiętam, jak te golonki spadały z talerzy na podłogę. Już myślałem, że mięso jest do wyrzucenia, ale nie! Pod wodę i z powrotem na talerz, polane jakąś polewą, olejem, tłuszczem, żeby ładnie się świeciła, ładnie wyglądała.

Z: A ludziom nie trzeszczała w zębach?

F: Może i trzeszczała, nie mam pojęcia. Ale czas oczekiwania był potwornie długi… Biegałem jak idiota z tymi golonkami, to w prawo, to w lewo. Pamiętam, że jedna para była już tak zdenerwowana, że kobieta wzięła widelec, wyczaiła mnie, kiedy przechodziłem obok stolika, i z całej siły wbiła mi go w dupę. I w tym momencie moja kariera kelnerska się zakończyła, ale pamiętam jeden jedyny napiwek – że też ktoś coś w ogóle zostawił po godzinie czekania na golonkę! To były właśnie te dwa złote.

Z: Ale ty się dziwisz, że tylko dwa złote dostałeś, jak ludzie godzinę czekali?

F: Absolutnie się nie dziwię! Dziwię się, że w ogóle dostałem.

Z: Ciesz się, że ci noża w plecy nie wbili!

F: Ale takie pierwsze kolosalne pieniądze – jak dla mnie na tamte czasy – zarobiłem już w komercyjnym radiu Złote Przeboje. Pamiętam swoją pierwszą dużą wypłatę. Myślałem, że złapałem Pana Boga za nogi. To było 2700 złotych przelane na konto. Tamtego dnia, tuż przed świętami, zdałem sobie sprawę, że stać mnie na kupienie PlayStation. Że to już jest ten moment, kiedy mogę pójść do sklepu i kupić sobie konsolę. Poszedłem do tego sklepu, wziąłem wielką pakę, ustawiłem się z tym PlayStation w kolejce i wtedy naszła mnie taka refleksja: „Z drugiej strony, po cholerę mi to PlayStation?". Odłożyłem je z powrotem na półkę, ale sam fakt, sama świadomość, że jestem w stanie kupić sobie coś tak dużego, takiego w miarę elitarnego…

Z: A za co dostałeś te pieniądze?

F: No, za miesiąc pracy reportera warszawskiego w radiu Złote Przeboje.

Z: Aha, czyli nie płacili ci za każdy materiał, tylko zryczałtowaną stawkę?

F: Nie, nie. Zostałem przecież kupiony z Programu Trzeciego Polskiego Radia, gdzie odbywałem – jak każdy początkujący dziennikarz – staż. Na stażu dostawałem jakieś stażowe, czyli 300 albo 400 złotych.

Z: Miesięcznie?

F: Tak. Biorąc pod uwagę, że na dojazdy wydawałem około 500 złotych, rachunek się nie składał. Ale rok pracy tam już wystarczył, żeby odebrać telefon z komercyjnego radia pod tytułem: „Panie Filipie, zapraszamy".

Z: Pierwsze duże pieniądze – duże – to były moje zarobki na wyjazdach do Berlina Zachodniego. Pierwsza stawka, jaką dostaliśmy, malując i tapetując mieszkania, wynosiła 5 marek na godzinę. Zasuwając 10, 12 godzin dziennie, można było zarobić 50–60 marek. Nieprawdopodobna kasa! Te 50 marek to w przeliczeniu co najmniej dwa tygodnie luźnego życia. A ja to zarabiałem w jeden dzień!

F: Wilk z Wall Street.

F: Ale życia tu, w Polsce.

Z: Tu, oczywiście.

F: Nie Wilk z Wall Street, tylko z… Jak się nazywa ta główna ulica?

Z: Kurfürstendamm. Kudamm!

F: No to Wilk właśnie stamtąd.

Z: Pięć marek za godzinę to była pierwsza stawka, potem wywalczyliśmy sobie siedem. Doszedłem do 12 marek. Co wakacje przyjeżdżałem pracować w tej samej firmie i za każdym razem awansowałem. Po kilku latach miałem 12 marek za godzinę. Po przyjeździe z wakacji przez rok mogłem nic nie robić, żyć jak król. I nawet marzyłem, zarabiając te pieniądze, że kupię sobie samochód w Pewexie i będzie to ten słynny ford escort, który ciągle mi uciekał. A już największą satysfakcję miałem – bo my, oczywiście, pracowaliśmy tam nielegalnie – jak szef przedstawił mi niemieckich studentów architektury. Ponieważ byłem już doświadczonym brygadzistą, powiedział, że oni są moimi czeladnikami.

F: Miałeś Niemców pod sobą?!

Z: Tak!

F: Co ty mówisz?! Historia zatoczyła koło!

Z: Byłem „Herr Meister” i oni mi mogli, na przykład, latać po piwo.

F: Ale czy chociaż raz powiedziałeś do nich „Raus!"?

Z: Nie, tak nie mówiłem. Ale po piwo ich ganiałem. Oczywiście dawałem im najgłupsze, najczarniejsze roboty, jakie tylko były.

F: A czy oni się nie dziwili, że Polak jest przełożonym?

Z: Ja dość dobrze mówiłem po niemiecku. W zasadzie pracowało tam międzynarodowe towarzystwo i nikogo nic nie dziwiło.

F: Byliście bardzo imprezowi, szczególnie ojciec, w latach osiemdziesiątych i dziewięćdziesiątych. Ale z takich historii „pod wódkę" z Berlina mam dwie ulubione. Jedna o kiwi, a druga o UFO.

Z: Kiedyś zaprosiłem do pracy mojego kolegę z radia – już wtedy chyba zaczynałem w radiu pracować. On nigdy nie był na Zachodzie. I generalnie przeżył szok – podobnie jak ja za pierwszym razem. U nas kiwi było czymś absolutnie egzotycznym i niespotykanym. Zrobiliśmy zakupy w sklepie Aldi – to były najtańsze sklepy i generalnie tam się kupowało. Staliśmy przy kasie i w pewnym momencie kolega mówi: „Cholera, ziemniaków nie kupiliśmy! Ale tu przy kasie leżą...". Wziął kiwi i mówi: „Patrz, włochate. I jakie drogie. Po marce za sztukę! Nie, nie bierzemy ich". Odpowiadam: „Słuchaj, to nie są ziemniaki". „Jak to nie?! No zobacz! Włochate jakieś, ale to na pewno są ziemniaki". I potem wielki szok, kiedy już w domu rozkroiliśmy tego ziemniaka i on okazał się zielony w środku. A historia z UFO była dosyć niesamowita. To była przerwa wiosenna, przełom zimy i wiosny. Nasz szef w firmie wyjeżdżał na narty, zostawił mnie samego z pracą. Powiedział:

„Słuchaj, zlecenie jest przedziwne. Trzeba pomalować sufit, który składa się z kasetonów ze styropianu. Gość sobie zażyczył, żeby pomalować go na zielono, bo on chce mieć zielony sufit. Jest jeszcze jeden problem – w mieszkaniu leżą bardzo grube dywany. Jest wykładzina dywanowa, a na tym leży jeden dywan i drugi, gruby i włochaty. Więc pamiętaj: najpierw folia, zabezpieczyć to, zakleić. Tam – broń Boże – nie może żadna kropelka spaść, bo gość nas zabije i się nie wypłacimy" – przygotował mi zieloną farbę, wymieszał, zrobił mi więcej, żeby nie zabrakło. Przywiózł mnie do pracy: „To cześć, ja wracam do chaty. Na pewno się uwiniesz". Prowadziliśmy tam jeszcze jakieś inne roboty, ale najważniejszy był ten sufit. Szef dodał: „Słuchaj, w mieszkaniu nie ma wody, jest w piwnicy. Jak pójdziesz do dozorcy, on mieszka przy samym wejściu, na dole, to on ci tę wodę odkręci, umyjesz się". Szef pojechał, ja zacząłem pracę. Wyłożyłem folią dywany, zabezpieczyłem papierem, zakleiłem. Miałem niedużą drabinę. Powiesiłem wiadro na drabinie, wszedłem, pierwszy fragment pomalowałem. Zszedłem z drabiny i stanąłem do niej tyłem. I wtedy poczułem, że coś się dzieje. Że coś jest nie tak. Okazało się, że to pełne wiadro farby przeważyło drabinę. Stałem jakieś dwa kroki od niej, skoczyłem, ale było za późno. Drabina razem z wiadrem pociągnęła mnie w dół, to wszystko odbiło się od podłogi i cała farba – chlup! – na mnie. I tylko sobie oczy otarłem z tego zielonego. Pierwsza myśl: „Boże, ratować dywany! Zwijać papier, żeby się nic nie pobrudziło!". Zdjąłem buty – cały byłem w tej farbie, więc żebym sam sobą niczego nie pobrudził. Wszystko okej. Powoli farba zaczęła mi wysychać na twarzy. I pękać. Uratowałem wszystko, idę do łazienki i w tym momencie sobie przypomniałem: „Cholera, nie ma wody! Muszę iść do dozorcy". Wtedy jeszcze niezbyt dobrze mówiłem po niemiecku. Zszedłem na dół, zadzwoniłem do niego do drzwi, on mi otworzył i zaniemówił – stał przed nim zielony ludek. Chciałem mu powiedzieć, że pracuję na górze, ale nie umiałem, więc powiedziałem, że jestem z góry, że pojawiłem się tutaj z góry. Gość miał przed sobą UFO – nie wiedział, czy zwiewać, czy zemdleć. Zacząłem mu jakoś tłumaczyć, że wypadek, że farba. I on dopiero wtedy pojął, że ja wpadłem w zieloną farbę. Po prostu wył ze śmiechu. Zaprowadził mnie do łazienki, dał mi ręczniki, odkręcił wodę, bo u niego też nie było, wykąpałem się, dał mi jeszcze jakieś swoje ubranie. I tak zostałem UFO w Berlinie Zachodnim. Ta zielona farba prześladowała mnie potem wszędzie – a to znalazłem jeszcze trochę w uchu, a to gdzieś na ubraniu... Ale sufit udało się dokończyć, a i dywany ocalały. Nikt się nie zorientował. Na szczęście miałem zapas tej farby, więc nie zabrakło. Innego razu uprałem sobie buty. Korzystaliśmy z różnych udogodnień w miejscach, w których pracowaliśmy. Nie mieliśmy pralki w mieszkaniu, w którym mieszkaliśmy. „O, jest pralka! To fajnie! Upierzemy sobie robocze ubranie". No to sobie upraliśmy. Fajnie wyszło. Wirówka, prawie suche, w łazience wyschło. „Chłopaki, buty mam jakieś brudne. Upierzmy te buty". I bach! buty do pralki. To były sportowe adidasy, które na wierzchu mają skórę, a pod spodem gumę.

Guma się nie zbiegnie, ale skóra – i owszem. Po wyjęciu ich z pralki okazało się, że mamy nie buty, ale obwarzanki, takie okrąglutkie, bo podeszwa nie straciła kształtu, a skóra zrobiła się dwa razy mniejsza. I, cholera, nie mieliśmy innych butów. Trzeba było chodzić w tych obwarzankach. Dość zabawnie to wyglądało. A, aresztowany byłem kiedyś, siedziałem w niemieckim areszcie…

F: Też z racji pracy?

Z: Tak. Jechałem swoim maluchem i, niestety, nie przebrałem się, byłem w roboczym ubraniu. Policja mnie zatrzymała, bo nie miałem znaku „PL". No i okazało się, że wiza mi się skończyła – była na trzy miesiące. Przesiedziałem 24 godziny w niemieckim areszcie. Na szczęście miałem kolegę siatkarza – bo tam też trochę w siatkówkę grałem – który pracował w policji, więc po 24 godzinach udało mi się wydostać. Bo jak ktoś coś tam przeskrobał, to do paszportu dostawał niedźwiadka, czyli zakaz wjazdu do Berlina.

F: A dlaczego to akurat niedźwiadka?

Z: Bo symbolem Berlina jest niedźwiedź. I jak ci walnęli niedźwiedzia…

F: Ale przecież można było wyrwać kartki na Ochódzkiego.

Z: Nie, Niemcy tacy głupi nie byli. Brzęczyszczykiewicz u nich nie przechodził, byli na to wyczuleni.

F: Cholera, po tych wszystkich historiach co ja mam powiedzieć? Okazuje się, że początek pracy pod koniec lat dziewięćdziesiątych i po roku 2000 to jakaś straszna nuda. Od dzieciństwa interesował mnie tylko jeden rodzaj pracy. Pamiętam takie pytanie zadane przez panią w podstawówce. Standardowa rozmowa z dziećmi: „Jasiu, Kasiu, Marysiu, co będziesz robić?". Pani się mnie pyta, a ja jej mówię pierwszą rzecz, jaka mi przyszła do głowy, czyli: „Będę prowadzić programy". No i tak już mniej więcej zostało z różnymi perypetiami po drodze.

Z: Chwila, chwila. Zaczęło się chyba od czegoś innego. W momencie, kiedy stwierdziłeś, że chcesz być dziennikarzem...

F: Ale nie, przecież jeszcze po drodze chciałem być policjantem i aktorem. Bo komisarz Halski to wielkie marzenie o szkole oficerskiej w Szczytnie...

Z: Ale twoje dziennikarstwo zaczęło się od czegoś innego. W momencie, kiedy Filip doszedł do wniosku, że chce zostać dziennikarzem, ja stwierdziłem, że musi przejść taką solidną, dobrą drogę dziennikarską, która zaczyna się od pisania prostej informacji. Krótkiego zdania. Dla mnie podstawą dziennikarstwa jest napisanie poprawnego zdania po polsku.

F: A kiedy jesteś dysortografikiem, dyslektykiem i masz dysfunkcję lewego oka...

Z: A to sobie nazmyślałeś teraz?

F: Nic sobie nie nazmyślałem, wszystko mam w papierach, udokumentowane, z poradni psychologicznej. I jak się ma to wszystko, to znaczy, że trzeba przejść bardzo długą drogę.

Z: Ale przeszedłeś. I ja jestem z tego dumny poniekąd, bo ta twoja praca dziennikarska zaczęła się od praktyki w gazecie.

F: No, niejednej. Zaczynałem w „Super Expressie", w dziale warszawskim, potem w „Życiu Warszawy"...

Z: Czyli pisałeś proste informacje.

F: Tak. Potem napisałem jeden artykuł w „Newsweeku", aż w końcu stwierdziłem, że już nie mam siły do tego cholernego pisania, że już mam to kompletnie w dupie, że już dłużej nie dam rady siedzieć przy biurku, klepać w klawiaturę, dzwonić i chcę na powietrze, chcę już wyjść. Pomyślałem o radiu. Wysłałem takiego samego maila do wszystkich stacji, nawet do Radia Maryja i do Pulsu. Ten mail to było coś na pograniczu CV i listu motywacyjnego. „Dzień dobry! Nazywam się tak i tak, całe życie marzyłem o pracy w radiu" – i tutaj wstawiałem kolejne nazwy „Maryja", „Zet" – „bo uważam, że właśnie to miejsce sprawi, że moja kariera i przyszłość będzie świetlana i tak dalej…". I na tego maila odpowiedziała jedna stacja. Polskie Radio Program Trzeci, Piotr Baron, *Zapraszamy do Trójki* – czyli po prostu lepiej się nie dało, to jak wygrana na loterii. I tak naprawdę to, co dzisiaj robię w *Dzień Dobry TVN*, te moje materiały, które w jakiś tam sposób stały się słynne, tak naprawdę zaczęło się właśnie tam. Biegałem z mikrofonem po mieście i nagrywałem różne śmieszne obrazki, dźwięki, sondy z ludźmi, potem sklejałem to, składałem, tak jak potrafiłem i jak mi koledzy z Trójki pokazali, na trzy minuty. I to było emitowane jako zalążek moich przyszłych materiałów. No ale, tak jak powiedziałem, pierwsze stażowe wypłaty oscylują, a przynajmniej wtedy oscylowały, w granicach 300, 400 złotych.

Z: W pewnym sensie powtórzyłeś moją drogę, tylko u mnie to był „Sztandar Młodych" – dziennik, do którego trafiłem na praktyki.

F: To lewicowe chyba?

Z: To było ZSP czy ZSMP?... Wtedy wszystko było socjalistyczne, przepraszam, „Express Wieczorny" był bulwarowy.

F: Ale wiesz, że teraz to już będziesz lewakiem?

Z: Takie czasy, tak było. Do partii – w przeciwieństwie do wielu znanych działaczy PiS-u – nie należałem. Kiedy byłem w „Sztandarze Młodych", napisałem coś także do „Sportowca", tygodnika poświęconego sportowi. W „Sportowcu" poznałem najfantastyczniejszego człowieka, na jakiego mogłem trafić – w sensie ludzkim i profesjonalnym – na Jacka Żemantowskiego. Był dziennikarzem sportowym, erudytą, fantastycznym sprawozdawcą, laureatem kilku Złotych Piór – bardzo cenionych nagród dziennikarskich. Mnie się fantastycznie współpracowało z Jackiem. On właściwie pokierował moją drogą. Coś tam wspólnie robiliśmy w „Sportowcu", potem w telewizji powstał program młodzieżowy *Sportowa Siódemka* i pomagałem mu przy jego realizacji. Ale przede wszystkim pisałem i męczyłem się podobnie jak Filip.

F: Bo to jest męczące. Upierdliwe.

Z: Jacek chyba zauważył, że nie to, że źle piszę czy że sprawia mi to przykrość, ale nie widział entuzjazmu. I w rozmowie pyta: „Słuchaj, a może byś spróbował radia? Fajnie gadasz, więc może tam". Ja na to: „Super! Radio jak najbardziej!", a on: „Bo wiesz, w radiu, w redakcji sportowej, jest pan Bogdan Tuszyński, znamy się, bardzo dobry dziennikarz. To może byś spróbował popraktykować w redakcji sportowej Polskiego Radia?". I tak trafiłem do Bogdana Tuszyńskiego. Fantastyczna redakcja! Wtedy w tej redakcji był Włodek Szaranowicz, Boguś

Chruścicki, Darek Szpakowski, mnóstwo znakomitych dziennikarzy. Sporo mnie nauczyli, jeśli chodzi o warsztat radiowy, w ogóle o język, o sprawozdania, ale długo w tej redakcji nie pobyłem, dlatego że w którymś momencie redaktor Tuszyński poprosił mnie na rozmowę: „Słuchaj, wiem, że się starasz, że fajnie robisz wywiady, ale ja potrzebuję sprawozdawcy, a ty nie masz odpowiedniego temperamentu. Jest taki fajny chłopak w Łodzi, którego mógłbym zaprosić do współpracy...".

F: Zimoch? Ale jaja!

Z: Tak, tym człowiekiem był Tomasz Zimoch, o którym sobie w pierwszym momencie pomyślałem: „Ja ci pokażę! Co za menda mi tutaj miejsce w redakcji sportowej zajmuje! Miejsce, o którym tak marzyłem!". Ale jak posłuchałem Tomka, jak się rozkręcał, jak gadał, to stwierdziłem: „Stary jednak miał rację. Potrzebował dobrego sprawozdawcy i na takiego trafił". Sprawozdawstwo, które uprawia Zimoch, to wielka sztuka.

F: I historia zatacza koło. Jestem bardzo z tego dumny i bardzo się tym szczycę, że teraz zostałem zwolniony z Polskiego Radia razem z Tomkiem Zimochem, w tym samym tygodniu.

Z: Ty chyba byłeś pierwszy.

F: Tak, ja byłem pierwszy, potem on – to dla mnie ogromny zaszczyt.

Z: W sumie myślę, że dobrze się stało, bo już po tej praktyce w radiu, po tym, jak trochę zacząłem mówić do żywego mikrofonu, jak zacząłem nagrywać, montować, to połknąłem radiowego bakcyla, zakochałem się w radiu, stwierdziłem, że to jest moje miejsce, to jest to, co chcę robić. I trafiłem do redakcji

Sygnałów dnia (mieściła się na tym samym korytarzu), a później do *Lata z Radiem*. Początki były bardzo trudne, dlatego że przez pierwszy miesiąc nowi, którzy przychodzili, tworzyli audycję pomiędzy czwartą a piątą rano. Szef Aleksander Tarnawski – on wymyślił *Lato z Radiem* i *Cztery pory roku* – powiedział: „Bądź około wpół do czwartej, bo audycja zaczyna się o czwartej".

F: Kto słucha radia o czwartej?

Z: „Wiesz, trzeba przygotować jakieś materiały, na razie będziesz tylko przychodził i się przyglądał, potem dam ci przegląd prasy do zrobienia". I ja na czwartą z zapałkami w oczach jeździłem. Boże drogi! Spałem na stojąco! Doszedłem do takiej wprawy, że gdy jechałem tramwajem trzy przystanki, to byłem tak zaprogramowany, że zasypiałem i na trzecim się budziłem. Raz tylko dałem plamę. Moja ówczesna narzeczona zaprosiła mnie do mamy na niedzielny obiad i ja usnąłem na stole między zupą a drugim daniem. To troszkę skandalicznie wyglądało. Naprawdę spałem, gdzie mogłem, jak mogłem. A to na dodatek były jeszcze takie dość hulaszcze czasy, kiedy często prosto z imprezy się jechało do pracy. Moje pierwsze słowa na antenie to też piękna historia. Tarnawski wezwał mnie na rozmowę i mówi: „Słuchaj, jutro zadebiutujesz na antenie, do żywego mikrofonu. Podasz czas. Masz długopis?". „No mam". „To zapisz sobie: jest czwarta piętnaście". Zapisałem. Następnego dnia siedzę cały w nerwach. Kolega obok prowadzi audycję, ja mam podać czas. Patrzę na ten zegar jak sroka w gnat, czwarta piętnaście dochodzi, minęła czwarta szesnaście – a piosenka wciąż trwa. Jestem spocony, zdenerwowany, zestresowany – bo wiem, że stary słucha. Stary, jak kazał coś wykonać, to tak miało być i on tego pilnował. I wtedy sobie myślę: „Kurczę, co tu powiedzieć? To, co kazał stary, czyli że jest czwarta piętnaście? No, ale wtedy skłamię. A może powiedzieć prawdę, że jest czwarta siedemnaście? Ale wtedy złamię rozkaz starego…". Dylemat straszny. „Nie, narodowi nie będę kłamał. Powiem prawdę". Powiedziałem, że jest czwarta siedemnaście, wyszedłem ze studia do reżyserki. Dosłownie za chwilę zadzwonił telefon, po drugiej stronie był redaktor Tarnawski. Nie przytoczę jego słów, ale były naprawdę ostre. I na końcu powiedział: „Nieważne, co było na zegarze. Jak ci redaktor naczelny mówi, że jest czwarta piętnaście, to jest czwarta piętnaście. Amen". Straszne to było, wszyscy się, oczywiście, uśmiali ze mnie, ale potem okazało się, że to, co bym powiedział, nie miało większego znaczenia. Stary i tak by zadzwonił, i tak.

F: Lwie oczy były złe!

Z: Oczywiście, że tak. Chodziło o to, żeby przeczołgać młodego, pokazać mu miejsce w szeregu. I bez względu na to, co bym powiedział, należał mi się opieprz. Miałem zrozumieć, że redaktor czuwa, słucha: „Nie będziesz tutaj jakichś swoich kawałków wstawiał, masz realizować to, co jest do zrealizowania. No i pamiętaj, kto tu jest najważniejszy". Bardzo pouczająca historia.

F: A ja z kolei pracowałem już w Trójce, robiłem swoje materiały, obrazki, ale te 400 złotych zaczęły mi doskwierać. Wtedy odbieram telefon – dzwoni do mnie radio Złote Przeboje. Musieli mnie słyszeć. Tu już działają zasady rynku. Fantastycznie. Przychodzę na rozmowę…

TVP1

Z: A który to był rok?

F: Miałem wtedy 19 lat, to musiał być 2003. Audycję poranną prowadził wtedy Jarek Barwiak, dzisiejszy szef stacji. Przychodzę na rozmowę i zostaję przyjęty na warszawskiego reportera, co mnie bardzo cieszy, bo sprawy społeczne, interwencyjne to mój żywioł, ja to uwielbiam. Nie żadna wielka polityka, ale właśnie sprawy ludzi, to, co się dzieje na bazarze, na parkingu – którego nie ma, bo nie zrobili, to, że jest dziura w drodze i tak dalej. Pracowałem tam chyba ponad trzy lata, aż w końcu… Rany! Pojawia się na mieście plotka, że rusza warszawski kanał lokalny TVN-u. To był szczyt prosperity, wielka bańka, 2007 rok, więc gospodarka napędzona – wiadomo, że ta bańka kiedyś pęknie, ale wtedy jeszcze nikt się tym nie przejmował. TVN podejmuje decyzję o tym, że powstanie kanał lokalny. Jako pierwszy TVN Warszawa, potem Gdańsk, Kraków. Robimy tu drugą Amerykę, bo ta stacja miała właśnie być wzorowana na lokalnych amerykańskich stacjach, wszystko miało być takie świeże. Podjęli decyzję, że nie będą szukali ludzi z telewizji, z doświadczeniem, bo ci już są przyzwyczajeni do złych, starych siermiężnych nawyków, tylko trzeba ulepić sobie nowych reporterów, amerykańskich, na nową modłę. Potrzebowali ludzi, którzy znają się na Warszawie, bo jednak coś trzeba było wiedzieć, a z drugiej strony nie mają doświadczenia telewizyjnego. I oto ja, wychodzę cały na biało. Myślę sobie, że to jest dokładnie to miejsce i ten czas. Odnalazłem człowieka, który zajmował się tworzeniem newsroomu, napisałem maila, zostałem umówiony na rozmowę, poszedłem na nią… I jestem reporterem telewizyjnym. Ileż pieniędzy oni wtedy włożyli w to, żeby zrobić z nas w pół roku ludzi, którzy znają się na tym, co robią. Jak wyjechać na reportaż, zrobić zdjęcia, wrócić, zmontować, przeczytać „offa", wcześniej go napisać – bo mieliśmy znać się na wszystkim. Sami jeździliśmy z kamerami, nagrywaliśmy rozmowy.

Z: Tak to działa na Zachodzie.

F: Nie zapomnę sytuacji, jak mój kolega Łukasz Wieczorek pojechał właśnie robić materiał. W jadącym tramwaju ustawił kamerę, ostrość i poszedł do ludzi robić sondę – z włączonej kamery, która stała sama na statywie, bez żadnego operatora. Zrobił materiał i wszystkim nam szczęki poopadały. A potem trzeba było to samemu zmontować i umieć wszystko od A do Z.

Z: To świetna sprawa!

F: Tak, genialna!

Z: Wiesz, czego w Polsce brakuje? Niezależnych reporterów.

F: I to właśnie było, ten niezależny reporter.

Z: Nie, nie. Nie na tym to polega. Niezależny reporter robi materiał, po czym próbuje opchnąć go w różnych stacjach. Tego w Polsce nie ma, ale myślę, że powoli do tego dojdziemy. Zauważ, z ilu materiałów od kompletnych amatorów korzysta Internet i prasa. Czasami są to całkiem profesjonalnie zrealizowane tematy.

F: Czekaj, bo mi robotę odbierzesz. Spokojnie!

Z: Jak będziesz dobry, to wszędzie sprzedasz swój materiał. O to chodzi.

F: Szefowie TVN-u włożyli w to gigantyczne pieniądze. Wysłali do nas ludzi z Reutersa, którzy nas szkolili, wysłali nas na szkolenie montażowe. Całe trzy czy cztery lata studiów, bo tyle studiowałem, nie dały mi nawet pięciu procent tego, co dała mi telewizja TVN właśnie wtedy, przygotowując nas do roli reporterów TVN Warszawa. Za to jestem tej stacji cholernie wdzięczny. I tak po trosze zostałem już dzieckiem tego TVN-u, jest mi z tym dobrze. A to dlatego, że, jak mówię, ta inwestycja była genialna.

Kiedy zamykano TVN Warszawa – bo przyszedł kryzys i okazało się, że wpływy z reklam wcale nie są tak wielkie, jak zakładano – to Łukasz Wieczorek, Jacek Smaruj, Leszek Dawidowicz i Michał Tracz trafili do TVN 24. Natomiast dyrektor Miszczak stwierdził, że ja trafię do *Dzień Dobry TVN*. I to też ciekawe, bo ja o DDTVN gdzieś podskórnie marzyłem już od jakiegoś czasu. Uważałem, że to jest miejsce dla mnie. Ale dyrektor Miszczak stwierdził, że skoro mam już takie ćwierćcelebryckie imię, a zupełnie celebryckie nazwisko, to się będę zajmować gwiazdami. I wysłał mnie wtedy do redakcji weekendowej DDTVN, która głównie opierała się na celebrytach. A ja na celebrytów mam straszną wysypkę! Jak widzę te scenki z czerwonego dywanu, to dostaję cholery, piana mi się toczy z ust na to targowisko próżności, na ten silikon, na to obnoszenie się.

Z: Oni z tego żyją, sprzedają się w ten sposób. Ale patrz, jak się czasy zmieniły. Powiedziałeś, że zainwestowali w was kupę kasy. Wiesz, jaki był mój pierwszy kontakt z telewizją? Byłem już wtedy w *Czterech porach roku*. Jeden z naszych kolegów przeniósł się do telewizji, został wicedyrektorem Programu Drugiego. Zadzwonił do mnie i mówi: „Słuchaj, świetnie ci w radiu idzie. Może byś spróbował w telewizji?". „A czemu nie? Fajnie!". Też podskórnie o tym myślałem i marzyłem. Umówiliśmy się na spotkanie. Wtedy byli prowadzący cały blok sobotnio-niedzielny.

F: Takie studio było, tak? Z zapowiadaniem kolejnych filmów?

Z: Tak, zapowiadało się tam filmy. Do tego jakaś rozmowa dnia.

F: Torbicka też to robiła?

Z: Tak. Wiele osób. Tadzio Zwiefka, dziś europoseł, też był w tej grupie, Ala Resich, Iwona Kubicz – kilka osób specjalizowało się w prowadzeniu bloków sobotnio-niedzielnych. Spotkaliśmy się w telewizji. Myślałem, że zrobią jakieś szkolenie, że powiedzą mi, co i jak, a tu pan dyrektor popatrzył na grafik i mówi: „O, widzisz, jest sobota wolna za dwa tygodnie, przyjdź wtedy". „Kurczę, jak to?!". „No jest wolne, przyjdziesz, będziesz zapowiadał".

F: Tak z ulicy?!

Z: No tak! Bez niczego, z marszu. Fakt, miałem trochę doświadczenia radiowego, więc to już nie stanowiło dla mnie takiego problemu, ale byłem przerażony tym wszystkim. I co tu zrobić, żeby jakoś zgrabnie z tego wszystkiego wybrnąć? Na ten pierwszy dyżur przyszedłem troszkę wcześniej, przemyciłem ze sobą butelkę szampana…

F: Po co?

Z: Na dobry początek.

F: Ale na dobry humor?

Z: Nie, tam w tym studiu była cała obsada: redaktor dyżurny, taki wydający, kamerzyści, dźwiękowiec – cała ekipa. Myślę, że zacznę sympatycznie, powiem, że debiutuję, w związku z czym za powodzenie po małym łyczku szampana. Okazało się, że to dobry sposób. Szampan był chyba radziecki, ale niezły.

F: Do dzisiaj jest sprzedawany.

Z: Tak. No i zaczęliśmy od odrobiny szampana i dopiero wtedy oni wytłumaczyli mi, co i jak. Że tu jest kamera, że ładny uśmiech, że patrzymy, że jak czerwone światełko się zapali, to mówimy, cokolwiek by się działo, żeby się nie denerwować, bo nie wszystko muszę pamiętać, a na dole mam ściągawkę, jeżeli o czymś zapomnę. I ten debiut poszedł tak właściwie z marszu. Strasznie sympatyczni ludzie tam pracowali i z dużą życzliwością pomogli mi w tych pierwszych programach. Te dyżury były nieprawdopodobnie nudne, bo siedziało się w tej dziupli od 8.00–9.00 do 24.00, wejścia były co dwie godziny albo co cztery, bo czasami między programami żadnego wejścia nie było. Nie mieliśmy wtedy prompterów, czyli takich ekranów, na których przesuwa się tekst, więc część tekstów starałem się zapamiętać, a resztę czytałem z kartki. Tak więc czasy się zmieniły. Kiedyś wchodziło się i robiło...

F: Ale ten strzał z TVN Warszawa i szkoleniem to był chyba jedyny taki przypadek na rynku. To było jak złapać Pana Boga za nogi, za ręce, za wszystko. Raz na sto lat coś takiego się zdarza i mam gigantyczne szczęście, że udało mi się na to załapać, bo jak ktoś teraz trafia do telewizji, to jest od parzenia herbaty i może kiedyś, za kilka lat, uda mu się...

Z: Ale to wcale nie jest zła droga!

F: To jest dobra droga, ale bardzo ciężka.

Z: Taka była klasyczna droga dziennikarska w radiu. W radiu kiedyś były etaty, nie umowy-zlecenia…

F: Etaty? Kto o czymś takim słyszał? Jak pracowałem w Trójce, to się mówiło, że dopiero jak ktoś odejdzie na tamten świat, to się jego etat podzieli na trzy.

Z: Ale żeby ten etat dostać, najpierw było się współpracownikiem dwa, trzy lata – ja w miarę szybko dostałem etat, ale normalnie zajmowało to więcej czasu.

F: Ja do dzisiaj nie jestem pracownikiem etatowym.

Z: Mówisz z przekąsem i w cudzysłowie – robienie herbaty. To były pierwsze zadania praktykanta. Ba! Na dodatek bardzo trudne, bo niektórzy z kolegów pili herbatę z cytryną. A weź w stanie wojennym wykombinuj cytrynę! W sklepach oczywiście żadnych cytryn nie było. Dobrze, że mieszkałem wtedy na Pradze, blisko bazaru Różyckiego, to dymałem tam, żeby kupić jedną cytrynkę, która kosztowała majątek jak na moje zarobki praktykanta. Ale trzeba było ją załatwić, bo stary powiedział, że oni mają dostać do picia to, co lubią. A ten lubi kawę, dwie łyżeczki mielonej, ten lubi herbatę, ale z cytryną – wszystko musiałem zapamiętać. Ile kto słodzi, ile wsypujemy do szklanki, kto w kubku pije, kto w szklance. I miałem to dostarczyć do redakcji.

F: Tak jest do teraz. Ale to droga bardzo żmudna, bardzo długa, a udaje się naprawdę niewielu. Dlatego bardzo doceniam to, że trafiłem akurat do takiej komórki eksperymentalnej i się na ten eksperyment załapałem. To naprawdę gigantyczne szczęście.

Z: Ale patrz, jak nabierasz szacunku do pracy, kiedy jesteś po tym parzeniu herbaty. W tym czasie się przyglądasz, podpatrujesz, łapiesz.

F: Jeśli trafisz na kogoś, kto jest mądry i potrafi tobą pokierować.

Z: Ale takie były tradycje w radiu.

F: Tak, i ja w Polskim Radiu też to odczułem, bo trafiłem na fantastycznych ludzi. Na Krystiana Hankego, który siedział ze mną po nocy i montował materiały. Pokazywał, jak to się robi. Poświęcał swój własny, prywatny czas, chociaż mógł pójść do domu. Ale nie zawsze tak jest i można trafić naprawdę na strasznych zjebów.

Z: To się w tej chwili zmienia, bo przyjmuje się ludzi według klucza ideologicznego, a nie na podstawie umiejętności. Nie ma ciągłości. Kiedy ja przychodziłem do *Sygnałów dnia*, do *Lata z Radiem*, pracowali tam Tadeusz Sznuk, Andrzej Matul, inni świetni dziennikarze. Oni mnie uczyli, ja się od nich uczyłem, potem miałem swoich praktykantów – ludzi, którzy przychodzili, bo interesowali się radiem. Oni sami się zgłaszali i też zaczynali od parzenia herbaty i kawy, od pisania prostych informacji. I ja mam swoich wychowanków w radiu, z czego jestem dumny. Jeszcze ich nie wyrzucili – mam nadzieję, że dzięki swojemu profesjonalizmowi długo zostaną.

F: I to jest, moim zdaniem, obowiązek każdego człowieka, który do czegoś w tym zawodzie doszedł, żeby oddać to, co dostał. Miałem to samo w Polskim Radiu.

Z: Czytałem teraz wywiad z jednym z nowych ludzi, którzy z rozdania politycznego trafili do radia. W wywiadzie padło pytanie: „Dobrze, ale jakie masz kwalifikacje? Co zrobiłeś?". A on odpowiada: „Ja? Ja przecież przeprowadziłem już dwanaście rozmów!". Czyli ma kwalifikacje do pracy przy mikrofonie, bo przeprowadził dwanaście rozmów. Nie wiem jakich, ale to jest śmieszne.

F: No nie, to jest żałosne. Bo to, co dostałeś, musisz oddać. Jak już zacząłem audycje w Polskim Radiu, w Czwórce, to marzyłem, żeby oddać to, co dostałem. Wrzuciłem na Facebooka informację, że szukam ludzi, którzy nie mają żadnego doświadczenia, ale bardzo chcą pracować. I tak oto zebrałem czwórkę reporterów, którzy zaczynali od kompletnego zera, a to, co robili w ostatnich miesiącach naszej audycji, jeszcze przed „dobrą zmianą", to była absolutna wirtuozeria.

Z: Nauczyli się montować elektronicznie?

F: Nauczyli się montować trzy-, czterominutowe materiały w 40 minut. Z efektami.

Z: A wiesz, jak się kiedyś montowało?

F: Niestety, wiem. Nie miałem szpuli nigdy.

Z: A! To był wyczyn! Dlatego że cięło się ręcznie taśmę. Ona była na takich dużych krążkach. A jak ten krążek spadł i to wszystko się rozwaliło, to był dramat. Ale mieliśmy specjalne stoły montażowe z takim nożykiem, wystarczyło znaleźć miejsce, które wycinamy. Początek – ciach! Koniec – ciach! Skleić specjalną taśmą, polizać, sprawdzić, jedziemy dalej. To była robota! Miałem takich mistrzów, którzy potrafili wycinać oddechy.

F: Oddechy... na taśmie?!

Z: Tak! Więc gość mówił bez oddechu, bez jednego zaczerpnięcia powietrza, na przykład przez pięć minut.

F: No tak, bo czas, wiadomo.

Z: To były wyczyny! Zresztą montaż – zwłaszcza dźwięku, bo obrazem chyba nie da się aż tak pokierować, nie powiem „manipulować" – jest genialną rzeczą.

F: To jest wielka przyjemność.

Z: Z każdego jąkały możesz zrobić mistrza mowy polskiej. Odpowiednio montujesz, potem trzeba troszkę dźwięk podkolorować, tu podwyższyć, tu obniżyć i wychodzi genialnie.

F: Najlepszy z tych reporterów ode mnie z Czwórki, których wtedy wziąłem „z ulicy", dzisiaj jest reżyserem w TVN-ie, bo szukali kogoś do produkcji programu. Powiedziałem: „Słuchajcie, mam świetnego gościa". Facet spoza Warszawy, marzył o tej pracy i go poleciłem. I to jest fantastyczne, bo to tak właśnie powinno działać. Trafiasz na kogoś, kto zostaje twoim wychowankiem i radzi sobie dalej. I mam nadzieję, że też to komuś odda. Tak powinno być.

Z: No dobrze, a znasz takie słowa jak „stres" i „trema"?

F: Miałem lęk przed wchodzeniem na żywo już w telewizji. Bo w radiu nie widać, tylko się mówi – to nie jest stres. Stres jest dopiero w telewizji, kiedy stoi przed tobą kamera, a ty jesteś sam, jeden jedyny. I to na środku ulicy, na której może się zdarzyć dosłownie wszystko. Może wyjść pijak i mówić jakieś dziwne rzeczy, możesz zapomnieć słowa i nagle się zatniesz. Miałem takie doświadczenie na samym początku TVN Warszawa.

Zapomniałem słowa. I blokada umysłu. Po prostu koniec, zero, nie wiesz, co mówić.

Z: Ale to się zdarza.

F: Zawiesiłem głos. Zafiksowałem się na znalezieniu tego słowa, szukałem go, nie wiem, może pięć sekund, może sześć, ale dla mnie to była wieczność. Świeci się czerwona lampka na kamerze, stoję pod Pałacem Kultury, bo chodziło o wyprowadzkę kupców z hali KDT, i nie pamiętam słowa „komornik" – że komornik zdecydował o tym i o tym. I ja zapomniałem tego „komornika". Z tej traumy leczyłem się kilka lat, bo to zostaje w pamięci.

Z: Ale dziury w pamięci są naturalne. Mnie kiedyś zdarzyło się zapomnieć nazwiska kolegi, z którym pracowałem ładnych parę lat. Siedzieliśmy razem przy mikrofonie i w pewnym momencie chcę go przedstawić i… nie mam. Dziura w głowie i pot na czole. Ale on się zorientował i sam się przedstawił, uratował mnie. A ja największy problem – o Jezu, jak się zacukałem! – miałem ze słowem „rewaloryzacja". Z tej „rewaloryzacji" wychodziły mi „rewolwery", „rewelacje" – z dziesięć razy podchodziłem i w końcu sobie odpuściłem, nie przeczytałem. Zdarza się. Trema? Na ogół mam tremę mobilizującą. Na przykład przed wejściem na żywo wydaje mi się, że nic nie wiem, nic nie pamiętam. Że za chwilę polegnę. Natomiast w momencie, kiedy zapala się czerwone światełko, nagle wszystko wraca.

F: Ale to przychodzi z doświadczeniem – im więcej razy wejdziesz na antenę, im więcej razy wyjdziesz przed publiczność, im więcej braw, im więcej krzyków, im więcej tego stresu, tym lepiej. To jest jak nauka jazdy na rowerze. Pamiętam, jak zrobiliśmy pierwsze trzy, cztery materiały do TVN Warszawa – my, reporterzy – i już byliśmy tacy podjarani: „Tak, umiemy, teraz dopiero świat przed nami stoi otworem!". Wtedy przychodzi szefowa newsroomu Patrycja Redo i mówi: „Słuchajcie, mniej więcej za jakieś tysiąc materiałów będziemy rozmawiać. Długa droga przed wami". No i właśnie tak to jest. To wszystko jest żmudnym zdobywaniem doświadczenia. I nie ma w tym zawodzie nic za darmo. Na wszystko trzeba cholernie ciężko zapracować.

Z: A jak ważny jest refleks! Kiedyś oniemiałem, szczęka mi opadła do samej ziemi na to, co zrobił Tadek Sznuk. Robił cudne rzeczy! Choćby ta historia z Operation Sail, Operacji Żagiel... wielkich regat w Australii.

F: Ale co, w Polsce?

Z: Nie. Przyszedł kolega z redakcji sportowej z wiadomościami właśnie o Operation Sail. No i chciał Tadzia troszkę zagiąć. W trakcie czytania tych wiadomości żeglarskich mimochodem rzucił w stronę Tadka pytanie: „Tadeusz, a czy ty wiesz, kto był pierwszym wielkim żeglarzem? Kto na świecie był pierwszy?". A wykuł się tej odpowiedzi na pamięć z encyklopedii. Tadek powiedział: „Wiem... Noe". I w tym momencie skończyła się zasadzka. Myślałem, że umrę ze śmiechu, natomiast mina kolegi zadającego to pytanie była naprawdę warta wszystkich pieniędzy.

Słuchacze też potrafią czasami zaskoczyć. Prowadziliśmy konkurs. Padło pytanie, jakie imię nosił król Francji, o którym mówiono Król Słońce. Słuchacz się głowi. „A może jakaś podpowiedź?" – trzeba człowiekowi pomóc, no jasne, ale przecież nie powiem „Ludwik". „Proszę pana, jest taki płyn do zmywania naczyń, bardzo popularny". I słuchacz odpala: „Mr. Proper?". Mr. Proper – król Francji.

F: W dobie Facebooka zadziwiają mnie fejsbukowicze, a nie słuchacze. Najbardziej zaskakują mnie zdjęcia części ciała przysyłanych przez nich. Oczywiście część ciała jest zawsze propozycją matrymonialną. O ile piersi tudzież bardziej intymne zdjęcia kobiet zaczęły mnie w pewnym momencie już nudzić, bo tyle tego było, to penis wysłany przez jednego z użytkowników, z zaproszeniem oczywiście, bo panu wydawało się, że gram do jego bramki, faktycznie był bardzo niespodziewany.

Z: A konkurs na przesyłki do *Lata z Radiem*? Zrobiliśmy głupotę, bo Poczta Polska sponsorowała taki konkurs, w którym ludzie przysyłali różne swoje wyroby, to, czym mogli się pochwalić. Więc ogłosiliśmy konkurs na największe kurze jajko. Tylko nie wzięliśmy pod uwagę tego, że poczta działa dość wolno i wysłane jajko czasami idzie tydzień, czasami dwa tygodnie, a latem jest gorąco. Po otwarciu kilku pierwszych paczek w redakcji zapanował taki smród, że przerwaliśmy konkurs, daliśmy nagrodę pierwszej osobie, która przysłała paczkę, a więcej przesyłek nie odbieraliśmy.

F: To dobre. Ale wy w ogóle mieliście w *Lecie z Radiem* różne ciekawe pomysły. No przecież szukanie potwora w Jeziorze Zegrzyńskim…

Z: „Paskudy”! Ale w pewnym momencie chyba przesadziliśmy. Działaliśmy metodą reportażu kreowanego. To znaczy jechało się nad Zalew, brało się miejscowego...

F: Jak przy tej słynnej wojnie z Marsem z lat trzydziestych w Stanach?

Z: Tak, tak. Jak u Wellesa. Mówiliśmy, o co chodzi, a ludzie improwizowali, opowiadając o tym, jak w nocy potwór wychodzi, zżera im kapustę i ziemniaki. Temat był taki wakacyjny – wydawało nam się, że dość niewinny. Ale w którymś momencie przestało być zabawnie. Jechałem tramwajem, obok mnie stały dwie panie, rozmawiały oczywiście o Paskudzie, bo wszyscy wtedy o tym rozmawiali. I jedna z nich stwierdziła, że ma dziecko na koloniach nad Zalewem Zegrzyńskim i jutro jedzie je odebrać, bo grasuje potwór. Pomyślałem sobie: „Kurde, co myśmy narobili?! Biedne dzieci są teraz zabierane znad Zalewu, bo wszyscy się boją potwora!”. Więc troszkę przegięliśmy. Ale sensacja wakacyjna była.

Robiliśmy też konkurs na krowę, która miała najwięcej łatek, i najdłuższego jamnika. Z krową była zabawna historia, dlatego że dostaliśmy zdjęcie krowy, która wyglądała jak dalmatyńczyk – dosłownie takie kropeczki, cęteczki. Miała 876 łatek. W jaki sposób właściciele krowy policzyli łatki? Każdą policzoną kropeczkę zaklejali papierem. Krowa oczywiście wygrała. Natomiast najdłuższy jamnik miał na imię Prezes i właściciel opowiadał, że jak wołał na ulicy „Prezes!”, to zawsze się paru facetów odwracało.

F: *Lato z Radiem* to była nieprawdopodobna instytucja. Szkoda, że już nie jest. To wasze gotowanie na rekordy – to było niesamowite!

Z: Pięć tysięcy litrów zupy, która podzieliła się na 15 tysięcy porcji – w czasie jednej imprezy wydawaliśmy tyle porcji zupy. W Krynicy chyba nam się zdarzyła wpadka, bo trochę zupy zostało. No i kucharze, zamiast jakoś sensownie tę resztkę zutylizować, to po prostu wlali ją do kanalizacji miejskiej. Następnego dnia cała Krynica śmierdziała kapuśniakiem. Waliło równiutko! Potem, jeżeli cokolwiek zostało, to albo oddawaliśmy głodnym, albo szło do utylizacji. A! Jeszcze historia z maskami przeciwgazowymi. Pamiętasz?

F: Nie...

Z: Mieliśmy koncert w Świnoujściu, na pięknym nabrzeżu. Żeby jeszcze lepiej to wyglądało, w tle sceny marynarka wojenna ustawiła trałowiec. No i rzeczywiście scena świetnie wyglądała na tle tego trałowca. Ma być wielkie gotowanie zupy, od samego rana rozpalają ogień. Pod kotłem paliło się węglem i drewnem. Ale chłopaki nie zauważyli, że kupili mokre drewno, które strasznie dymiło. I akurat ten dym wiał w stronę podestu, na którym się mieszało w tym garze na 5 tysięcy litrów. A mieszało się w ogóle wiosłem, takim normalnym. Fajnie wyglądało, jak przyprawy wsypywali, na przykład wiaderko soli – hop! Wór pieprzu – hop! A teraz, uwaga, idzie marchewka i taki wielki pojemnik – bum! W jednym takim garze było pół tony wsadu.

W Świnoujściu strasznie dymiło, w związku z czym nie dało się w garze mieszać. Zupa się przypali, nic z tego nie będzie. Pomysłowy Dobromir: na trałowcu mają maski przeciwgazowe. Wyślemy nasze dziewczyny, reporterki, pogadają, załatwią maski i będziemy w tych maskach mieszać zupę, zupa się nie przypali. Pomysł wypalił. No i jest szesnasta, ogłaszamy rozpoczęcie koncertu, zupa ugotowana, zapraszamy państwa do stanowisk z talerzykami, wszystko przygotowane. Nikt nie podchodzi. A ludzie się zawsze rzucali, czekali na te zupy, bo były pyszne, fantastyczne, naprawdę. Kucharze potrafili zawsze ugotować taką ilość pysznej zupy, im się to zawsze udawało. Tym razem nikt nie podchodzi. W czym rzecz, co się stało? Okazało się, że poszła plotka, że zupa tak śmierdzi, że kucharze nie dali rady mieszać normalnie, tylko musieli maski przeciwgazowe włożyć, bo inaczej się nie dało do tego podejść, smród potworny. No i jak o tym się dowiedzieliśmy, wytłumaczyliśmy wszystko, pierwszą porcję dostaliśmy z Romanem Czejarkiem na scenę, publicznie zjedliśmy po talerzu zupy i dopiero wtedy akcja ruszyła. To nie był najszczęśliwszy pomysł z tymi maskami.

F: To dobre!

Z: Zdarzyła się historia z panem, który kończył sto lat. Wszystko było z nim uzgodnione, obgadane. Cudowny gawędziarz, fantastyczny! I gość tak się zaciął, tak się stremował w trakcie wywiadu, że nie powiedział ani słowa. Natomiast sprytny reporter dał radę, bo zadawał pytania typu: „Co pan pamięta z lat młodości?", po czym mówił: „O, widzę, że się pan pięknie uśmiecha! Na pewno pamięta pan wiele, na pewno pamięta pan rok 1914, kiedy to..." – i jechał dalej. Po czym zadawał pytanie, pan dalej milczał, w związku z czym sam z sobą przeprowadził wywiad. Ale zrobił to bardzo dobrze. Zawsze trzeba być przygotowanym. Dzieci są jeszcze trudniejszymi rozmówcami.

F: Dzieci na żywo. Dzieci montowane są do przejścia, dzieci na żywo są gorsze.

Z: Jeśli postawi się pytanie, na które dziecko może odpowiedzieć „tak" lub „nie", to powie „tak" lub „nie" i nic więcej. To jest duża sztuka rozmawiać z dziećmi tak, żeby coś wyciągnąć, żeby rozwinęły wypowiedź. Trzeba mieć podejście.

F: Prowadziłem ostatnio imprezę dla Fiata w Tychach i pytam dziewczynkę: „Jakim samochodem jeździ twój tata?" – bo to impreza dla pracowników zakładów. Na co dziewczynka odpowiada, że tata jeździ suką. I takie właśnie sceny się dzieją na żywo! Okazało się, że pracowała mama, a tata był policjantem.

Z: A co jest najważniejsze na co dzień?

F: Trzeba ciężko pracować i nie iść na skróty. Niestety, szczególnie na początku jest tak, że 24 godziny na dobę są raczej wyjęte z życia. Jeśli zaczynamy jako reporterzy, a to jest chyba najlepsza droga, jaką można przejść, bo człowiek uczy się wszystkiego od samego początku, to jednak trzeba być cały czas pod telefonem. I nie ma tutaj marudzenia. No bo jak nie chcesz, to jest dwadzieścia innych osób, które jednak będą mogły. Dlatego pełna dyspozycyjność, niemarudzenie i ciężka praca.

Z: A ja bym powiedział, że czytanie...

F: Ale ty mówisz już o takich podstawach.

Z: Czytanie jako podstawa dobrego dziennikarstwa, zwłaszcza radiowego i telewizyjnego. Czytanie dobrej literatury powiększa zasób słownictwa, daje szansę na lepsze poznanie języka polskiego, który w naszym zawodzie jest niesłychanie ważny i który jest, niestety, kaleczony na każdym kroku.

F: Moim zdaniem ważne jest znalezienie sobie wzoru. Pamiętam, jak przyjechali ludzie z Reutersa, którzy nas szkolili, i rozdali nam płyty z najlepszymi amerykańskimi reportażami z tamtego roku, i ja tę płytę mam do dzisiaj. Przez kilka lat ją sobie odtwarzałem i analizowałem, jak ten materiał jest zrobiony, gdzie wchodzą efekty, jak wchodzą setki, jak ci reporterzy rozmawiają z ludźmi, jak robią stand-upy. Trzeba mieć jakiś wzór. I druga rzecz, czyli znalezienie sobie autorytetów, ludzi, których praca bardzo się nam podoba. Ja miałem zawsze dwóch. To był Mariusz Max Kolonko, za swoich reporterskich czasów w Stanach, i Mariusz Szczygieł.

Z: Mariusz Szczygieł jako piszący?

F: Jako piszący, ale jako rozmawiający również. No przecież *Na każdy temat*…

Z: Ja go znacznie bardziej lubię w formie pisanej.

F: Jako reportażysta jest mistrzem, absolutnie. Ale jego dociekliwe stwierdzenie, które pojawiało się właściwie w każdej rozmowie w *Na każdy temat*: „Co pani opowiada! To niesamowite!" – i dalej już bohaterka płynęła, mówiła. Gdy nagle się zatrzymywała, Szczygieł stwierdzał: „Nieprawdopodobne!" – rozmówczyni dalej jechała!

Z: Ta fascynacja rozmówcą!

F: Mnie się wydaje, że on naprawdę był zafascynowany! Niemożliwe, że grał, tego się nie dało tak zagrać.

Z: Nie, nie, nie... On trochę podkolorowywał, musiał. Bo czasami ci ludzie bredzili.

F: Słyszałem taką legendę – być może to jest *urban legend*, ale słyszałem to od wiarygodnej osoby – że za każdym razem, kiedy w *Dzień Dobry TVN* zwalnia się miejsce prowadzącego, to dzwonią do Mariusza Szczygła: „Panie Mariuszu, czy już możemy?". Na co Mariusz rzuca kolejną kwotę, której nie da się przeskoczyć, po prostu rozwalającą budżet TVN-u. I za każdym razem, za każdym telefonem on tę kwotę powiększa, żeby tylko nie wrócić do telewizji. Taka ciekawostka.

Z: Jest fantastyczny. Jego książki, sposób pisania, postrzegania świata, zauważania małych rzeczy, których inny człowiek by nie zauważył. Potrafi wejść w ten szczegół i opisać go bardzo prostym językiem. Nie wydziwia, nie tworzy jakichś skomplikowanych konstrukcji słownych. To jest wszystko opisane oszczędnie, z szacunkiem dla słowa i z szacunkiem dla czytelnika. Bo on pisze o tym, co jest najważniejsze.

F: Tak, zajęcia z Mariuszem na Uniwersytecie Warszawskim były naprawdę niesamowitym przeżyciem i były to właściwie jedyne zajęcia na dziennikarstwie, na które regularnie chodziłem.

Z: Czytanie to raz, ale liczba poruszanych tematów jest taka, że trzeba znać się choć trochę właściwie na wszystkim.

F: Cała ta robota praktycznie polega na tym, żeby znać się na każdym temacie. Oczywiście są też wąskie specjalizacje, ale w nie trzeba się wstrzelić i też pewnie jest wielu chętnych na zajęcie miejsca takiego specjalisty w danej dziedzinie, więc generalnie trzeba się znać na wszystkim. Ale zanim się będziemy znać na wszystkim, do radia trzeba się dostać. A później to już życie pisze scenariusze.

Z: Oczywiście musimy się znać trochę na wszystkim, ale najważniejsza jest ciekawość świata. Nie zrobisz dobrze tematu, jeśli nie jesteś w ten temat zaangażowany – w jakikolwiek sposób.

F: Właśnie to jest powód, dla którego w zimie skaczę do przerębla, żeby sprawdzić, jak się wydostać z przerębla w normalnym ubraniu. To jest właśnie to: jeśli nie dotkniesz, nie sprawdzisz, to nie możesz na ten temat opowiadać, bo gówno o tym wiesz. Dla mnie w pracy zawsze ważne było, żeby dotknąć czegoś samemu. Czasami jest to komiczne, a czasami w jakiś sposób pouczające. Że na przykład zimą warto mieć przy sobie długopis, kiedy idziemy łowić ryby na lodzie. Bo ten długopis pozwala nam zaczepić się o lód. Gdy wpadłem do wody, ratownicy dali mi długopis, żebym sam się przekonał o tym, jak ważne jest, żeby mieć przy sobie cokolwiek, co będzie można wbić w lód.

Z: I to działa?

F: Tak, to działa. To tylko taki prosty przykład, ale jest tego zdecydowanie więcej.

Z: Łączenie różnych mediów – telewizji i radia.

F: Telewizja i radio to są czasy ojca, bo ja już żyję w czasach Facebooka, Instagrama i Snapchata, a to zupełnie inny rozdział historii mediów.

Z: Ale ja myślę, że w radiu – i chyba się z tym zgodzisz – jest coś fascynującego. Dlatego że telewizja jest ogromnym mechanizmem, w którym ważne są różne elementy: światło, scenografia, makijaż…

F: Tak, to jest praca kilkudziesięciu osób.

Z: Na końcowy efekt pracuje ogromna rzesza ludzi, którzy tworzą ostateczny obrazek. Czasami, kiedy któryś z tych elementów nie zagra, całość się kładzie. Nie zawsze jest tak, że to wina reportera, że coś się nie udało – to może być wina czegokolwiek. A w radiu jesteś ty, twoja głowa i mikrofon. Radio nie komplikuje, jest prostym środkiem przekazu, ale jednocześnie radio jest gorącym środkiem przekazu, bo uruchamia wyobraźnię. Słyszymy głos.

F: I musimy sobie wszystko wyobrazić, bo nie ma obrazka, nic nie jest podane na tacy.

Z: Tak, telewizja jest gotowym daniem. Wszystko widzisz, wszystko wiesz. Oczywiście radio może być towarzyszące, możesz tylko słuchać muzyki, ale jeśli słuchamy słowa, na dodatek świadomie, to radio jest teatrem wyobraźni. I myślę, że to jest najbardziej w radiu fascynujące. Że jesteś ty, twoja głowa, mikrofon i po drugiej stronie słuchacz. Ja miałem z tego bardzo konkretną – przynajmniej raz – korzyść. To była połowa lat osiemdziesiątych, gołe haki, nic w sklepach. Mieszkałem na Pradze. Po drodze mijałem sklep mięsny, w którym zwykle nic nie było albo stały bardzo długie kolejki. Tego dnia nie było kolejki, wszedłem do sklepu, zapytałem o jakąś wędlinę, pani się rozejrzała dookoła i mówi: „Wie pan co, tak właściwie to

CAŁE ŻYCIE NA
relaksi

nie ma, ale dla stałych klientów zawsze coś mam" – a byłem tam pierwszy raz w życiu. Po czym pani wyszła na zaplecze, przyniosła zapakowaną szyneczkę, zważyła, zapłaciłem i pomyślałem: „To jest potęga radia!". Głos, który sobie zapamiętała, i uznała, że jestem jej klientem. To był naprawdę wielki sukces. Zdarzało mi się też – z czego jestem bardzo dumny – że na przykład w taksówce taksówkarz, niekoniecznie patrząc we wsteczne lusterko, a jedynie słysząc głos, mówił: „E, my się znamy! Ja znam pana głos". To jest wielka satysfakcja. Zresztą tak naprawdę przedwojenne gwiazdy radiowe były wielkimi osobistościami życia publicznego. Spikerzy, aktorzy, którzy mówili w radiu – znało się ich głosy. Teraz właściwie...

F: Dzisiaj panuje komercja! Jest masa prezenterów, a właściwie DJ-ów – bo oni już tylko zapowiadają kolejne piosenki. Do tego dochodzą jeszcze serwisanci, którzy czytają wiadomości, i reporterzy.

Z: No właśnie, a jest potrzeba radia mówionego. Spójrz na TOK FM – radio, które zyskuje coraz więcej słuchaczy, radio mądre i radio gadane. I tego radia się słucha. Myślę, że dzięki osobowościom, dzięki ludziom, którzy tam występują, dzięki ciekawym rozmówcom i dobrym tematom.

F: Ale nie możesz słuchać tylko TOK FM, bo to by bardzo ograniczyło twój światopogląd. Ja w trasie słucham Radia Maryja. W nocy są zawsze rozmowy ze słuchaczami, jest ksiądz, czasami nawet sam dyrektor siedzi, i prowadzą rozmowy. I to też jest Polska. To też jest radio mówione. Można słuchać i TOK FM, i Radia Maryja i mieć pogląd na to, co się dzieje.

Z: Bardzo rzadko słucham Radia Maryja w trasie. Co prawda doceniam to radio, jego misję, mam jednak wiele zastrzeżeń do pewnych tematów.

F: No, oni żyją w swoim świecie, pewnie, że tak. Bez dwóch zdań. Aczkolwiek to też jest Polska.

Z: To radio zauważyło ludzi dotąd niezauważanych. To nie jest grupa komercyjna.

F: Nie, to są ludzie wyobcowani ze świata, z życia.

Z: To są ludzie samotni, ci, którzy potrzebują przyjaciela. I czasami jedynym przyjacielem jest to radio.

F: Radio, które się do nich zwraca: „Jesteśmy z tobą".

Z: Chociaż czasami sączy rzeczy, których nie powinno. Ale to osobna kwestia.

F: I tak oto dochodzimy do mediów społecznościowych, internetowych, o których ojciec pewnie nie ma już zbyt wiele do powiedzenia, bo nie ma konta na fejsie ani na insta, ani na snapie. Chociaż mnie snap przerósł. Już jestem za stary na to. Podobno jak masz 15 lat, to już jesteś za stary.

Z: A co to jest?

F: No właśnie chciałbym ci w jakiś jednoznaczny sposób opowiedzieć o tym, czym jest Snapchat, i nie wiem nawet, jak się do tego zabrać. Snapchat to jest taka platforma, na którą wysyłasz swoje zdjęcie lub tekst i ten post po 24 godzinach znika.

Z: Aha. To dobre jest.

F: A potem wrzucasz kolejny i on też znika. Trudno tam zauważyć, że ludzie lubią twoje konto, ponieważ ten feedback się tam nie pojawia. A siła Facebooka polega właśnie na tym, że tam jest wszystko jeden do jednego. Wrzucasz post i masz jasną, konkretną odpowiedź: tyle lajków, tyle komentarzy, tyle udostępnień, zasięg. Mogę porównać popularność mojego posta, którego tam wrzucam, a na przykład oglądalność *Dzień Dobry TVN*, gdzie leci mój materiał. Załóżmy, że mój materiał w DDTVN o 9.40 obejrzało 150 tysięcy, dobra, 200 tysięcy osób, a gdy o tej samej porze wrzucam posta – kilka zdań – to on ma zasięg dwa miliony. To jest właśnie siła mediów społecznościowych.

Z: Siedzą, nie mają co robić, opierniczają się w pracy, skupiają się na tych wszystkich pierdołach, zamiast zająć się czymś sensownym.

F: Ale tak samo można powiedzieć, że słuchają radia.

Z: Nie ruszają się!

F: A nieprawda, bo łapią pokemony i się ruszają.

Z: I coraz więcej ważą...

F: A z drugiej strony są w stanie przelać 700 tysięcy złotych na hospicjum dziecięce i 300 tysięcy na powstańców.

Z: A co to wszystko jest w porównaniu z licytacją na balu TVN-u?

F: No, z jednej strony to jest nic, a ja jednak uważam, że to dużo.

Z: Ile kosztowała kolacja u Mateusza Gesslera?

F: Osiągnęła 180 tysięcy w siedem minut. Ale to zupełnie inny temat. Moim zdaniem siła Facebooka, Instagrama i Snapchata jest gigantyczna, a to są wymierne pieniądze. Bo zasięg w telewizji trudno do końca precyzyjnie określić. Telemetria to bardzo ułomna dziedzina nauki i mierzenia.

Z: No ale na pewno precyzyjniejsza niż pomiar słuchalności radia.

F: Tak naprawdę to dopiero w Internecie widać co do kliknięcia, jaki zasięg ma konkretny komunikat. A to się po prostu monetyzuje i przelicza na pieniądze. Stąd sukces blogerek modowych – dziewczyn znikąd, które nagle stają się wielkimi gwiazdami. I to nie tylko Internetu, ale również mainstreamu. To jest tak naprawdę znak czasów – taka... LittleMooonster96. Pewnie nie wiesz nawet, kto to jest, a to wielka polska gwiazda.

Z: Co roku staram się uczestniczyć w akcji „Zerwijmy łańcuchy" – to jest protest przeciwko trzymaniu psów na łańcuchach. Od wielu lat spotykamy się na placu Zamkowym i przykuwamy się łańcuchami do bud. Tam sobie siedzimy, ale siedzimy w dobrej sprawie. Fotografują nas, oglądają. Uważam, że jest to akcja bardzo potrzebna. Pamiętam, dwa lub trzy lata temu pojawiła się nastolatka. Ja wiem? Miała może 15, może 16 lat. Za nią tłum oszalałych dzieci. Mimo że znam ludzi mediów, nie miałem zielonego pojęcia, kto to jest, jak się nazywa i co robi. Okazało się, że ona śpiewa, pisze, recenzuje i jest wielką gwiazdą Internetu.

F: U nas na koncertach Czwórki dochodziło do sytuacji patologicznych, bo jest taki gość, który się nazywa JDabrowsky. Przyjechał na koncert i mówił: „Cześć! Co u was?" – i był pisk, a dzieciaków po horyzont. Pod łódzką Manufakturą cały plac zapełniony, bo wychodzi nastolatek i mówi: „Cześć! Co u was?”. On nie śpiewa, nie jest raperem, żadnym artystą!

Z: To co on robi?

F: Gra w gry.

Z: Gra w gry?

F: Tak.

Z: I wygrywa?

F: A nie wiem, czy wygrywa. To nie ma żadnego znaczenia. Siedzi przed monitorem.

Z: A każdy może zostać takim?

F: Każdy.

Z: To dlaczego on został, a inni nie?

F: No bo akurat on się zaczął klikać. Taka moda.

Z: A co to znaczy, że on się „zaczął klikać”?

F: To właśnie znaczy to, o czym mówię. Siedzi przed komputerem, ma na siebie skierowaną kamerę, gra w grę. Obraz, który ludzie na YouTubie oglądają, jest podzielony, widać jego twarz, a obok zrzut z ekranu jego komputera i widać grę.

Z: I on coś mówi?

F: Tak, podczas gry komentuje to, co robi. Są to komentarze, które nie mają najmniejszego sensu, i można wziąć każde dziecko z podwórka i ono będzie komentowało w ten sam sposób. Ale to nie ma znaczenia, bo to on się zaczął klikać.

Z: Wszystko się zbarchaniło, ja ci powiem…

F: No, tak się zbarchaniło, takie mamy czasy. I w ogóle co to jest za słowo „zbarchaniło”?! Skąd je wytrzasnąłeś?

Z: Gacie się robiło z barchanu. Nie wiesz, co to jest barchan?

F: Wiem, wiem przecież... No i na tych koncertach dochodziło do sytuacji patologicznych, bo on przyjeżdżał, witał się i nagle okazywało się, że w tym tłumie jest przygniatane dziecko. Trzeba je wyciągnąć. Potem przychodzi Magda, nasza wydawczyni, i pyta: „Kim jesteś?". A to się działo w Łodzi. No i okazuje się, że to dziecko miało osiem lat, dowiedziało się z Internetu, że ten chłopak będzie w Łodzi, więc wsiadło rano do pociągu i przyjechało specjalnie dla niego, nie mówiąc o tym rodzicom.

Z: A skąd to dziecko było?

F: Z Wrocławia.

Z: Ojej.

F: Ośmiolatek przyjechał sam, a potem dzwonienie do rodziców, policja... Taka jest siła przyciągania gwiazd Internetu.

Z: Nie sądzisz, że to jest takie: „dziś są, a jutro ich nie ma"?

F: O tym właśnie chciałem powiedzieć, że te kariery są bardzo szybkie i zapewne podniecające.

Z: Później będą nieszczęśliwymi ludźmi.

F: Na pewno. I te czternasto-, piętnastolatki zarabiają gigantyczne pieniądze, bo za lokowanie produktów w swoich miniprogramach internetowych dostają tyle, że po pół roku mogą kupić sobie mieszkanie. To jest nieprawdopodobne. Tylko że taki czternastolatek ma bardzo krótki okres przydatności. Za chwilę kończy 15, 16 lat, później się nim znudzą, a nowi trzynasto- i czternastoletni odbiorcy potrzebują kolejnych rówieśników jako swoich gwiazd. W związku z tym to są supernowe, które strzelają gdzieś...

Z: Ale jaka to frustracja. Byłeś na topie…

F: ...a najbardziej boli upadek z wysokiego konia. Szczególnie że tym młodym umysłom bardzo łatwo jest się zwichrować.

Z: Kiedyś, żeby być popularnym, żeby zarabiać, trzeba było coś umieć, coś zrobić…

F: Ale to wszystko zmieniło się wraz z programem *Big Brother*. To był przełom, kompletnie nowy rozdział, który trwa do dzisiaj. To było otwarcie telewizji na zwykłych, szarych ludzi, którzy nagle stawali się gwiazdami.

Z: Normalsi.

F: Normalsi, tak. To, co się dzieje, jest tego pokłosiem.

Z: A gdzie jest poczucie wstydu? Nie ma.

F: Nie ma. Jakie poczucie wstydu? Jego brak też się wziął z *Big Brothera*. No i z disco polo na Polsacie, na początku lat dziewięćdziesiątych. Jedno i drugie chyba otworzyło nas zupełnie na nowo. Mam na to najlepszą anegdotę! Jest pokaz mody, rzecz dzieje się tydzień temu. Przychodzi chłopak znany z telewizji i Internetu i dowiaduje się, że siedzi w drugim rzędzie. Jest tym nieco oburzony, podchodzi do organizatora i mówi: „Jak to się stało, że ja siedzę w drugim rzędzie?". Na co organizator mu odpowiada trochę bezczelnie, ale jednak szczerze: „Może jednak nie jest pan jeszcze na tyle znany, żeby siedzieć w pierwszym rzędzie?". Na co następuje riposta: „To po to chuja pokazywałem w Internecie, żeby siedzieć w drugim?" – śmieszek.

Z: A, to ten model, co to niby… To jest wtopa!

F: Jak to wtopa? To jest przemyślane!

Z: Chodzi o to, że nie uzyskał spodziewanego efektu!

F: Tak, to jest przemyślane działanie marketingowe. Cała walka o Internet, o ten kawałek tortu, to kwestia pieniędzy. Nie chodzi o to, żeby być fajnym, i o to, żeby ludzie cię uwielbiali, nie. Chodzi o pieniądze: zasięgi, reklamodawców i lokowanie produktów. Dzisiaj „lokowanie" to słowo klucz w Internecie, bo oznacza pieniądze. Robisz sobie zdjęcie z zegarkiem albo z kremem. To wszystko ma swój cennik i jest bardzo wymierne: masz tyle i tyle ludzi i w związku z tym twój post o takim i takim zasięgu jest wart tyle i tyle.

Z: To jak się tego Snapchata zakłada?

F: Ale ty to Geriavit Pharmaton mógłbyś reklamować, ale nie wiem, czybyś tylu followersów zgarnął.

Z: Oj, nie wiesz jeszcze ilu...

Z: I jak tu dziś dążyć do perfekcji?

F: To zależy, którą drogą chcemy iść. Czy tradycyjną, czy na skróty.

Z: Uważam, że ta klasyczna zawsze ma przyszłość, dlatego że kariera obliczona na efekt, na strzał, zawsze może się rozbić o kogoś, kto zrobi strzał jeszcze głośniejszy i jeszcze bardziej spektakularny.

F: A z drugiej strony im dłużej będziesz czekał, tym znajdzie się więcej takich, którzy będą szybsi od ciebie. Ja nie skończyłem studiów, nie miałem już czasu. Na trzecim roku miałem tyle pracy w radiu, a potem w telewizji, że już nigdy nie znalazłem ani sekundy, żeby skończyć naukę.

Z: A obiecałeś mi, że skończysz. To ja, cholera, zrobiłem dwa dyplomy, dwie uczelnie!

F: Co więcej, ostatnio znowu podjąłem próbę. Zgłosiłem się na uczelnię, a to już moje trzecie czy czwarte podejście, mówię: „Dobra, tym razem skończę! Pójdę, zapiszę się...". No i się okazuje, że muszę chodzić na wszystkie zajęcia, że muszę nadrobić różnice programowe, że muszę nauczyć się do egzaminów, muszę zdać te z drugiego roku, bo system się zmienił, nie jest boloński, tylko bostoński, czy jak one się tam nazywają. Patrzę w swój kalendarz – no nie da się. Nie mam trzech wolnych dni z rzędu, a co dopiero mówić o czasie na siedzenie nad książką, na uczenie się i zdawanie egzaminów. Bez szans.

Z: Ja jestem dumny z tego, że skończyłem wyższą uczelnię, z tych dyplomów.

F: No, trochę się zmieniło. Dlatego ja też bym uważał z tą drogą tradycyjną.

Z: Dalej uważam, że ona ma sens.

F: Jeśli zaczniesz zbierać doświadczenie zawodowe w wieku 25 lat, to jest po tobie.

Z: Ale ja nie mówię o doświadczeniu zawodowym.

F: No, ale albo studiujesz, albo pracujesz i poświęcasz się temu.

Z: Zdobywasz doświadczenie. Studia, praktyka...

F: Ale praktykanci, którzy robią praktyki na studiach, tak naprawdę zaczynają realną pracę w wieku dwudziestu kilku lat.

Z: Kurczę, ja uważam, że to jest zawód jak każdy inny.

F: No nie, nie jest.

Z: Ja uważam, że to jest zawód jak każdy inny. Murarz musi się nauczyć podstaw swojego zawodu.

F: Owszem, ale w praktyce.

Z: Wszystko jedno.

F: Tylko i wyłącznie w praktyce. Wiedza teoretyczna jest o kant dupy potłuc, ponieważ na studiach dziennikarskich uczą ludzie w twoim wieku.

Z: I którzy znają archaiczny typ dziennikarstwa.

F: Standard lat siedemdziesiątych.

Z: Ale z drugiej strony jest pewne abecadło zawodu, które trzeba opanować.

F: Jest, oczywiście, że jest.

Z: Język, poprawne wypowiadanie się…

F: Ale pamiętaj, że zawsze rynek cię zweryfikuje. Zawsze.

Z: Tak, z tym się zgadzam. Facet, który pokazał swoje przyrodzenie, liczył na wielki medialny sukces. Po tym, co powiedziałeś, okazuje się, że chyba się nie udało, siedział w drugim rzędzie.

F: Drugi rząd to jest już coś! Przecież jeszcze jest piąty, szósty, siódmy…

Z: Dobrze, ale skoro pokazał przyrodzenie, to co on jeszcze może pokazać, żeby znaleźć się w pierwszym? To jest pytanie.

F: Pokora, nauka i ciężka praca.

Z: A jednak wyszło na moje.

F: Ja nie mówię, że nie wyszło na twoje, tylko że trzeba w tych nowych czasach znaleźć jakiś dobry moment, kiedy się zaczyna pracę. Moim zdaniem taki odpowiedni wiek to 18–19 lat. Bo w wieku dwudziestu kilku lat jest zdecydowanie za późno, zdecydowanie. Co nie zmienia faktu, że pokora i nauka jak najbardziej są potrzebne.

Z: Tak, zgadza się. Zbytnia pewność siebie bywa zgubna. I na to trzeba uważać.

Dusza towarzystwa

F: Do dzisiaj na sam zapach vogue'ów mentolowych przypominają mi się imprezy w domu rodzinnym.

Z: Co?!

F: Tak! Jak tylko ktoś w pobliżu pali tego papierosa, wracają mi wspomnienia z dzieciństwa.

Z: Dlaczego?!

F: Bo gdy mieszkaliśmy w bloku na Ursynowie, przychodzili do nas dosyć często i regularnie znajomi, aczkolwiek spontanicznie. Nie dzwoniło się wtedy do siebie, po prostu przychodziło. No i zawsze palili wtedy te mentolowe papierosy. Mam taki flashback – ojciec z cienkim vogiem.

Z: Ja nie paliłem vogue'ów! To mama!

F: No niestety też paliłeś, jak już się skończyły grube marlborasy… Ale nie zapach marlboro, ale właśnie ten vogue mentolowy to jest dla mnie poniekąd zapach dzieciństwa.

Z: Paliłem cieniasy w ostateczności, jak się marlboro skończyło.

F: No właśnie.

Z: Paliliśmy wszyscy. Zresztą palenie było wtedy powszechne. Czy sobie nikt nie zdawał sprawy z tego, że to niezdrowo?

F: Dzieci nie dzieci – w ogóle zero problemu. Jarało się non stop. Szary dym w mieszkaniu, bo nie było duże, pięćdziesiąt parę metrów, a fajkę za fajką paliło dziesięć osób – powiedzmy – tam był smog.

Z: No popatrz, a w mojej rodzinie właściwie nikt nie palił.

F: Ja też nie palę.

Z: Byłem pierwszy i zacząłem dosyć późno, jakoś chyba podczas studiów. A potem bardzo dużo się paliło w pracy. W studiu normalnie jaraliśmy papierosy.

F: Jak to w studiu?

Z: W studiu się paliło. Stały popielniczki, rozmowa przed mikrofonem bez papierosa to nie była rozmowa.

F: No dobra, a jak rozmówca nie palił?

Z: To też palił.

F: Wszyscy mieli go w dupie?

Z: No oczywiście. Ba! Bywało, że prowadziliśmy audycje o szkodliwości palenia, popalając w studiu carmeny. Tadek Sznuk był wielkim miłośnikiem tego gatunku. Carmeny to były takie dosyć luksusowe papierosy w czerwonym pudełku z białym napisem. Mocne, perfumowane papierosy. Nawet jak marlboro się pojawiły, to Tadek konsekwentnie ich nie palił, bo uważał, że carmeny są najlepsze. Ja chyba w radiu nauczyłem się palić. Ale czemu rozmawiamy o paleniu, skoro mieliśmy o imprezach?

F: Bo powiedziałem ci, że moje pierwsze skojarzenie z imprezą jest takie, że wszyscy jarają.

Z: Drugi z kolegów był wielkim miłośnikiem ekstra mocnych. One były w dwóch wersjach: z filtrem i bez filtra. Mój kolega palił te bez filtra, po prostu siekiery, coś w rodzaju francuskich gitanes'ów, tylko z podlejszego tytoniu, z jakiejś machorki strasznej. I z tymi papierosami wiązała się fajna przygoda. Razem wyjechaliśmy do pracy do Berlina, malować i tapetować jakieś biuro. Proponowałem, żeby kolega palił marlboro, ale gdzie tam. Ekstra mocne bez filtra najlepsze. Mieliśmy przerwę, zapaliliśmy: ja marlboro, a on ekstra mocne bez filtra. Przyleciał szef z gaśnicą. Powiedział, że jest taki smród na korytarzu, że na pewno podpaliliśmy jakieś szmaty i za chwilę będzie pożar w całym biurowcu. Latał z gaśnicą po wszystkich piętrach, szukając źródła ognia. A to mój kolega Henio palił ekstra mocne bez filtra.

F: Po tych wszystkich imprezach – a wtedy naprawdę balety się odbywały w środku tygodnia, były papierosy i wóda, wóda, wóda – to jesteście dla mnie pokoleniem-gąbką. Nie ma takiej ilości alkoholu, której nie bylibyście w stanie przyjąć. Ile wlejesz, tyle przyjmiecie. Ograniczał was tylko i wyłącznie czas.

Z: Nie no, czasami wódki brakowało i trzeba było dokupić…

F: Nie macie żołądka, wątroby, jelita. Dla mnie pokolenie ojca, z lat czterdziestych i pięćdziesiątych, to są cyborgi.

Z: No, lata osiemdziesiąte rzeczywiście były bardzo alkoholowe.

F: Nie wiem, jak DNA się w ludziach pozmieniało, bo jak ja zrobię pół litra… Zresztą sama myśl o zrobieniu pół litra jest dla mnie ekstremalna. Bo wiem, że zaraz będę rzygać,

że następny i jeszcze następny dzień będę chodzić wymięty, wypruty, na wpół żywy.

Z: Ale wiesz, to chyba było takie heroiczne picie, na zasadzie: „Patrz, co, ja nie dam rady?!".

F: Ale jakie heroiczne picie? Wy do dzisiaj pijecie tak samo, nic się nie zmieniło!

Z: Nie...

F: Jak to nie?!

Z: Oczywiście, że się zmieniło. Zmieniły się obowiązki, zmienił się stosunek do alkoholu. Kiedyś takie picie to był rytuał. „Co? Ja nie dam rady?! Co to jest pół litra na głowę...".

F: A to w ogóle jest jakieś ekstremalne osiągnięcie!

Z: Pamiętam takie wyjazdy radiowe, gdzie na przykład szef ośrodka wypoczynkowego otwierał szafę dwudrzwiową i tam od góry do dołu stały kontenery z wódką. A wyjazd był trzydniowy. No fakt, że przypadało to na dużo osób, ale padało stwierdzenie, że dopóki tego nie wypijemy, nie wyjeżdżamy. I podejmowaliśmy heroiczną walkę.

F: Ale czy chcesz mi powiedzieć, że kiedyś ludzie nie mieli kaca?

Z: Ja wiem? Może odporniejsi byli.

F: Dlaczego?

Z: Bo, jak wiesz, ćwiczenie czyni mistrza.

F: Chodzi o zaprawę?

Z: Tak. Chociaż, oczywiście, istniała taka niewidoczna granica, której należało pilnować, bo po jej przekroczeniu wypadało się z obiegu. Byli tacy koledzy, którzy znaleźli się na tej granicy. Dopóki alkohol nie przeszkadzał w pracy, nie zaburzał normalnego rytmu, to picie przypominało rytuał, i było to jasne i oczywiste. Natomiast problem pojawiał się wtedy, kiedy nawalony człowiek próbował coś w radiu bełkotać.

F: I takie nagrania są w sieci.

Z: Parę takich przypadków się zdarzyło i paru kolegów się znalazło na absolutnym pograniczu. Ale tak naprawdę żaden z nich alkoholikiem nie został.

F: Ojciec próbuje tutaj wcisnąć kit, że wszystko się pozmieniało, ale gówno – nic się nie pozmieniało. Schemat imprez, które pamiętam z końca lat osiemdziesiątych, dziewięćdziesiątych, i imprez dzisiejszych jest dokładnie taki sam. Czyli najpierw jest mała wódeczka, potem jakieś jedzenie, potem średnia wódeczka, zaczynają się małe śpiewy, ale jeszcze nieśmiałe, potem już jest duża wódeczka i już są śpiewy takie konkretniejsze, potem jest coś na pograniczu zgonu – ten zgon się gdzieś tam wyłania i jest wtedy na smutno – robią się jakieś rozkminy, takie bardziej egzystencjalne, później dochodzi już do rozkmin grubszych, czyli jest kłótnia o powstanie warszawskie, a na końcu znowu jest na wesoło i wchodzą przyśpiewki rzeszowskie…

Z: I jeszcze tańce są.

F: O Jezu, zapomniałem o tańcach!

Z: Przyśpiewki rzeszowskie są na samym końcu.

F: No nie, ale jeszcze są warszawskie. Warszawskie ostatnio kończą. Potem są tańce, potem warszawskie i rzeszowskie. Potem następuje ten sam rytuał, czyli matka, która nie pije alkoholu, ojciec, który jest żywym trupem – jak z filmu – jest ciągnięty do samochodu przez matkę dwa razy lżejszą, ale za to w stu procentach trzeźwą. I ułożenie ojca z tyłu, na kanapie. Kiedyś nawet zdarzyło się tak, że policja zatrzymała matkę, matka otworzyła okno i to, co poczuł policjant z samochodu, świadczyło tylko i wyłącznie o tym, że dziewczyna, czyli matka, jedzie na takiej bani, że trzeba ją od razu sprawdzić na wszystkie możliwe sposoby. A tymczasem to po prostu wyziew policjanta pokonał.

Z: No nie, ta historia była mało fajna, dlatego że patrol nas zatrzymał, kiedy wracaliśmy spoza Warszawy. No i policjant poczuł zapach alkoholu.

F: Zapach to jest eufemizm…

Z: Nie mieli ze sobą alkomatu i zawieźli nas w środku nocy na komendę na Cyryla i Metodego na Pradze. Serce Pragi. Co tam się działo!

F: A matka, Bogu ducha winna, po prostu wiozła zwłoki…

Z: Nie, ja byłem w dosyć dobrej formie… Całość akcji pamiętam. I to, że mama musiała dmuchać, i to, że kręcili się tam jacyś pobici, skatowani, panie lekkich obyczajów… No po prostu panoptikum, co na tego Cyryla i Metodego w środku nocy się działo! No i mama rzeczywiście dmuchnęła 0,0, więc panowie przeprosili i odwieźli nas z powrotem do samochodu. Przygoda trwała prawie całą noc, ale powrót był ciekawy.

F: O Jezu, ojciec jest chodzącą skarbnicą pieśni rzeszowskich!

Z: Studiowałem na AWF-ie. Mieliśmy tam taki przedmiot „pieśni i tańce ludowe".

F: To się studiuje, naprawdę?

Z: Tak. Ćwiczyliśmy różne kujawiaki, mazurki, oberki. Zresztą śmiesznie to wyglądało, dlatego że mieliśmy grupę męską, siatkarsko-koszykarską... Więc faceci w kostiumach gimnastycznych razem ze sobą oberka tańczyli.

F: A w tych tańcach się nie robi podskoków i podnoszeń?

Z: Różne rzeczy się robi.

F: Dlatego jak siatkarz wylosuje koszykarza...

Z: Siatkarz to dobry partner, bo ma koordynację ruchową – nie podepcze cię. Z koszykarzem gorzej, bo to kolega dwa metry wzrostu, bez poczucia rytmu... Coś strasznego! Tak jakby słoń po tobie chodził. A już najgorzej było trafić na ciężarowca, i to takiego z cięższej wagi, dlatego że oni nie mieli poczucia własnej siły. Taki po prostu cię przestawiał...

F: Że też ja wtedy nie robiłem materiałów do DDTVN...

Z: Na koniec semestru była tak zwana prywatka łączona, podczas której grupa męska i żeńska razem musiały odtańczyć wyuczone krakowiaczki i różne inne.

F: A dziewczyny to były sztangistki?

Z: Nie, wtedy kobiety nie podnosiły ciężarów. To jeszcze nie te czasy. Oprócz tego uczyliśmy się różnych przyśpiewek. Najbardziej wpadła w ucho taka przyśpiewka rzeszowska, dlatego że tam są chórki męskie i żeńskie. I dosyć śmieszny tekst, momentami frywolny. Fajnie się to śpiewa dużą ekipą. Ta piosenka jest jak najbardziej odpowiednia na koniec imprezy. Wracając do prywatek, to urządzaliśmy je w szkole podstawowej. To były takie typowe prywatki, kiedy rodzice wychodzili wieczorem. Dziewczyny robiły kanapki, my pomagaliśmy.

Przemycało się butelkę wina Gellala – „patykiem pisanego" nie wypadało, bo to było takie pospolite. Raczej coś słodkiego, bo dziewczyny wolały słodkie. Ale alkohol był potajemnie rozlewany...

No i oczywiście płyty. Największym szacunkiem cieszyli się ci, którzy mieli dostęp do zagranicznych płyt. Bo jak ktoś miał Beatlesów, Rolling Stonesów czy Animalsów, to w ogóle był szał. Poza tym grało się nasze płyty i pocztówki dźwiękowe kupowane na bazarze Różyckiego.

F: Ciekawe, czy ktoś słyszał wtedy o czymś takim jak prawa autorskie?

Z: Coś ty, zwariowałeś?! Podatki... Jakie podatki? ZAiKS-y? Nie było czegoś takiego.

F: Ale zauważ, że nawet w przypadku imprez to, co się dzieje na rynku, znajduje odbicie na imprezach, tak samo kiedyś i teraz. Bo wtedy brakowało piosenek, więc byle jaka płyta stawała się nie wiadomo jakim przebojem. A dzisiaj na imprezach jest nadmiar muzyki, bo każdy chce puścić swój kawałek z YouTube'a, więc te piosenki lecą po 20, 30 sekund. Wszyscy są wnerwieni na tych ludzi, którzy podchodzą do komputera i zmieniają muzykę pod swój gust, bo utwór poleci 10 sekund i zaraz przyjdzie ktoś inny i powie, że to jest gówno i on nie chce tego słuchać. Robi się jeden wielki harmider i piosenki zmieniają się co kilkanaście sekund.

Z: W sobotę mieliśmy bardzo miły wieczór u znajomych. Zjedliśmy kolację, potem opowiadałem o Radiu Pogoda, w którym pracuję, no i wpadliśmy na pomysł, że w takim razie włączymy parę piosenek z tego radia... No i z Internetu Iwona wyczaiła jakieś Filipinki, jakieś Alibabki, Marka Grechutę i takie przeboje... Ja to mam na co dzień w pracy, natomiast większość znajomych zapomniała, że takie piosenki istnieją. Jaki to był fajny wieczór muzycznych wspomnień. Największym hitem okazał się *Rosołek*.

F: Co to jest *Rosołek*?

Z: Przebój Alibabek.

F: O kurde, to nie znam.

Z: „Babka rosół mu nalała" – takie słowa ma ballada, bardzo śmieszna. *Rosołek* okazał się największym przebojem. A na tych naszych pierwszych prywatkach czekaliśmy, kto pierwszy zgasi światło, bo wtedy można było się w tańcu poprzytulać. Ba! Nawet pocałować! To była największa atrakcja. Jak ktoś przypadkiem włączył światło w niewłaściwym momencie, robił się pisk, wrzask... I tak wyglądały nasze pierwsze imprezy: składkowe, z przemycanym winem, własnymi kanapkami i z muzyką. Do tego trzeba było mieć gramofon.

F: Gramofon to przed wojną.

Z: No to adapter. Głównie Bambino, bo to akurat było na rynku. Bambino mieściło się w walizce: sam adapter – igłowy oczywiście, z rączką, z ramieniem – i od razu głośnik w tej górnej części, w pokrywie. Otwierało się, stawiało głośnik i grało pięknie. I nawet dwie prędkości Bambino miało: 33 i 45.

F: To wszystko dzisiaj brzmi jak jakaś bajka o żelaznym wilku.

Z: Czasami płyty przeskakiwały, bo były dość mocno eksploatowane.

F: To ja już ledwo pamiętam imprezy z płytami CD, kiedy trzeba było zmieniać płyty, a na CD było 20 kawałków – to teraz wydaje się jakimś totalnym archaizmem, jakąś zapomnianą przeszłością! A wy mieliście pocztówki… Nieprawdopodobne!

Z: Mieliśmy pocztówki i czarne płyty, winylowe. Longplaye i takie mniejsze, single, z dwiema piosenkami.

F: To ja z kolei z czasów, kiedy jeszcze płyty CD działały, pamiętam grę w butelkę. A co się dzisiaj dzieje, jak już jest YouTube puszczany po domach na imprezach… Wtedy też istniały składanki. Chyba pierwsze w Polsce były *Przeboje Lata z Radiem*. Dobrze kojarzę?

Z: Jedne z pierwszych. Ale najlepszy okres *Lata z Radiem* przypadł na czas kaset.

F: No tak! Ominęliśmy kasety i nagrywanie z radia!

Z: A to jeszcze wcześniej.

F: I najgorzej było, jak DJ wchodził w piosenkę i zaczynał coś pierdzielić w środku.

Z: Nie w środku!

F: W środku piosenki też wchodzili!

Z: W środku nikt nie mówił. Zagadywana jest końcówka albo początek. Słuchacze wtedy mieli wielkie pretensje…

F: O, to mieliście takie uwagi?

Z: Tak, szefostwo bardzo zwracało uwagę, żeby nie zagadywać początków i końców, dlatego że ludzie nagrywali. I to nie przez kabel, tylko normalnie, przez taki najprostszy mikrofon przy głośniku radiowym.

F: Ludzie nagrywali z głośnika?!

Z: Ależ oczywiście!

F: Bo ja pamiętam, że radio miało taką funkcję. Trzeba było wcisnąć przyciski play i rec przy włączonym radiu…

Z: To nie radio, tylko radiomagnetofon. Jak miałeś radio i magnetofon osobno, to nagrywało się normalnie przez mikrofon przystawiony do głośnika radiowego.

F: Ale partyzantka!

Z: Nagrywało się na szpulowym magnetofonie, na przykład ZK 120. To były początki takiego pirackiego nagrywania. I jeśli się podczas audycji zagadało końcówkę albo początek, to zaraz podnosił się wrzask, że tak nie wolno, bo sobie ludzie nagrywają i nie chcą mieć prezentera na taśmie, tylko czystą muzykę.

F: A ja w tym roku zrobiłem eksperyment w DDTVN i dawałem nastolatkom, gimnazjalistom i licealistom walkmana i kasetę. Prosiłem, żeby powiązali ze sobą te dwa przedmioty. Słuchajcie, to, co te dzieci z tym robiły, to są cuda na kiju. Dziewczynka na przykład brała kasetę i dwoma palcami próbowała ją zmniejszyć, tak jakby zmniejszała ekran w telefonie. Chciała zmniejszyć kasetę, żeby ona się zmieściła do jednej z tych bocznych dziurek na słuchawki, bo skąd miała wiedzieć, że klapka walkmana się otwiera po to, żeby włożyć kasetę. To jest komedia, ale też znak czasów.

Z: Trzeba było jeszcze ołówek dać.

F: Miałem ołówek, ale to już była taka magia, że…

Podróże do celu i w celu

F: Jeśli o podróżach mowa, to najważniejsze jest zawsze pytanie, kto i w jakim wieku leciał samolotem.

Z: Pierwszy lot samolotem… Do Bułgarii.

F: Do Bułgarii?!

Z: Tak.

F: No przecież tam się pociągiem jeździło albo maluchem. Przynajmniej tak mówią ryciny.

Z: No co ty! Jak się było w reprezentacji Warszawy w siatkówce, to się leciało LOT-em bezpośrednio do Burgas.

F: Miasto stołeczne Warszawa fundowało lot samolotem?!

Z: Tak, takie czasy były.

F: Niesamowite!

Z: Reprezentacja Warszawy przygotowująca się do ogólnopolskiej Spartakiady w siatkówce. Obóz zorganizowany właśnie w Bułgarii. Warna, Złote Piaski. I był mój pierwszy lot samolotem. Duże wrażenia.

F: Ale jakim?

Z: Lotowskim, takim ze śmigłami.

F: Iłem albo tupolewem, bo innych nie było.

Z: Już nawet nie pamiętam. Miał śmigła i hałasował jak cholera.

F: Kukuruźnik taki.

Z: No jak kukuruźnik?! Przecież to dwupłatowiec był… To był pewnie jakiś Tu, ale jaki numer…

F: A kiedy to było?

Z: Początek lat siedemdziesiątych.

F: Czyli jeszcze przed porwaniami na Tempelhof?

Z: No tak. To były gierkowskie, piękne czasy. Bogate.

F: Czyli jeszcze nikomu nie przychodziło do głowy, żeby uciekać z dobrobytu?

Z: Nie no, skąd! Było fantastycznie! Polska rosła w siłę, a ludzie żyli dostatnio…

F: A można było jarać w samolocie?

Z: O kurczę, tego nie wiem.

F: Bo kiedyś wszędzie można było.

Z: Kiedyś się paliło, rzeczywiście. Ale sportowcy nie jarali. Mieliśmy po kilkanaście lat. Dowód już chyba miałem, ale nie paliłem. Na pewno w czasie lotu panie stewardesy rozdawały cukierki. Największe wrażenie podróże samolotem robiły, gdy grałem w siatkówkę w Berlinie Zachodnim, w II lidze niemieckiej. No i lataliśmy z Berlina Zachodniego do Niemiec Zachodnich. Nie podróżowaliśmy pociągiem, tylko samolotem. Senat nam fundował loty. I któregoś dnia spóźniłem się na lotnisko. Oczywiście lataliśmy drugą klasą. Najpierw był wielki popłoch, bo okazało się, że w drugiej klasie nie ma już miejsc, a potem umieścili mnie w klasie biznes. I cała drużyna leciała w drugiej klasie o suchym pysku, a ja w pierwszej klasie, gdzie kelner przywitał mnie kieliszkiem szampana…

F: Ale to były wschodnioniemieckie linie?

Z: Nie, nie, zachodnioniemieckie.

F: Lufthansa?

Z: Tak.

F: Uu, to na bogato!

Z: Nie wiem, czy im cokolwiek dali do żarcia, a tam catering był taki w tej Lufthansie i oni cały czas tylko głowy wystawiają, żeby zobaczyć, co się dzieje w tej klasie biznes… A ja się obżarłem, opiłem za wszystkie czasy. Po wylądowaniu myślałem, że cała drużyna mnie zabije, przynajmniej wzrokiem! Nie dość, że się spóźnił, to jeszcze mu takie cudowne rzeczy serwowali… Fajnie było.

F: Pamiętam, że pierwszy raz polecieliśmy do Tunezji na wakacje. Do Hammametu. To był jakiś koniec lat dziewięćdziesiątych. I wtedy nie obowiązywało coś takiego jak zakaz palenia. Normalnie popielniczki między fotelami służyły do tego, żeby palić.

Z: Poważnie?!

F: No tak, tak było. Mogłeś sobie wybrać miejsce dla palących albo dla niepalących. Ale jak się człowiek spóźnił, to już nie miał wyboru i mógł trafić jako niepalący do palących – a tam siwy dym się unosił, nic nie widać!

Z: Stewardesy też paliły, piloci?

F: Nie wiem, czy paliły… Na pewno.

Z: Stewardesa z petem…

F: Ci arabscy piloci na pewno jarali, bez dwóch zdań. Takie były czasy, że normalnie się paliło i nikomu to nie przeszkadzało. To znaczy może i przeszkadzało, ale i tak ten ktoś nie miał prawa głosu. I tak pamiętam mój pierwszy lot.

Z: Jak wspomniałeś o Tunezji, to przypomniała mi się jeszcze jedna piękna historia. Mieliśmy wyjazd *study tour* dziennikarski, żeby się przed sezonem zapoznać z ofertą tunezyjską. Gospodarze fantastycznie się przygotowali. Pokazali nam najfajniejsze hotele, najładniejsze miejsca, na pustyni byliśmy, na Saharze, w Duz, które wzięło nazwę od 12. regimentu Legii Cudzoziemskiej, która stacjonowała w tej miejscowości. Rewelacyjnie było! Codziennie inny hotel, a wszystkie świetne. No i siedzimy sobie któregoś dnia w barze hotelowym, jest dosyć późno – oczywiście bary dla cudzoziemców mogły serwować alkohol, a dla miejscowych nie – i okazało się, że poprzez satelitę odbierają tam Polsat. A wtedy leciały powtórki *Idź na całość*. W pewnym momencie poprosiłem barmana o pilota, znalazłem Polsat, włączyłem. W pierwszej chwili barman się nie zorientował, ale potem na mnie popatrzył, na telewizor, jeszcze raz na mnie, oczy mu się zrobiły jak pięciozłotówki i krzyknął, że gwiazda siedzi u niego w barze. Przyleciał na to szef lokalu. Jak mu potwierdziłem, że to ja jestem w telewizji, to mieliśmy napoje za darmo do świtu. Rano ciężko było wstać…

F: Tunezja to szczęśliwy kraj. Kiedy skończyły nam się tam wakacje, to się okazało, że więcej ludzi chce wracać, niż jest miejsc w samolocie. Wtedy przyjechał rezydent biura i powiedział,

139

że kto może, niech zostanie, zapewnia hotel na tydzień, all inclusive za friko.

Z: A ja musiałem wracać...

F: No i zostałem z mamą. A po tygodniu rezydent znowu przychodzi i mówi: „Jeszcze jeden tydzień, błagam! Zostańcie, bo nie mam miejsc...". Ojciec kazał nam wracać...

Z: Ja wróciłem w tym pierwszym terminie, bo *Lato z Radiem* i w ogóle.

F: Wróciliśmy w drugim terminie, ale mogliśmy wrócić w trzecim lub czwartym, bo ludzie, których poznaliśmy, mówili, że po sześć tygodni siedzieli na koszt biura podróży. Ale ojciec jęczał, że ma koszule niepoprasowane i musi kupować nowe.

Z: No nie, siedzieliście tam chyba ze trzy tygodnie.

F: Może i trzy. Aż w końcu musieliśmy wracać, chociaż właściwie nie musieliśmy.

Z: Wszystko na koszt biura, fajnie. Chociaż nie zawsze Tunezja była szczęśliwa, pamiętam łódź podwodną.

F: Jaką łódź?!

Z: Taką atrakcję, ciebie nie było. W porcie można było sobie popływać łodzią podwodną, która ma przeszklone ściany i podłogę. Piękne widoki, rewelacja! Kosztowało to jakieś koszmarne pieniądze, ale skoro taka atrakcja, no to płyniemy! Mama nie była zachwycona. Okazało się, że nie jest to łódź podwodna, tylko batyskaf, który zanurzał się metr pod wodę, potem wynurzał i w ogóle nie płynął. Na dodatek hałasował, jakby silnik od kukuruźnika w nim zamontowali. Strasznie śmierdziało smarami i olejem i mama o mało nie zemdlała.

Miał być „Nautilus", a okazało się, że to jedna wielka porażka. Do dziś mama wypomina mi tę podwodną podróż.

F: A dokąd pierwszy raz pojechałeś za granicę?

Z: Do NRD po buty.

F: To nie jest wycieczka turystyczna.

Z: No, ale ile atrakcji! Po pierwsze, trzeba było wybrać się w podróż w starych butach, bo swoje się zostawiało na miejscu.

F: Żeby miejsca nie zawalały?

Z: Nie! Enerdowcy nie pozwalali kupować swoich pięknych butów i wywozić ich.

F: Naprawdę?!

Z: No tak.

F: Że to dobro kulturowe?

Z: Nie, że się ich ograbia z tego, co mają najlepszego. A tam rzeczywiście można było kupić na przykład buty Camel i w ogóle trafiało się całkiem niezłe obuwie. Przy naszych brakach na rynku NRD i Berlin Wschodni to była rewelacja. Kupowało się marki wschodnie na książeczkę walutową, wybierało się najstarsze i najgorsze buty, w sklepie trzeba było udawać, że się jest niemową…

F: Niemcem niemową?

Z: Niemcem albo Rosjaninem.

F: Polak nie mógł kupić butów?

Z: Nie, nie chcieli sprzedawać, chowali…

F: Co za psy!

Z: W ogóle enerdowcy odnosili się do nas dość niechętnie, bo my mogliśmy podróżować, a oni nie. Więc najlepiej było w takim sklepie mówić po rosyjsku, bo oni do Rosjan mieli pełny szacunek, po prostu się ich bali. Jeśli się próbowało po niemiecku, to nastawienie robiło się nieco przychylniejsze. Język polski budził niechęć. No i kupowało się buty, swoje trzeba było zdjąć, wyrzucić do śmietnika i wracało się w nowych, pięknych butach, made in DDR.

F: W ogóle DDR to podobno jakiś strasznie smutny kraj był.

Z: Smutny, pełen podejrzliwości i podsłuchów, tam co drugi donosił. Robiliśmy audycję z Berlina Wschodniego, umieścili nas w hotelu dla dziennikarzy zagranicznych, który od początku robił przygnębiające wrażenie. Oczywiście byliśmy przekonani, że podsłuchy są w każdym pokoju, więc przy każdym spełnianym toaście piliśmy zdrowie pana oficera, który nas w tej chwili słucha, i pozdrawialiśmy go, z socjalistycznym pozdrowieniem.

F: A po jakiemu?

Z: Mówiło się po enerdowsku albo po rosyjsku. Ale przy każdym toaście było pozdrowienie.

F: A czy enerdowski się różnił od Hochdeutsch?

Z: Nie, nie. Ale w sumie ten język był taki socjalistyczny – tak jak w Polsce – taki bełkocik medialny. Mówili takim slangiem komunistycznym, to nie był zwykły język literacki, tylko coś strasznego. Ale też były kolorowe rzeczy w sklepach, zaopatrzenie mieli cudne, dużo lepsze od nas. Nie wiem, dlaczego tak się działo, czym sobie na to zasłużyli, ale może mieli jakąś wymianę z RFN? Może im przysyłali. Jeździło się tam specjalnie na zakupy. Problem stanowiły tylko marki enerdowskie, przydzielane na książeczkę walutową. A w NRD z kolei trudno było

TURBO

handlować czymkolwiek. Bo kiedyś wyjazdy w ogóle polegały na tym, że musiały się zwrócić. Zabierało się ze sobą na przykład krem Nivea albo kryształy, narzuty na łóżka...

F: A jaki był sposób dystrybucji tego już na miejscu? Gdzie to się sprzedawało?

Z: W hotelu na przykład.

F: Jak w hotelu? Kto to kupował?

Z: Wystarczyło hasło do sprzątaczki, że coś jest do sprzedania, i ludzie przychodzili i kupowali. Albo ewentualnie na bazarach. Ja tam do wielkich handlowców nie należałem, ale właściwie każdy wyjazd zagraniczny w latach siedemdziesiątych wymagał kombinowania, co wziąć ze sobą, żeby sprzedać tam na miejscu, żeby coś fajnego kupić.

F: Dlatego najlepiej żyły stewardesy.

Z: O tak, stewardesy żyły znakomicie. Poza tym nie były tak kontrolowane jak przeciętny obywatel. Ja sam największy interes zrobiłem za światłą radą jednego ze znajomych brata, który powiedział, że antykwariaty w RFN chętnie kupują albumy o sztuce wydawnictwa Aurora, ze zdjęciami dzieł sztuki Kremla, Ermitażu, skarby rosyjskich muzeów. To były przepiękne, rzeczywiście fantastycznie wydawane albumy. Taki album w przeliczeniu na złotówki kosztował 1,50 złotego – jakieś grosze. I to leżało, nikt tego nie kupował w empikach, bo było rosyjskie wydawnictwo. Naprawdę piękne książki i uzyskiwało się na nich jakieś stukrotne przebicie, jak to się sprzedało. A z kolei dla antykwariuszy niemieckich rosyjska książka z reprodukcjami dzieł sztuki to było coś. I na tych książkach robiło się interes życia, zarabiało kupę kasy. A potem się do Turcji jechało i tam kupowało się złoto.

F: Za tę zarobioną kasę?

Z: Tak. Złoto i kożuchy. Tyle że kożuchy zajmowały masę miejsca, a pierścionki tureckie można było po prostu włożyć.

F: A gdzie to się sprzedawało w Polsce?

Z: No, tu już wszyscy na to czekali.

F: Ale jak czekali, skoro tu pieniędzy nie było?

Z: Nie, na takie rzeczy to już musiało się znaleźć. Szło hasło, że ktoś pojechał, wrócił i ma. Ze sprzedażą nie było problemu. Tym bardziej że ceny były atrakcyjne. Więc jechało się do Turcji przez Niemcy, tam sprzedawało się książki i uzyskiwało marki zachodnioniemieckie, a z tymi markami do Turcji...

F: Ale jak do Turcji? Czym?

Z: Samochodem cały czas.

F: Jakim?

Z: Dużym fiatem kombi.

F: Czyli złombola mieliście?

Z: Dawało się nim dojechać. Bagażnik miał pełny, bo wiozło się ze sobą wszystko, to znaczy namiot, kuchenkę, śpiwory, materace, zestaw naprawczy i wyżywienie na całą podróż, bo po drodze kupowało się tylko pieczywo, ewentualnie jakieś warzywa.

F: To też ciekawe, czy ktoś w latach siedemdziesiątych i osiemdziesiątych wpadłby na to, że kiedyś taką podróż będzie się odbywać dla jaj, dla hipsterstwa.

Z: A to była bardzo poważna biznesowa podróż, naprawdę. Z opowieści wiem, bo w Związku Radzieckim nigdy nie byłem, że i tak najlepsze interesy robiło się właśnie tam. Schodziło wszystko, co się zawiozło, a przede wszystkim dżinsy... Pamiętasz dowcip? Jakie zęby sobie ci z ZSRR wstawiają u dentysty? Złote? Srebrne? Nie, dżinsowe.

F: Nie pamiętam.

Z: U nich się sprzedawało wszystko, a dżinsy to był szał, bo tego nie mieli. Nawet te nasze szariki czy odry się sprzedawały.

F: Podróbki, tak?

Z: Tak. A oryginalne to ho, ho. Ze Związku Radzieckiego też się złoto przywoziło.

F: Czyli jak człowiek miał łeb na karku, to mógł się w tamtych czasach dorobić jakichś milionów?

Z: No i tak się ludzie dorabiali.

F: Bo możesz już nie wieźć dużego fiata, tylko furgonetkę towaru.

Z: Nie, to nigdy nie rozrosło się do takich rozmiarów. Towar musiał się mieścić w walizce, plecaku, torbie, a najlepiej na sobie.

F: Czyli zasady wolnego rynku w ogóle nie obowiązywały?

Z: Nie, nie. Poza tym wszystko zależało też od humoru celników. Jeśli byli w dobrym humorze, to przymykali oko, a jak się uparli, to zaczynało się trzepanie. Jeśli cokolwiek im się nie spodobało, to zatrzymywali. To nie było takie proste, zawsze istniało ryzyko. To był szmugiel masowy, ale rozłożony na pojedynczych uczestników – powiedzmy – nie był to wielki biznes.

F: Rozumiem.

Z: Ale panowała jedna, święta, żelazna zasada: wyjazd musi się zwrócić, a najlepiej jeszcze na nim zarobić.

F: Pamiętam podróż z mamą do Bułgarii, jechaliśmy wtedy pociągiem przez trzy dni. Przejeżdżaliśmy przez Rumunię i tam – mama wiedziała, więc się przygotowała – trzeba było mieć ciastka dla dzieci i je rzucać przez okno, bo dzieci specjalnie stały na peronach i czekały. I był taki zwyczaj, że trzeba im rzucić jakieś dropsy czy chrupki.

Z: Ale po co? Inaczej dzieci nie puszczały pociągu?

F: Nie, chyba nie tak, ale biegły za pociągiem, rzucało im się, one się potem o to biły. Jakoś tak strasznie dramatycznie i biednie wyglądało w tej Rumunii.

Z: A ja znam też opowieści kolegów siatkarzy z wyjazdów do zaprzyjaźnionej Korei Północnej. Ponieważ wymiana sportowa obejmowała także ten kraj, wówczas jeszcze z Kim Ir Senem na czele. Pojechali na jakiś turniej socjalistyczny. No i zaraz po przyjeździe dostali upominki w postaci dzieł wszystkich Kim Ir Sena, jakichś tam znaczków i czegoś jeszcze. Znaczki drobne to sobie przyczepili. Natomiast książki wypieprzyli.

F: Nie zrobił się dym?

Z: Zrobił się. Wyrzucili je przez okno w pociągu – przylecieli samolotem, ale potem jechali pociągiem. W dniu powrotu dojechali na lotnisko, a tam czekały te same książki, które oni wyrzucili przez okno. Była wielka afera, groziły im jakieś straszliwe kary i tak dalej. Zatrzymali chłopaków na lotnisku, musieli przepraszać i z tymi książkami do Polski z powrotem polecieli. A to ładnych parę tomów. Nie było jednak wyjścia. Takie podróże też się zdarzały.

F: À propos podróży dużym fiatem – podczas Złombolu pierwszy raz w życiu nocowałem pod namiotem.

Z: A wiesz, jak ja mamę pierwszy raz zaprosiłem na wspólny wyjazd? Mieliśmy w domu wspólny magazynek sprzętu turystycznego, w ogóle rodzina była bardzo turystyczna. I jedno małe pomieszczenie było przeznaczone na cały sprzęt: namioty, materace, kuchenki i tak dalej. Jak tylko poznaliśmy się z Dorotą, zaproponowałem, że zrobimy sobie namiotowy weekend. Znałem fajne jezioro pod Płockiem, tam ją chciałem zabrać. Spakowałem wszystko – tak mi się przynajmniej wydawało – i namiot, i materace, i sprzęt, siekierkę, w razie czego, żeby jakieś ognisko rozpalić, buteleczkę na wzmocnienie – wszystko było, naprawdę. Zapakowaliśmy to do poloneza, dojechaliśmy na pole biwakowe. Po czym okazało się, że zamiast namiotu wziąłem same rurki. Ale za to w podwójnej ilości, bo wydawało mi się, że w jednym worku są rurki, a w drugim poszycie. Z tych rurek mogłem zbudować rurociąg z Płocka do Warszawy – co najmniej – natomiast ni cholery namiotu się z tego zrobić nie dało. Ale na szczęście na kempingu były jakieś domki do wynajęcia. I to mnie uratowało. Chociaż wstydziłem się ogromnie, bo byłem taki dumny z siebie, że jestem takim skautem, co namiot rozbije, ognisko rozpali, drewna narąbie. A tu, okazało się, same rurki. Obciach straszny, wstyd ogromny.

F: Tak… To potwierdza, że jednak nie mamy tradycji namiociarskiej. Ja do ekstremalnych również raczej nie należę.

Z: Kiedyś to było normalne – kemping, wyjazd pod namioty. To było najtańsze.

F: Przede wszystkim najbardziej dostępne. Hotele były zarezerwowane tylko i wyłącznie dla dygnitarzy.

Z: Nie no, były domy wczasowe, FWP, ośrodki wypoczynkowe, domki kempingowe, w których zawsze śmierdziało. Nie miały ogrzewania, robiono je głównie z jakichś płyt, w związku z czym przez zimę pojawiała się stęchlizna i smród. Ile razy, pamiętam, mieszkaliśmy – czy w czasie obozu sportowego, czy w czasie wyjazdu – w takim domku, to zawsze unosił się tam smrodek. Te domki należały do zakładów pracy albo do Funduszu Wczasów Pracowniczych, niełatwo było się tam dostać. Natomiast szok wywołało u mnie pierwsze – chociażby w czasie tego wyjazdu do Turcji – zetknięcie z kempingiem z prawdziwego zdarzenia. Takim, gdzie są wytyczone miejsca, gdzie jest podłączenie do prądu, gdzie są prysznice, umywalki, gdzie na miejscu jest bar, sklepik i tak dalej. I okazało się, że ten kemping to jest taki cały, samowystarczalny ośrodek. Kemping w Polsce to mi się kojarzył zawsze z pustym placem, na którym rozbijało się namiot, była budka strażnika, no i jakaś umywalnia – rynna, gdzie woda leciała i można było rano umyć zęby. Czasami trafiał się prysznic, toaleta, która zawsze śmierdziała i nigdy papieru nie było. To jest fenomen – dlaczego w socjalizmie brakowało papieru toaletowego?

F: Ale że w kiblach czy w ogóle w sklepach?

Z: Nie było go po prostu. Zdobycie papieru toaletowego to był wyczyn.

F: Stąd w *Nie lubię poniedziałku* ta afera, że rzucili, a ona musi stać i pilnować dziecka na motocyklu?

Z: Tak! Ludzie z dumą nosili takie naszyjniki z papieru…

F: Co najmniej jakby upolowali dzika albo sarnę!

Z: Tak, jak trofeum! Wiesz, w sklepie wydawali na przykład po dziesięć rolek... Całą rodzinę się obdzwaniało, żeby każdy stał w kolejce. I każdy dostawał taki sznurek.

W późniejszym okresie – to była, myślę, połowa lat siedemdziesiątych – wpadli na genialny pomysł, że papier toaletowy będzie sprzedawany za makulaturę. Właściwie w normalnej sprzedaży papieru toaletowego nie było albo trafiał się bardzo rzadko, natomiast z makulaturą jechało się na Skrę, na stadion, gdzie w tygodniu działał punkt skupu makulatury i dystrybucji papieru toaletowego.

F: A nie mogłeś tam kupić bez makulatury?

Z: Nie.

F: Co?!

Z: Nie, trzeba było zawieźć makulaturę. Był przelicznik makulatura – papier.

F: Ale ty za to płaciłeś?

Z: Nie, to był handel zamienny. Wymieniało się makulaturę na papier.

F: Czyli takie działanie proekologiczne?

Z: Bardzo. Jedyna właściwie droga do uzyskania papieru toaletowego, który – swoją drogą – trochę fakturą przypominał papier ścierny.

F: Ale to był peeling. Dzisiaj się za to płaci pieniądze. Nie widzę przeciwwskazań.

Z: Gorzej, że w toaletach publicznych nie było papieru, bo kradli. W związku z czym w płatnych toaletach papier wydawała babcia klozetowa.

F: A ile wydawała?

Z: Około 15 centymetrów.

F: Naprawdę?!

Z: Tak, 15 centymetrów. Płaciło się tam, nie wiem, dwójkę i się dostawało 15 centymetrów, może trochę więcej, bo na dłoń.

F: Czyli dwa liście?

Z: Jak dwa? Jeden! Trzeba było oszczędnie używać.

F: Albo na dwie strony.

Z: Nie... Pamiętam, w szkole podstawowej, ale i w średniej też, cholera, nigdy tego papieru nie było.

F: Dlaczego?

Z: No bo nie produkowali.

F: Ale jak mogli nie produkować? Przecież produkuje się, sprzedaje i zarabia...

Z: Ale to inaczej działało. Nie chodziło o to, żeby zarabiać. Władze miały inne priorytety. Trzeba było drukować mądre książki, papieru zawsze brakowało. Fabryki nie dostarczały.

F: Czyli jakby prywaciarz robił na czarno papier, toby zbił grubą kasę?

Z: Ale podejrzewam, że nie dostałby pozwolenia...

F: To na czarnym rynku trzeba by to rozprowadzać.

Z: Nie pamiętam, czy papier toaletowy był na czarnym rynku...

F: Raczej na brązowym.

Z: A to tak à propos toalet na kempingach.

F: Wiesz, że ja nigdy w życiu nie spałem w przyczepie kempingowej?

Hotel Dar Khayam
نزل دار الخيام
COASTER
Deluxe

Z: Ja też nie. Pamiętam najwcześniejsze wyjazdy, takie w latach sześćdziesiątych. To były wyjazdy na wieś. Właściwie nic innego wtedy nie istniało, przynajmniej u nas. Jeździliśmy niedaleko Sadownego, do wsi Zaręby Kościelne. Podczas pierwszych wyjazdów, które pamiętam, mieszkaliśmy po prostu u gospodarzy w drewnianej chałupie. Była kuchnia, chodziło się do lasu zbierać chrust, żeby w tej kuchni palić – szyszki się fajnie paliły.

F: A do kogo tam jeździliście?

Z: Mieszkała tam zaprzyjaźniona rodzina państwa Górali. Urządzaliśmy u nich takie wczasy pod gruszą. Umawiało się z gospodarzami – pisało się list, bo oczywiście telefonu nie mieli – że się przyjeżdża tego i tego dnia. Oni mieli dwa pokoje wolne i udostępniali je wczasowiczom.

F: Czyli agroturystyka?

Z: Agroturystyka, ale taka niesformalizowana. Gospodarze nie płacili żadnych podatków, nie byli nigdzie zarejestrowani.

F: A im się płaciło?

Z: Tak, oczywiście.

F: Czyli agroturystyka!

Z: Pamiętam, że z bańką – bo oni krów nie mieli – wieczorem chodziło się po świeże mleko. I przynosiło się ciepłe mleko od krowy, którego po prostu nienawidziłem. Jakoś tak z cyckami krowimi mi się to kojarzyło i w ogóle krowa jakaś taka podejrzana była zawsze, ale to podobno był przysmak i trzeba było wieczorem pić ciepłe mleko prosto od krowy. Sami gotowaliśmy, oczywiście można było kupić kurę od gospodarzy, oni robili też jakieś wędliny. Mieli pole z ziemniakami, zsiadłe mleko się nastawiało. Najprostsza forma letniego odpoczynku. Raz albo dwa razy dziennie chodziło się nad rzekę – to była mała rzeczka o głębokości pół metra – i tam odbywało się plażowanie. Do Bugu mieliśmy 8–10 kilometrów, więc to była poważniejsza wyprawa, ale raz, dwa razy w ciągu całego pobytu tam się wyprawialiśmy. Wydawało mi się, że to jest największa rzeka świata, taki szeroko rozlany Bug… Oczywiście grzybobranie, jeżyny, borówki, jagody, fantastyczne pierogi z jagodami, które się zbierało samemu – Boże, jak to smakowało! – śmietana znakomita, trzymana w studni. Bo lodówki nie było, więc jak się chciało coś schłodzić, to się to spuszczało do studni. Studnia głęboka na kilka metrów, w związku z czym w bańce albo w jakimś wiadrze to, co miało być schłodzone, spuszczone było do studni. I śmietana również była schłodzona w studni. Do pierogów z jagodami – Boże, jak to fantastycznie smakowało! W ogóle wszystko smakowało.

F: Jak przed wojną.

Z: Jak przed wojną. Koniec lat pięćdziesiątych, początek sześćdziesiątych – tak to wyglądało. To chyba były początki wczasów pracowniczych, wtedy się zaczęły. Ale ponieważ tata pracował w takiej małej spółdzielni rzemieślniczej, chyba się na ten robotniczy wypoczynek nie łapał. A my potem jeździliśmy na InterCamp, pamiętasz? Do Łeby.

F: No jeździliśmy, ale tam była pełna kultura. To nie był taki kemping à la łąka. Teraz wyjazd na kemping do Chałup i trzymanie tam swojej przyczepy w sezonie kosztuje kilkadziesiąt tysięcy złotych.

Z: Ile?!

F: Kilkadziesiąt tysięcy. Trzydzieści tysięcy w linii brzegowej, dalej około dwudziestu...

Z: Ale to za wynajem na rok?

F: Na sezon. Od kwietnia do września.

Z: Poważnie?!

F: Tak, takie są ceny. I tam podjeżdżają wypasione toyoty land cruisery, ludzie spędzają wakacje i to jest szczyt takiego ę-ą.

Z: Ale w czym mieszkają?

F: No w przyczepach, ale w takich – wiesz – jak w chacie.

Z: M6, tak?

F: Tak. I tam w Chałupach pływają na kite'ach i to jest teraz wielki szał.

Z: No proszę, a kiedyś można było z namiotem, na biwaku...

F: Dzisiaj wielka Warszawa tak właśnie spędza wakacje. A ja pamiętam, jak mnie wysłaliście na kolonie. Początek lat dziewięćdziesiątych to był taki kolonijny boom, ale kolonie organizowano w Hiszpanii, we Włoszech, w Chorwacji. Wsadzili mnie do autokaru z kumplem, który mieszkał dwa bloki dalej, i była to wycieczka do Hiszpanii, autokarem. Szybko się okazało, że autokar to jest jelcz bez klimatyzacji, jeszcze taki w starym stylu. Najbardziej utkwiło mi w pamięci, jak tym jelczem wjeżdżaliśmy do Monako. Między bentleyami, ferrari, maybachami ten jelcz bez klimatyzacji, w nim dzieci z Polski, spocone i śmierdzące kiełbasą i jajkiem ze sreberka, bo wieźliśmy suchy prowiant. Podróż jelczem bez klimy przez całą Europę pamiętam do dzisiaj.

Z: Ja na koloniach byłem chyba raz. Nad morzem w Mielnie. Chyba w piątej lub szóstej klasie.

F: Mnie wysłaliście na zimowisko do Zakopanego. Pamiętam, jak wracałem. Wszystko zasypane śniegiem po prostu po szyję! Pociąg wjeżdża na Dworzec Zachodni i rodzice odbierają dzieci. Wszyscy tacy szarzy, zimni i poubierani na czarno, w kożuchach, płaszczach. I nagle idą imprezowicze. Wyszli z hotelu Sobieski chyba z jakiegoś balu przebierańców, bo to był karnawał. Idą odwaleni, frak jakiś, suknia, i niosą dwieście balonów z helem. Widok jak z obrazków Banksy'ego! Odbierają mnie – ojciec nawalony, matka go prowadzi, trzymają te balony, bo Sobieski niedaleko...

Z: To może ja się tych balonów trzymałem? Może po to one były? Musieliśmy z balu jakiegoś wracać...

F: Z balu w Sobieskim, na pewno. Był wtedy pomalowany na kolorowo, wyglądał jak papuga.

Z: Wyglądał jak ciastko z kremem. Takie pastelowe kolory.

F: Pamiętam, że dostałem dyplom za obóz keyboardowy w Czechach. Pierwszego dnia kolonii był casting, kto na jakim dźwięku instrumentu w keyboardzie będzie grał, to znaczy za jaki klawisz będzie odpowiadał, bo na keyboardzie przełącza się instrumenty klawiszami. Ci najbardziej utalentowani, którzy umieli czytać nuty, grali melodię. Ci mniej utalentowani klikali bas i trzeba było tak rytmicznie wciskać jeden guzik przez cały utwór, a w pewnym momencie przełączyć się na inny guzik i też go wciskać co sekundę. Niestety, ten test też oblałem, w związku z tym zostałem smykiem. Smyk trzymał przez pół utworu jeden guzik, a w pewnym momencie musiał przełączyć na inny i trzymał już go do końca.

Z: A skąd wiedziałeś, kiedy się przełączyć?

F: No właśnie tu też się myliłem. Ale nic prostszego nie było, a trzeba było te dzieci jakoś zagospodarować. Zostałem więc smykiem.

Z: Ale takie obozy były zazwyczaj łączone. Keyboardowo-łyżwiarski...

F: Tak, język angielski i keyboardy albo piłka nożna i łyżwy. Zawsze były takie głupie połączenia. Ten był wyłącznie keyboardowy. Pamiętam, dostałem dyplom za nowoczesną metodę utylizacji śmieci metodą sru! za okno.

Z: Jeszcze musimy opowiedzieć o wspólnym wyjeździe narciarskim, jak mnie namówiliście na Trzy Doliny we Francji.

F: A co się wydarzyło?

Z: Na nartach jeździłem w czasie studiów, bo trzeba było zaliczyć. Po czym miałem jakieś 30 lat przerwy. W którym roku pojechaliśmy pierwszy raz w te Trzy Doliny?

F: W 2006?

Z: No z 10 lat temu. Dzieci, i Weronika, i Filip, zaczynają mnie namawiać: „Tata, pojedź, no musisz pojechać!". Oczywiście chodziło o sponsora na wyjazd, bo kasy nie mieli, więc mnie urabiali: „Tata, przypomnisz sobie, na pewno będzie fajnie, na pewno będzie dobrze". Sprężyłem się, kupiłem narty, buty i w ogóle cały sprzęt. Pojechaliśmy. I to od razu górna półka, bo Trzy Doliny.

F: Lepiej w Europie się nie da.

Z: To jest fantastyczne miejsce – i dla początkujących, i dla tych, którzy jeżdżą wyczynowo. Wysokości niesamowite. Mieszkaliśmy w apartamencie du Soleil, na samym stoku. Pierwsze wyjście na narty. Wjechaliśmy wyciągiem, stanąłem na górze i myślę sobie: „No to powoli zejdę jakoś na tych nartach, dostawiając jedną nartę do drugiej" – byłem naprawdę przerażony. Ale myślę sobie, że nie można dać po sobie nic poznać, bo dzieci się będą śmiały. Jedziemy. Ruszyłem i jak wańka-wstańka. Dziesięć metrów, leżę, wstaję, dziesięć metrów, leżę, wstaję… Ale zjechałem. I powoli, powoli, po kolejnym zjeździe zacząłem sobie przypominać, że tu trzeba nogę odciążyć, a tutaj skręcić, a tu kijek… Bez instruktora przez tydzień sobie przypominałem. To były ciężkie dni, zaliczyłem chyba milion upadków. Ostatniego dnia wjechaliśmy dosyć wysoko, chyba na trzy tysiące metrów, była piękna pogoda, wybrałem w miarę bezpieczną trasę i po raz pierwszy w czasie tego całego wyjazdu miałem frajdę z jazdy na nartach. Weronika za mną z tyłu jechała na desce – tak na wszelki wypadek, żeby mnie asekurować – a ja po raz pierwszy po tygodniu cierpienia zjechałem z przyjemnością. I wtedy stwierdziłem, że wyjazd był fajny i dobrze, że dałem się namówić.

F: Dobrze, że nie pojechałeś z kumplami Anglikami.

Z: To był następny wyjazd. Spotkaliśmy przypadkową grupę turystów z Anglii.

F: Anglicy słyną na wyjazdach z nawalania się i rozbierania jednocześnie.

Z: Albo z przebierania się. Czasem jeździli w jakichś garniturach, płaszczach…

F: Ale generalnie pokazywanie dupy ich bawi, czerpią z tego niesamowitą radość – nawalić się i pokazać dupę.

Z: Jechaliśmy razem z nimi takim dużym wagonikiem kolejki linowej. Już wtedy zaczęło się coś dziać.

F: Na samej górze chłopak się rozebrał, ale tak totalnie, do zera. Miał na sobie tylko narty, buty i kije.

Z: Szalik miał.

F: Tak. Ale dupa goła, żadnych majtek.

Z: Przecież tam na górze słońce świeciło…

F: Ale zimno było jak cholera.

Z: Oni byli nawaleni, więc nic im nie przeszkadzało.

F: No i układ wyglądał tak, że on jedzie, a oni go nagrywają, ma być zabawnie. Jego ciuchy mają w plecaku i jadą za nim. No, ale na angielski humor to jest jednak za mało zabawne.

Z: Ale przecież jest zabawa, bo on w pewnym momencie się zatrzymał, pomachał do nas…

F: Tak! Śmigło robił…

Z: I w ogóle był śmiech i ubaw! Po jądra!

F: Tak jest! Aż w pewnym momencie, na rozwidleniu trasy, oni go wypuścili w lewo, a sami pojechali w prawo. Ten typ zjechał więc do centrum Val Thorens – bo tam się zjeżdża od razu do centrum miasta – między wszystkie wyciągi, golusieńki!

Z: Na golasa na nartach przez tłum ludzi. Bo jego koledzy pewnie też tam dojechali, ale troszkę później.

F: Albo i nie.

Z: Ale ubaw był po pachy! Anglicy rewelacja! Mieliśmy przednią zabawę, bo jechaliśmy niedaleko za nim.

F: Tak, my wybraliśmy drogę za nim.

Z: Jednak w pewnym momencie było widać, że jest przerażony, bo jak go zgubili, to już nie miał szans pojechania za nimi, musiał ciąć do samego dołu i on o tym wiedział.

F: Jaka durna sytuacja!

Z: Wiedział, że musi przejechać przez tłum ludzi stojących w kolejkach do wszystkich wyciągów…

F: Jestem ciekaw, co myśli sobie taki człowiek.

Z: No co myśli? Nic nie myślisz. Jedziesz, tniesz.

F: Na koniec, jak się już przebił przez te tłumy, ktoś się zlitował i podał mu koc.

Z: Ale to było rzeczywiście zabawne, długo o tym opowiadaliśmy…

F: Ty byłeś też w Egipcie, płynąłeś statkiem po Nilu…

Z: Tak, to była fantastyczna podróż. Dosyć długo zajmowałem się w radiu turystyką, byłem w *Lecie z Radiem* specjalistą od wyjazdów. Od czasu do czasu zapraszano nas na takie *study tour* dla dziennikarzy. Mówiłem już o Tunezji, zdarzył się też rejs po Nilu. To rzeczywiście było genialne. Z Kairu polecieliśmy do Aleksandrii i z Aleksandrii do Asuanu płynęliśmy po Nilu, zatrzymując się w wielu miejscowościach na zwiedzanie. Statek był bardzo luksusowy, na górnym pokładzie miał nawet basen, w którym można było sobie siedzieć, popijać piwko i patrzeć, jak za burtą przesuwają się wydmy pustyni. Co chwila podpływały takie małe łódeczki, dzieciaki z tych łódeczek rzucały jakieś owoce, towary do handlu – jak się coś komuś podobało, to się im na te łódeczki odrzucało pieniądze zawinięte w torebki foliowe. Tak, to była niesamowita przygoda. Zaliczyłem też Japonię. W 2006 roku pojechaliśmy z grupą znajomych na mistrzostwa świata w siatkówce.

F: Też byłem w Tokio, w zeszłym roku. To jest nieprawdopodobne miejsce, jak z kosmosu, z filmu science fiction. Urywa dupę. Ciekawostka, Japończycy, a szczególnie Japonki, mają podobno jakiś genetyczny brak enzymu, który trawi alkohol. Nie przyswajają alkoholu, więc pół shota wódki wystarczy, żeby dziewczyna 40-, 50-kilogramowa złożyła się wpół jak dubeltówka. Nawalona w trzy dupy, bo jak oni w piątek zaczną…

Z: Nie, oni przez cały tydzień…

F: Przez cały tydzień, ale w weekend…

Z: Problem polega na tym, że oni pracują do upadłego. Kończą bardzo późno pracę, po czym razem jadą do knajpy…

F: Bo szef zaprasza, a tam jest struktura korporacyjna, więc nie można odmówić.

Z: Tak, tak. Nie wypada im odmówić, w związku z czym idą, jedzą, piją. Mieszkają gdzieś daleko, poza Tokio, więc nie opłaca się im jechać do domu.

F: Śpią w miejscowym empiku.

Z: Śpią w kapsułach. Kapsuła jest najtańsza.

F: Jeszcze tańszy jest empik. Japończycy teraz robią tak, że kończą imprezę, jest trzecia lub czwarta rano, więc oczywiście nie opłaca się wracać do domu, bo na ósmą do roboty. Idą wtedy do empiku, wybierają sobie książkę, płytę i siadają w fotelach rozkładanych, pooddzielanych ściankami działowymi. Płacą równowartość 20 złotych za korzystanie z fotela, siadają, biorą gazetę i idą spać.

Z: A to tego kiedyś nie było.

F: Jest teraz.

Z: Wtedy najpopularniejsze były kapsuły. My mieszkaliśmy w hotelach klasy turystycznej, pokoje w nich miały cztery, sześć metrów. No i łazienka cała z plastiku.

F: Ja też w takim nocowałem.

Z: Nie wiem, oni chyba tłoczą te kabiny z jednej sztancy, po prostu wszystko tam jest: kibel, umywalka.

F: Wszystko z jednego odlewu.

Z: Z jednego kawałka. To niesamowite.

F: A zauważyłeś jakieś różnice między nimi a nami?

Z: Podczas mistrzostw świata oglądaliśmy mecze na żywo, po czym wracaliśmy do hotelu i oglądaliśmy relacje w telewizji. Okazało się, że Japończycy pokazywali wyłącznie fragmenty swoich meczów i tylko te, kiedy wygrywali. Przeciętny Japończyk był przekonany, że jego drużyna została mistrzami świata, że w ogóle nie ma innej opcji. Oni chyba wyszli z fazy grupowej, ale bardzo słabo grali, nie zakwalifikowali się nawet do ćwierćfinałów, natomiast przekaz japoński był entuzjastyczny i pokazywał tylko zwycięstwa.

F: Ale to przesympatyczni, przewspaniali ludzie.

Z: I świetnie zorganizowana publiczność. Dyrygent prowadzący spotkanie, taki nasz wodzirej, kibice bardzo zdyscyplinowani.

Całe szkoły przychodziły na mecze obcych reprezentacji i spiker dzielił ich: wy będziecie dopingować Kanadyjczyków, a wy Argentynę. I każda połowa dopingowała sobie przydzielonych – ale jak równiutko, z jakim entuzjazmem! Dzielili sobie salę i doping był dla wszystkich, coś niesamowitego. Natomiast siatkówka, mimo że pozornie wydawała się sportem bardzo popularnym, to przegrała z dorocznym wielkim turniejem sumo, finał mistrzostw świata w Tokio kompletnie zgasł przy tym.

F: No tak...

Z: W związku z czym całe Tokio oklejone plakatami, w telewizji i gazetach informacje – nie znaliśmy liter, ale było widać, że sumo, sumo, sumo, a jakieś MŚ w siatkówce ich w ogóle nie interesowały. Natomiast moje największe zaskoczenie to nieznajomość języka, bo wydawało mi się, że w XXI wieku w Japonii da się dogadać z młodymi ludźmi...

F: Ale to się już pozmieniało. Jak byłem w tym roku, to nie miałem żadnego problemu, najmniejszego.

Z: Ja miałem ogromny problem. Okazało się, że moja karta kredytowa jest obsługiwana tylko przez jeden bank. Musiałem ten bank znaleźć. Niesamowitym problemem było dopytanie się ludzi na ulicy, jak dojść do tego banku. Jeden z ludzi, których zapytałem, wyjął kartkę i byłem pełen nadziei, że mi wyrysuje plan, a on mi napisał i pokazał. Oczywiście po japońsku. W końcu ktoś mi wyrysował drogę i dotarłem. Przy wejściu do banku stały hostessy i witały wszystkich ukłonami, więc wydawało mi się, że będą najlepszym źródłem informacji. Pokazałem kartę, zapytałem. A one, zaczerwienione, nie powiedziały ani

DANCE

słowa, tylko się kłaniały i pokazywały, że trzeba przejść dalej. Doszedłem do jakiegoś okienka i tam już było w porządku, kasjer mówił po angielsku. Wytłumaczyłem, że mam kartę europejską i chciałbym pobrać pieniądze. Zrobił się popłoch, bo oni takiej transakcji nigdy nie obsługiwali. Wzięli ode mnie paszport i kartę, paszport i karta krążyły między biurkami chyba z pół godziny, naradzali się, co z tym zrobić. Pomyślałem sobie: „Cholera jasna, ja cudów oczekiwałem, że tutaj na każdym rogu będę mógł wyjąć swoje pieniądze, a okazuje się, że potrzebna ręczna robota".

F: Dla mnie Japonia to jest kraj rzeczy dziwnych, takich jak automat z używanymi majtkami. I oni je kupują, żeby sobie wąchać na przykład.

Z: Ale to takie kurioza...

F: No takie kurioza. Ale to też jest kraj dziwnych zawodów, bo oni walczą z bezrobociem na wszelkie sposoby, a mają kupę siana. Więc na przykład jest witacz. Albo asystent wyjeżdżania z parkingu centrum handlowego. Jest wyjazd, który przecina chodnik, w związku z czym zatrudniono trzech ludzi i oni kierują ruchem pieszych, mówią, żeby samochody jechały, potem zatrzymują samochody, mówią, że teraz ruszają piesi... I do tego jest ich trzech potrzebnych. Upychacze do metra, to wiadomo, ustawiacze kolejek... Ale dla mnie najbardziej niesamowitym zajęciem było to, co widziałem na lotnisku. Chodzi facet z takim kijem od mopa, tylko że z taką końcówką jak zapałka. Zastanawiałem się, po cholerę on z tym chodzi. Dotyka tym końcem podłogi i idzie dalej. Aż w końcu poszedłem za nim i się dowiedziałem, że on wyciera z podłogi ślady butów gumowych. Idzie, widzi ślad, przykłada tę wielką zapałkę, wyciera i idzie dalej. Nieprawdopodobne.

Z: To przebiłeś mnie, bo myślałem, że widziałem najdziwniejszego sprzątacza. Na stacji metra. Ścisła specjalizacja – gość od odklejania gum z podłogi. Miał specjalne oprzyrządowanie do skrobania, zbierania – innych śmieci nie dotykał. Ubrany był na biało. Ten od zbierania papierów – na zielono. I robili to z pełnym zaangażowaniem, naprawdę.

F: Tak, tak, oni się oddają w stu procentach temu, co robią. A z kuriozów – mają sklep z takimi pierdołami jak nasz Tchibo, ale droższy, bo tam generalnie wszystko jest drogie. No i wśród takich drogich rzeczy zauważyłem patyk. Normalny patyk, jakby przyniesiony z Lasu Kabackiego. Do niego jest dołączona metka i on kosztuje w przeliczeniu 120 złotych.

Z: Do czego służy?

F: Zastanawiałem się, co to jest. Znajduję sprzedawczynię i pytam. Ona mówi, że to jest patyk. A ja pytam, jakie ma zastosowanie. „Chwileczkę, muszę zapytać". Poszła do managera, ten wpadł w popłoch, poszedł do kolejnego managera – bo to wiesz, cała hierarchia – aż w końcu przyszło konsylium, takich trzech w garniturach i oni stwierdzają: „To jest patyk do młócenia sezamu".

Z: Jak to?

F: No, po prostu. Jak chcesz sobie zmłócić sezam, to bierzesz ten patyk. Tylko mówię, ten patyk taki, jakbyś wyszedł tutaj i pod sklepem go znalazł. Tylko do niego jest metka i 120 złotych.

Z: On miał pewnie specjalne właściwości i atesty...

F: Nie miał żadnych właściwości, to był zwykły patyk. Albo jest kawiarnia z sowami. Pije się kawę, a obok siedzi sowa.

Z: Jako towarzyszka?

F: Tak. Albo kawiarnia z kotami, gdzie można sobie głaskać koty. Oni w domach nie mają kotów, bo za dużo pracują, więc w ogóle nie trzymają zwierząt. Taka ciekawostka. Albo jest kawiarnia z wężami, albo taka, w której posiłki podają małpy.

Z: Byliśmy w okolicy pałacu cesarskiego i tam rosły piękne sosny, specjalnie formowane. Byli tam specjaliści, mieli wysokie drabiny, i jeden pan, który odrywał pojedyncze igiełki. Nie tam, że robił jakieś cięcie nożycami – on wyrywał pojedyncze igiełki.

F: Za to oni z kolei kompletnie nie radzą sobie z sytuacjami kryzysowymi. Jak wszystko jest poukładane, jak on to robi przez 20 lat, to jest okej. Ale jedziemy z taksówkarzem, podajemy mu adres i widzę, że w którymś momencie on zaczyna błądzić, szukać, i w pewnej chwili kierowca zaczyna parować. Wyrzuca z siebie jakieś słowa, denerwuje się, klepie w kierownicę, aż w końcu mówimy, że jest późno. Zatrzymał się, podszedł do naszych drzwi, ukląkł i przepraszał, że on nie zna drogi. To było tak kuriozalne! Jakiś kosmos! To dla niego było takie faux pas, że ukląkł i przepraszał.

Z: Ale dzięki temu, że oni nie potrafią reagować na takie sytuacje niestandardowe, udało nam się kilka razy przemycić parę osób na mecze. Przed samym finałowym meczem pojawiło się małżeństwo polsko-japońskie, ona Polka, on Japończyk, przesympatyczni ludzie, bez biletów. Biletów już nie ma, trzeba tym

ludziom jakoś pomóc. Zebraliśmy wszystkie bilety – normalnie każdy trzymał swój w ręku – daliśmy jednemu człowiekowi, ustawiliśmy się zwartą grupą i tak podeszliśmy. Oczywiście kontrolerzy zaczęli drzeć mordę, że coś tam tego, ale kolega nie rozumie: „Tu jest moja grupa i tu są bilety". Zrobiło się zamieszanie, z którym oni kompletnie nie potrafili sobie poradzić. Zaczęli przeliczać te bilety, ale już ludzie zaczęli wchodzić do środka, zapanował taki chaos, że to znajome małżeństwo chyba nawet nie wiedziało, kiedy znalazło się w hali. Udało się przemycić dwie osoby przez kordon straży.

F: Ja w ogóle myślę, że dla Japończyków ludzie, którzy są ekspresyjni, dużo jedzą, dużo wódki piją, są jakimś UFO.

Z: Nie, Japończycy po alkoholu też robią się bardzo towarzyscy.

F: Na 15 minut, aż do zgonu.

Z: W Sendai – bo najpierw byliśmy tam, potem w Tokio – poszliśmy na spacer na stare miasto. Trafiliśmy do małej knajpki, gdzie zdejmowało się buty, stał mały barek, piekli na patyczkach jakieś mięso, nikt nie mówił po angielsku ani w żadnym języku świata i piło się sake z filiżanek. Miejsce wydawało mi się absolutnie klimatyczne, takie japońskie. Na początku było troszkę trudno. Siedziały trzy, cztery osoby – jak się okazało, stali bywalcy, inżynier, który czekał na pociąg; wszystkiego, dowiedzieliśmy, nie wiem, w jakim języku. Postawiliśmy im sake, oni się odwdzięczyli i zaczęły się rozmowy rękami, nogami i czym kto miał. Okazało się, że Japończycy potrafią się wyluzować, potrafią być otwarci, serdeczni. W końcu właścicielka zamknęła lokal, a myśmy tam do rana siedzieli i gadali! To było niesamowite przeżycie.

F: Ja też miałem niesamowite przeżycie: godzina druga w nocy, środek Tokio, taka najbardziej imprezowa dzielnica Shibuya. Idzie grupa 20 osób, drą mordy, jakby szli nasi kibole, i cały czas coś rozbijają i tłuką. Mówię sobie, że to niemożliwe, to jest Japonia, tu nie ma wandalizmu. Podobno akt wandalizmu był dwa lata temu w sylwestra – ktoś niechcący popchnął policjanta. A oni się zbliżają, krzyczą... I co się okazuje? To jest grupa, która się zebrała po to, żeby zrobić imprezę, ale nie taką zwykłą, klasyczną, tylko oni szli przez Tokio i zbierali śmieci, bo wkrótce będą igrzyska i oni już rozpoczęli przygotowania – co weekend organizowali cykliczne sprzątanie miasta. Z muzyką, z alkoholem, ale chodzili i zbierali śmieci.

Z: Ale czemu się rozbijali?

F: Po prostu wrzucali butelki do worków.

Z: A, stąd ten huk.

F: Tak, oni sobie tak zbierali te śmieci i za każdym wrzuconym śmieciem robili „wooow!". Niesamowite. A przecież kiedy są igrzyska? Za cztery lata.

Z: Tak, ale wiesz, przygotowywać się trzeba już teraz. Myślę, że to się mieści w japońskiej mentalności.

F: Tak, zdecydowanie. To jest kraj bardzo zaskakujących rzeczy.

Z: A co robią w wolnym czasie poza piciem?

F: Zajmują się czymś, czego my nie mamy, a uważam, że przeszczepienie tego do Europy byłoby megafajnym pomysłem.

Ich ulubioną rozrywką jest karaoke – to wiadomo. Ale jak oni organizują to karaoke? Jest wieżowiec, duży, 15 pięter, i w nim są wyłącznie pokoje hotelowe przeznaczone na imprezy, wynajmowane na godzinę, dwie, całą noc. Jest pokój, telewizor, mikrofony, zamawia się alkohol na telefon – aparat wisi na ścianie. Zaczyna się impreza, przychodzi 20 osób i mają swój pokój, tam się bawią. Po pewnym czasie można wyjść z tego pokoju i zmiksować się z drugim pokojem albo z ósmym. I na piętrze robi się jedna wielka impreza. Nieprawdopodobne! Zabawa taka, że się w głowie nie mieści! Ubawiliśmy się tam niesamowicie. Szczególnie kiedy te pokoje zaczynają się ze sobą łączyć. To jest taki trochę akademik, na godziny.

Z: Mnie Japonia się bardzo dobrze kojarzy, bo wtedy zdobyliśmy srebrny medal, w półfinale pokonaliśmy Rosję, z którą przegrywaliśmy 2:0, a wygraliśmy 3:2. W finale przegraliśmy z Brazylią, ale z nimi to nie dyshonor. Osiem lat później zrewanżowaliśmy się Brazylijczykom w Katowicach.

F: A kto ci się jeszcze dobrze kojarzy?

Z: Niemcy.

F: Ja bardzo lubię Austriaków. Jeśli mam gdzieś jechać na narty, to tylko do Austrii, bo to jest dla mnie najbardziej pozytywny kraj poza Polską. Jak Austriak ma coś załatwić, zrobić, to zawsze zrobi. A Włoch jest ciągle wnerwiony, stale ma z czymś problem. Włoski kelner jest zawsze wkurwiony, włoski policjant jeszcze bardziej. W związku z tym we Włoszech aresztowali mnie na samej górze. Trzy minuty do zamknięcia wyciągu. Stoję na szczycie góry. Jak się zjedzie z góry po jednej stronie, trafia się na hotel, który widać, a jak z drugiej – to dociera się do miasta, ale z tego miasta do hotelu trzeba jechać przez dolinę 40 kilometrów. No więc rozpoczynam zjazd do hotelu, bo zaraz zamkną wyciąg. Wtedy dojeżdża do mnie karabinier i mówi, że ja tędy nie zjadę, mam zjechać do miasta. Odpowiadam, że nie zjeżdżam do miasta, dlatego że po drugiej stronie jest mój hotel i ja go stąd widzę. A on mówi, że ja nie zjadę i on mnie teraz aresztuje.

Z: Na stoku?

F: No tak. Pytam, jak mnie aresztuje, a on: „Poproszę dowód". Dałem mu dowód. A on z nim sru! w dół, do miasta.

Z: Ale czemu mu powiedziałeś, że masz dowód?

F: Chciał mnie wylegitymować…

Z: Ale przecież możesz nie mieć dowodu.

F: Akurat miałem i mu dałem.

Z: Bez sensu, zachowałeś się jak Niemiec.

F: No tak.

Z: Polak by w życiu nie dał.

F: A potem wydałem 40 euro na taksówkę. Drugi raz mnie aresztowali w Rzymie, bo wbiegłem do pendolino w ostatniej chwili, otworzyły się drzwi, cały skład musiał stanąć, jeszcze raz zamknąć drzwi i operacja opóźniła ten cholerny pociąg o półtorej minuty. To było chyba w Neapolu. Po dotarciu na miejsce wysiadam, a konduktor pokazuje mnie palcem i mówi: „To ten!". I znowu mnie aresztowali. Ja z tymi Włochami mam jakiś problem.

Z: Za to we Francji uratowała cię Holenderka.

F: Tak, bo miałem skipass na dwie doliny, a zjechałem do trzeciej. I tłumaczę tej kretynce kontrolerce Francuzce, że nie mam jak wrócić do hotelu, bo nie mam pieniędzy, tylko ten skipass, a ona mówi, że jej to nic nie obchodzi.

Z: I nie masz jak wrócić.

F: Nie mam jak wrócić, bo mieszkałem w pierwszej dolinie, a z drugiej zjechałem do trzeciej, na którą nie miałem skipassu. Nie miałem też portfela, żeby inny kupić. A ta Francuzka mówi, że ona ma to w dupie i mam sobie iść, znaleźć sobie pomoc w mieście. Idę więc żebrać do jakiegoś punktu informacyjnego i tam spotykam Holenderkę, która jest dokładnie w tej samej sytuacji, bo też zjechała do niewłaściwej doliny. Tłumaczę jej, że Poland i Holland to to samo i żeby mi pomogła, bo ja nie mam kasy, a potem jej oddam. No i faktycznie pożyczyła mi, a potem jej oddałem. A Francuzi mają to w dupie, w ogóle nie ma tematu.

Z: Mieszkałem dosyć długo i pracowałem w Berlinie Zachodnim, dlatego mówię o Niemcach, ale myślę, że generalnie berlińczycy z Zachodu to zupełnie inny typ Niemców. Berlin Zachodni zawsze był miastem otwartym, wielokulturowym. Tam na przykład przeprowadzali się młodzi ludzie, którzy nie chcieli służyć w Bundeswehrze. Wielokrotnie mieszkałem z takimi chłopakami. Byli to Ślązacy, którzy wyemigrowali do Niemiec, groziło im powołanie do wojska, w związku z czym szybciutko przenosili się do Berlina Zachodniego, a stamtąd nie brali do Bundeswehry.

F: Naprawdę? Dlaczego?

Z: Mieszkańcy Berlina Zachodniego mieli inny status. Wystarczyło, że byłeś tam zameldowany, i nie brali cię do Bundeswehry.

F: A to ciekawostka!

Z: Być może również stąd ta duża liczba młodych. Poza tym to było otwarte miasto, tygiel międzynarodowy: dzielnica turecka, mnóstwo Polaków i ludzie z Jugosławii. Myślę, że ci berlińczycy troszkę inaczej ustosunkowywali się do świata i do inności. Berlin dla mnie był bardzo ciekawym i pouczającym miejscem. Zresztą też dosyć długo mieszkałem w czymś, co się nazywało Wohngemeinschaft, czyli towarzystwo mieszkaniowe. To było olbrzymie mieszkanie, miało jakieś 150 metrów. Mieszkało nas tam chyba 12 osób.

F: To komuna.

Z: Nie do końca, ale trochę tak. Ja byłem jedynym Polakiem, w ogóle jedynym cudzoziemcem. Pozostali byli Niemcami, bardzo dobrze wykształconymi – inżynierowie, lekarze. Mieszkałem tam z ówczesną narzeczoną, lekarką. Każdy miał swój pokój, do tego pokój wspólny; prowadzenie tego całego domu też było wspólne. To było niesamowicie ciekawe doświadczenie, bo na przykład robiło się wspólne pranie, bo mieliśmy jedną pralkę. Nie wypadało chodzić w jakichś eleganckich ciuchach, wszyscy chodzili w bawełnianych, indyjskich bluzkach i spodniach. I wszystkie te kolorowe rzeczy wrzucało się do pralki, po pierwszym praniu stawały się trochę mniej kolorowe, po drugim traciły kolory, po trzecim wszystkie były szare i wyglądały dokładnie tak samo jak mundurki Chińczyków. Wtedy się je albo wyrzucało, albo oddawało biednym i kupowało się nowy zestaw

rzeczy. Mieliśmy dyżury w kuchni i od czasu do czasu trzeba było coś ugotować dla wszystkich, co dla mnie było potężnym wyzwaniem. Pierwszy i ostatni raz w życiu zrobiłem bigos. No bo jakie polskie danie można było zaserwować? Wymyśliłem sobie ten bigos. Dosyć ciężko było ze składnikami; kapustę kiszoną udało się załatwić, słodką kapustę też, najgorzej było z suszonymi grzybami, bo nigdzie nie mogłem ich dostać. Bigos bez suszonych grzybów nie ma zapachu. Nie znalazłem ich nigdzie, więc musiałem dodać pieczarki i ten bigos chyba nie do końca był taki, jak powinien być. Ale za to w środku znalazła się kiełbasa, czerwone wino, to się dosyć długo gotowało i wszyscy byli zachwyceni. Ja trochę mniej, bo wiedziałem, że popełniłem straszliwą rzecz – zrobiłem bigos bez suszonych grzybów. Bardzo ciekawe doświadczenie, dużo rzeczy robiło się wspólnie. Wspólne było na przykład omawianie problemów mieszkańców, po kolacji.

F: Ale to taki dzisiejszy Erasmus!

Z: Nie wiem, jak funkcjonuje Erasmus.

F: Ja też nie, bo nigdy nie byłem, ale to chyba z grubsza polega na tym, że jest na kupie dużo ludzi różnych narodowości i roztrząsają rozmaite problemy.

Z: Nie no, oni wszyscy byli Niemcami. Natomiast wspólne omawianie problemów to był stały punkt, od którego można było zwariować.

F: Jakie problemy? Sercowe też?

Z: Głównie sercowe! Na przykład, że którąś z mieszkanek rzucił chłopak.

F: A ja myślałem: że brakuje płynu, oleju, takich tam rzeczy.

Z: Nie, to były głębokie dyskusje o osobistej sytuacji, takie sesje terapeutyczne. Na tym to Wohngemeinschaft polegało, że mieliśmy tworzyć taką trochę rodzinę.

F: No dobra, ale jak ci lokatorzy się dobrali?

Z: Oni się znali, lubili i w pewnym momencie postanowili zamieszkać razem, bo doszli do wniosku, że im będzie dobrze. Wszyscy byli wykształceni, dobrze sytuowani, natomiast należeli do tak zwanej alternatywy. Ubierali się w indyjską bawełnę, nie wypadało w tej grupie jeździć lepszym samochodem niż volkswagen. Ówczesna moja narzeczona, Christiana, jeździła oczywiście garbusem, w którym na stałe było włączone ogrzewanie, bo nie dało się go wyłączyć. Latem w samochodzie było jakieś 40 stopni. To byli tacy ludzie, którzy nie dali się zeżreć konsumpcyjnemu stylowi życia i żyli w sposób alternatywny.

F: Najprawdziwsi hipsterzy. A jak wyglądały te rozmowy? Jak w AA, opowiedz mi swoją historię?

Z: Tak.

F: A kto rozwiązywał te problemy? Marihuana!

Z: Nie, oni sobie popalali, ale… Christiana, moja narzeczona, była psychiatrą i dosyć często odgrywała rolę mentora, moderatora tych rozmów. Ale wyglądało to dramatycznie. A ja musiałem rano na szóstą do roboty gnać ściany malować.

F: Ale to pasowałeś tam idealnie!

Z: Tak, miałem tam specjalny status, bo rano zasuwałem nie do biura, szpitala czy salonu, tylko malować ściany.

F: To ideał!

Z: Tak to chyba można nazwać. To były lata tuż przed stanem wojennym, czyli '79–'80. W końcu się stamtąd zerwałem, bo jeszcze parę takich sesji…

F: Ale nie podkładaliście nigdzie bomb, co? Bo to chyba czas tych zamachów…

Z: Baader-Meinhof? Nie, to aż tak daleko nie było posunięte.

F: Ale kierunek, widzę, podobny.

Z: Nie, to był taki alternatywny protest przeciwko mieszczańskim normom, przeciwko bezsensownemu bogaceniu się. Wpłacało się pieniądze na jakieś biedne dzieci w Bangladeszu, pracowało w organizacjach charytatywnych. I to roztrząsanie różnych problemów – w pewnym momencie nie wyrobiłem i pomyślałem, że muszę stamtąd zwiewać, bo mi się coś w głowie porobi.

F: Byś w bawełniankach do dzisiaj łaził!

Z: To był chyba taki decydujący moment w moim życiu, dlatego że ja się wtedy zastanawiałem, czy zostać tam, czy wracać do Polski. To było tuż przed pierwszą Solidarnością, przed Sierpniem '80. Miałem dosyć, a w Polsce zaczynało być ciekawie, działo się coś bardzo ważnego. Zresztą zdziwiłem się i nie bardzo wiedziałem, do czego w Polsce doszło, dlatego że Niemcy nie potrafili poprawnie wymówić nazwiska Wałęsy. I się dowiedziałem z niemieckiej telewizji, że na czele strajku stoi Waleza. Pomyślałem sobie: „Cholera, pewnie jakiś z rodu Walezjuszy! Będą monarchię u nas wskrzeszać!". I dopiero później okazało się, że to o Wałęsę chodzi.

F: I zobacz: w '80 roku mówili o Wałęsie, a dzisiaj się okazuje, że to agent.

Z: Nie, daj spokój. Historia i prawda zawsze się obronią.

F: Oby!

Z: Zwiałem stamtąd czym prędzej. Wrzesień, październik '80 roku – to był ten decydujący moment, kiedy stwierdziłem, że zostaję w Polsce, że tu mi ciepło, dobrze.

F: Czyli wszystko przez marihuanę?

Z: Nie.

F: Ale na Zaciszu rosła bardzo chętnie.

Z: Ale to przemysłowa... Nigdy tego nie paliliśmy. Miałem nieobronioną pracę magisterską na dziennikarstwie, więc wtedy ją obroniłem i zacząłem pracować jako dziennikarz. To była jesień '80 roku. Potem był fantastyczny rok '81 – czas pierwszej Solidarności i różnych odkryć historycznych. Fantastyczny czas. Działo się tyle ważnych rzeczy. I człowiek miał poczucie sensu, jakiejś takiej dumy i nadziei.

F: A w tej komunie tylko bezsens i bezsens...

Z: I dlatego warto było zostawić Berlin Zachodni i te sesje terapeutyczne.

F: A twoje doświadczenia ze Skandynawami?

Z: Po rozwodzie moja była żona z Karoliną, trzyletnią córką, wyjechała do Szwecji. Tam wyszła powtórnie za mąż. W miarę możliwości starałem się utrzymywać kontakty. Jakoś mi się udawało, mimo ciężkich czasów, mimo że paszportu mi nie chcieli dać. W ogóle chcieli mnie zapisać na tajnego współpracownika, proponując w zamian paszport, ale jakoś się udało wykręcić.

F: Co żeś powiedział agentowi?

Z: Nie agentowi, tylko funkcjonariuszowi. Poważna rozmowa. Złożyłem podanie o paszport i długo, długo nic. W końcu telefon i jakiś pan zaprasza mnie na rozmowę do hotelu Grand. Nie miałem pojęcia dlaczego tam, ale czułem, że coś jest nie tak. No i smutny pan zaprosił mnie do służbowego pokoju, powiedział, że ma mój paszport, oczywiście, jak najbardziej będę mógł do córki pojechać, ale tutaj taki papierek jest do podpisania i w zamian od czasu do czasu poopowiadam, co tam w radiu się dzieje. Zmroziło mnie to potwornie, więc odparłem, że nie mogę tak od razu i proszę o tydzień na zastanowienie. Wyznaczył mi termin kolejnego spotkania. Przez ten tydzień chodziłem jak struty – co tu wymyślić, co tu zrobić, żeby nie podpaść, żeby w końcu dali mi ten paszport, ale żeby z drugiej strony nie donosić pętakom na kolegów. A wtedy czasy były takie, że chlaliśmy ostro, nawet w redakcji, więc przyszedłem na drugie spotkanie i powiedziałem temu esbekowi, że nawet jak mu ten papier podpiszę, to przy okazji najbliższego chlania i tak wszystkim wszystko wygadam, bo jestem gadatliwy. I pan oficer zrobił wielkie oczy: „Taaak? To pan taki szczery?". „No wie pan, jak to działa". „W takim razie paszportu nie będzie". A paszport miał przy sobie, schował go do kieszeni, wyprosił mnie z pokoju. Myślałem, że, cholera, nigdy tego paszportu nie dostanę, ale po roku czy po dwóch dali mi i mogłem pojechać do Karoliny do Szwecji. Chciałem córce wysyłać książki, żeby mama jej czytała, żeby języka nie zapomniała, a w księgarniach nie było książeczek dla dzieci. Trzeba było je kupować na targu staroci. Pamiętam, że *Pana Kleksa* kupiłem z lat siedemdziesiątych. Ale trzeba było zrobić coś z tą książeczką, żeby pięknie wyglądała. I moja przyjaciółka, plastyczka Zosia Misiak, ponaklejała jakieś gwiazdeczki, sreberka – zrobiła z tej książki dzieło sztuki. I w tej formie została do Szwecji wysłana. W ubiegłym roku, kiedy byłem u Karoliny, zgadało się o książkach i Karolina mówi: „Wiesz co, a ja mam tę książeczkę o panu Kleksie, którą mi przysłałeś". Kiedy zobaczyłem tę starą i tak pięknie zrobioną przez Zosię książeczkę, poczułem się fantastycznie. Poczułem, jak ważne było to wysyłanie książeczek i te heroiczne wyjazdy. Bo przecież kiedyś wyjazd do Szwecji to była cała wyprawa. Pociągiem, promem, znowu pociągiem. I w tej Szwecji na dodatek drogo jak cholera – dla nas, kiedy zarabialiśmy 20 dolarów na miesiąc, to naprawdę był duży wysiłek.

F: Ale chyba za mało tych książeczek wysłałeś, bo wesele Karoliny to jest historia na osobną książkę...

Z: Tak, to było zderzenie kultur.

F: Zderzenie mentalności! Chociaż dzieli nas najpłytsze morze...

Z: Nie mentalności, tylko obyczajów.

F: Tak naprawdę na jedno wychodzi. Najpłytsze morze kuli ziemskiej nas dzieli, a tak głęboka jest różnica pomiędzy naszymi narodami. Szwedzi to jest dla mnie naród jak jakiś lud afrykański. Ślubu udzielała baba, co jest pierwszym szokiem.

Z: Ślub był kościelny, protestancki, więc udzielała go pani pastor. Śmiesznie było, bo wypisali Nilsowi, panu młodemu, na podeszwach „Help me!", o czym on nie wiedział. Kiedy klęknął, pokazując zelówki, w kościele zrobiło się wesoło. Tylko Nils nie wiedział, biedny, dlaczego ludzie się śmieją. No a potem wesele, takie odmienne. Odbywało się w wynajętej sali…

F: Docieramy na miejsce…

Z: Co też nie było łatwe, bo wiózł nas jakiś Serb, który kompletnie nie znał drogi i nie wiedział, jak dojechać.

F: Gubił się i dzwonił. W lewo, w prawo. No ale w końcu dojechał. Okazało się, że tradycja jest taka, że oni czekają w przedsionku do przybycia ostatniego gościa. Tam nikt nie wejdzie na salę, dopóki nie ma wszystkich. Nawet państwo młodzi.

F: Wszyscy tłoczą się w tej salce, bo Serb nas ciągle wiezie. W końcu dojeżdżamy i czym zostali podjęci ci goście, którzy czekali? Jako aperitif – haribo. Żelki Haribo. Stoją normalnie na talerzykach, można się częstować. I w sumie to wcale nie było takie głupie, należało żreć to haribo, bo potem wcale nie było lepiej, to znaczy wszystko eleganckie, ale ilości niezbyt…

Z: Główne danie stanowiła sarna upolowana przez Nilsa. Po prostu nie ma tam takiego obżarstwa jak u nas. Wesele składa się głównie z przemówień.

F: Z toastów.

Z: Ja też musiałem wygłosić mowę. Toasty trwały i trwały. Jest taki obyczaj, że jak z sali wychodzi pan młody, to panowie mogą pocałować pannę młodą, a jak wychodzi panna młoda, to panie mogą pocałować młodego.

F: Po toastach też ciekawie. Tam rodziny muzykują wieczorami. Jak w *Dzieciach z Bullerbyn* – każdy domek ma swoją specjalizację. Domek Lassego gra na flecie, domek Bossego na lutni, domek Anny na skrzypcach. I oni przez cały tydzień piłują te swoje instrumenty, a jak przychodzi sobota czy niedziela, to spotykają się i razem muzykują. Więc jak jest wesele, to wszystkie wioski, osady chcą pokazać, co potrafią najlepszego. Jest więc gra na pile, po czym wychodzi następna osada i gra na źdźble.

Z: Była też normalna muzyka.

F: Ale i tak najlepiej było o północy – wyszła para młoda i powiedziała, że bardzo dziękują za przyjście, że to był fantastyczny wieczór, a teraz plan wygląda tak: tam jest pakamera i tam są szczotki i mopy, i teraz będziemy sprzątać salę, bo ona za godzinę musi być taka, jak ją zastaliśmy. No to do roboty! I tam nikt nie ma z tym problemu. Normalka, idą i sprzątają.

Z: I posprzątane było.

F: Zapomnieliśmy o bardzo istotnym punkcie programu: instrukcji obsługi wesela.

Z: Każdy z gości dostał książeczkę.

F: W tej książeczce było, załóżmy, 155 numerów. Każdy gość miał przypisany numer, a one były opisane w stylu: numer 72 jest ojcem numeru 25.

Z: Wszystkie koligacje zostały przedstawione. Ja, siedząc między dwiema ciotkami, wiedziałem, że ciotka z prawej strony mieszka w Danii, jej mężem jest były policjant, obecnie emeryt, a ona lubi haftować i wyszywać. Dokładnie rozpisane, kto gdzie siedzi, kim kto jest, zamieszczono jadłospis i spis piosenek, które będziemy śpiewać, wraz ze słowami. Oczywiście po szwedzku.

Nawet próbowaliśmy się włączać w te szwedzkie refreny, nie wiedząc kompletnie, o co chodzi.

F: No ABBA to nie była.

Z: Wszyscy patrzyli na nas jak na idiotów, ale próbowaliśmy śpiewać po szwedzku razem ze Szwedami. To nie jest głupia rzecz taka instrukcja obsługi wesela.

F: Mądry szwedzki patent.

Z: Naprawdę fajny. Przecież na naszych weselach jest tak, że przychodzą dwie właściwie nieznające się rodziny.

F: I dzielą się na dwa obozy.

Z: Nic o sobie nie wiedzą. Ci siedzą tu, ci siedzą tam. A tam wystarczyłoby spojrzeć do takiej mądrej książeczki i już by się wiedziało, że ciotka Urlike mieszka w Dortmundzie. To jest naprawdę tradycja warta przeniesienia do nas. Szwedzi są po prostu dobrze zorganizowani. Tam wszystko jest zaplanowane. Był plan początku przyjęcia, który zburzyliśmy, bo się spóźniliśmy. Jest czas sprzątania po weselu. Wszystko jest bardzo uporządkowane. I myślę, że ta instrukcja obsługi wesela jest elementem tego uporządkowanego świata. Teraz będzie granie, a teraz śpiewy.

F: Numer 6 ma dziecko z numerem 10, a to dziecko ma numer 22.

Z: Wszystko opisali. Cały plan wesela, co po kolei będzie. Kiedy kto przemawia. Tylko treści przemówień zabrakło.

Czytało się

Z: Pamiętam tygodniki dziecięce.

F: Co pamiętasz?

Z: Był „Miś", „Świerszczyk".

F: Kurczę, to ja zaczynam sobie to przypominać. Jakiś przebłysk mam, rzeczywiście było coś takiego.

Z: „Miś" był dla najmłodszych dzieci. „Świerszczyk" natomiast dla dzieci przedszkolnych i wczesnoszkolnych. Dużo kolorowych rysunków, bardzo proste historyjki, które czytała mama albo ciocia. Swoje pierwsze literackie doświadczenia miałem prasowe. I tak zostało.

F: Świerszczyki to później były inne… Z gazet z mojego dzieciństwa pamiętam „Jupika". Kojarzysz?

Z: Pamiętam, w „Świerszczyku" były już poważniejsze historyjki. Takie wczesnoszkolne. Potem czytałem „Płomyczek" i „Płomyk". Cały cykl się przechodziło. A kolejnym tytułem było „Na Przełaj". Pierwsza książeczka, którą pamiętam – to rosyjska bajka *Konik Garbusek*, z pięknymi ilustracjami.

F: Moją pierwszą była *Calineczka*, taka szesnastokartkowa bajka.

Z: Andersena.

F: Jakoś w pierwszej klasie podstawówki próbowałem to przeczytać. Myślałem, że nigdy w życiu nie skończę. Ojciec mówi: „Daj to". I pamiętam, przy śniadaniu tak siedzi... (łup łup łup). „Przeczytałem". Ale nie na głos...

Z: A ja bardzo lubiłem, jak mi czytano.

F: Czytanie to i ja uwielbiałem.

Z: Uwielbiałem słuchać. Natomiast Andersena to się trochę bałem.

F: Jezu, bo Andersen jest porąbany. To nie jest dla normalnych ludzi.

Z: *Dziewczynka z zapałkami*...

F: Zawsze jakaś tragedia.

Z: Płakałem przy niej.

F: A bracia Grimm to w ogóle porąbańcy.

Z: Tak, tak. Także te bajki, które miały służyć wychowaniu, mnie przerażały.

F: Tak samo jak przerażające były lektury. Jak zachęcić dziecko do czytania, podając mu *Dziady*?

Z: Zaraz, ale kiedy *Dziady* się pojawiają.

F: Dobra, jesteś przy *Plastusiu*.

Z: Czytanie zaczyna się od *Krzyżaków*, nie od *Dziadów*.

F: *Krzyżacy* też nie są łatwi do przebrnięcia.

Z: Daj spokój, piękna historia przygodowa, western.

F: Western made in Poland.

Z: Nie jest to historia trochę z Dzikiego Zachodu?

F: Z Bogdańca, a nie z Dzikiego Zachodu.

Z: Tu Indianie, tu kowboje. Oni Indianie, czy na odwrót, i walczymy. Wielka miłość. Wszystko tam było. Ty generalnie nie przepadałeś za czytaniem.

F: Słuchać za to uwielbiam. Kiedy wymyślono audiobook, to zacząłem odkrywać te wszystkie książki, które kiedyś miałem przeczytać. Zatrzymuję się na stacji benzynowej, wybieram jakąś klasykę, na przykład *Mistrza i Małgorzatę*. Słucham i nadrabiam wszystko, co kiedyś powinienem przeczytać, a nigdy nie miałem cierpliwości.

Z: Myślę, że kiedyś stosunek do czytania był zupełnie inny niż dziś.

F: Bo nie było technologii.

Z: Chyba nie chodziło o technologię. Tu chodziło o pewien snobizm na czytanie, na znajomość…

F: Byliście hipsterami, chociaż jeszcze o tym nie wiedzieliście.

Z: Nie wiem, co to jest hipster, ale…

F: Hipster snobuje się tym, że zna Leśmiana.

Z: Tak? *W malinowym chruśniaku*?

F: Na przykład.

Z: Generalnie było snobowanie się na znajomość literatury. Być może to wynikało również z tego, że te książki były ciężko dostępne. Tak naprawdę znalezienie Bułhakowa, o którym wspomniałeś, *Mistrza i Małgorzaty* gdzieś na półce, kupienie tego, graniczyło z cudem. Te naprawdę popularne, fajne książki się zdobywało.

razem
SABRINA
ZYGMUNT

F: Dlatego że były blokowane przez cenzurę? Czy ich po prostu nie było?

Z: Brakowało papieru. Poza tym myślę, że tamtej władzy nie zależało specjalnie na tym, by lud był oczytany i czytał jakieś zachodnie, zgniłe czy wywrotowe książki. *Mistrz i Małgorzata* to taka właśnie wywrotowa książka. Przypuszczam, że też stąd brał się ten snobizm na czytanie. Taki pozytywny. „Znasz? A czytałeś?". Jedna z najgenialniejszych książek, jakie przeczytałem w życiu, to *Paragraf 22* Josepha Hellera. Rozmawialiśmy między sobą cytatami z tej książki. Yossarian był naszym bohaterem. Takie książki trzeba było znać. Kto nie znał, nie posługiwał się językiem takiej książki, wypadał z towarzystwa. Nie wiedział, o co chodzi, zostawał zupełnie z boku. Trzeba było przeczytać daną książkę, żeby być w tej elicie. A w tej chwili chyba tak nie ma. Czytanie nie ma większego znaczenia.

F: Mnie od czytania najbardziej odstraszył romantyzm. Był nie do przebrnięcia. Według mnie Mickiewicz wyrządził bardzo wiele zła czytelnictwu wśród młodzieży. Przebrnięcie przez ten cholerny trzynastozgłoskowiec to naprawdę…

Z: *Pana Tadeusza* nie przeczytałeś?

F: Przecież o tym mówię, że dotrwanie do końca tego jest jakimś osiągnięciem. Z tego powodu pojawiły się bryki. I opracowania.

Z: Ja z romantyzmem też nie za bardzo…

F: To już wolę pozytywizm. Wydawał mi się bardziej sensowny. I był konkretny.

Z: *Lalka* to mistrzostwo świata.

F: *Lalka* tak. Nawet mi się podobała.

Z: Przeczytałeś?

F: Przeczytałem. Tam jest piękna, wspaniała Warszawa. Można sobie poczytać i powyobrażać, jak to kiedyś było. To ta Warszawa mnie przekonała chyba do *Lalki*.

Z: Panowała też moda na literaturę amerykańską, a potem iberoamerykańską. I rzeczywiście to był absolutny szał. I to był swego rodzaju snobizm. Jasne, że to dobra literatura, ale nieznajomość takich książek wykluczała. Człowiek wypadał z obiegu.

F: Wypadał z gry.

Z: Nie należał do tego towarzystwa. Pamiętam, że w latach osiemdziesiątych mieliśmy – to znaczy redakcja *Sygnałów dnia* i *Czterech pór roku* – zaprzyjaźnioną księgarnię, mówię tutaj o księgarni Universus u zbiegu Belwederskiej i Gagarina.

F: Paskudny budynek.

Z: Tam na dole była olbrzymia księgarnia. Dla nas, dla redakcji, specjalnie odkładano co lepsze, ciekawsze książki. I raz na dwa tygodnie czy raz na miesiąc należało się wybrać na zakupy. Potem z dumą stawiało się te książki na półce. Chwaliliśmy się, co mamy w bibliotece. Książki były towarem cennym. Chociaż były cenniejsze towary, choćby pół litra żytniej.

F: Ale to wszystko zależy, w jakim środowisku. Bo jeśli w inteligenckim…

Z: Z hydraulikiem raczej książką by się nie pohandlowało. Ale pół litra i karton papierosów radomskich – zawsze działały.

F: I instalację wodną robił.

Z: A skandale wokół książek! Wyszło *Raz w roku w Skiroławkach* i wokół tej książki powstała legenda, że to erotyk, niemal pornografia. A to była po prostu fajnie napisana wiejska historia z odrobiną erotyzmu, który stanowił klucz do całej historii. Bo chodziło o odkrywanie innego świata poprzez erotyzm. Jednak legenda, którą obrosła ta książka, potem zresztą również film, to była rzecz niesłychana. Ale tak się pewnie reaguje na nowe zjawiska, erotyka zaś zawsze interesowała wszystkich. I jest w tym jakiś smaczek.

A najgenialniejsze książki, jakie w życiu przeczytałem? To na pewno *Grek Zorba* Nikosa Kazantzakisa. Na podstawie tej książki powstał czarno-biały film, równie genialny jak książka. Na pewno *Paragraf 22*, przy czym tutaj książka zdecydowanie lepsza od filmu. I może cię zaskoczę: *Ziemia obiecana*. Uważam, że to arcydzieło pod każdym względem. Literackie i filmowe. Film jest jednym z najlepszych, jakie w życiu widziałem. Wajda był genialnym reżyserem. Stworzył wiele fantastycznych dzieł. Co teraz czytamy?

F: Ja czytam „Politykę", „Wprost", „Auto Świat", „Newsweek", „Auto, Motor i Sport". I kupuję co tydzień, tak jak się nauczyłem w liceum. O! Wiem, kiedy się nauczyłem. Pojechaliśmy pierwszy raz do Tunezji, wtedy pierwszy raz leciałem samolotem, i ojciec wziął ze sobą gazety. Z pozoru „Polityka" to taki nudny tytuł, ale zacząłem kartkować. A potem przeczytałem jeden artykuł, drugi, trzeci i tak mi zostało do dzisiaj. Kupuję cały ten zestaw co tydzień. I jeszcze nigdy nie zdarzyło się, żebym nie kupił.

Z: Ja od dłuższego czasu wolę literaturę faktu. Historie z życia wzięte bywają dobrze napisane, dużo ciekawsze niż beletrystyka, historie zmyślone. Zresztą uważam, że polska szkoła reportażu jest zjawiskiem absolutnie genialnym. To, co napisał Kapuściński, można pożreć, połykać, łyżkami jeść. Chyba przeczytałem z zachwytem wszystkie książki Kapuścińskiego. *Wojna futbolowa*, *Szachinszach*, *Cesarz*... Kiedyś nie chcieli go wypuścić na Zachód, posłali do Związku Radzieckiego, a on napisał znakomity zbiór reportaży *Kirgiz schodzi z konia*. Fantastyczna rzecz. Ale jest jeszcze genialna Krall, genialny Szczygieł. Uważam, że polska szkoła reportażu to naprawdę wyjątkowe zjawisko.

F: Ja w każde wakacje z kolei kupuję wszystko, co wyszło o powstaniu warszawskim. Zawsze, gdy zbliża się kolejna rocznica wybuchu, zgarniamy z dziewczyną wszystkie nowości i się wymieniamy. Kupujemy cztery książki i czytamy na zmianę, żeby każde z nas coś miało.

Z: Ja chyba też miałem taki okres fascynacji dokumentem dotyczącym powstania. To pewnie masz w spadku po mnie. W wakacje czytam kryminały. Skandynawskie, jak najbardziej. „Millennium", które połykałem systematycznie, po kilka tygodni na każdy tom. A tak na co dzień to czytam tak jak ty. Tygodniki, bardzo ciekawe i stojące na dobrym poziomie. Prasa codzienna. Kurczę, jest tego czytania. Codziennie docierają do nas jakieś gigabajty informacji ważnych, mniej ważnych. Trzeba umieć selekcjonować. To chyba jest dziś najważniejsze. Kiedy się patrzy na strony poświęcone literaturze, chociażby w tygodnikach społeczno-politycznych, to widać, że te nowości, które ukazują się na rynku, są nie do przerobienia. Każda rzecz jest godna uwagi. Cholera, jakim kluczem się posługiwać, żeby rzeczywiście czytać to, co jest fajne i najbardziej wartościowe? Ja opieram się bardzo często na opinii znajomych. Na opinii kogoś, kto przeczytał i mówi: „Okej, fajne. Warte przeczytania".

F: Teraz problem polega na jeszcze czymś innym. Bo oprócz tego, że jest masa książek, to jeszcze każdy pisze swoją. Każda blogerka modowa, każda celebrytka z telewizji…

Z: Tu jesteśmy przykładem.

F: …staje się nagle ekspertką. Tak, ale my tutaj nie pozujemy na ekspertów w czymkolwiek. My po prostu opowiadamy pierdoły.

Z: A co robią ci inni?

F: Moim zdaniem ci celebryci, którzy nagle stają się ekspertami od wszystkiego, mogą troszeczkę mieszać ludziom w głowach i odwracać uwagę od tego, co ważne, dobre i ciekawe. No i chudnięcie! Zapomniałem o chudnięciu. Odchudzanie. Właśnie, czy kiedyś się ludzie odchudzali?

Z: Chyba się na to nie zwracało tak dużo uwagi. Po pierwsze, nie było tylu grubych ludzi.

F: Bo nie było od czego utyć.

Z: Było od czego utyć, natomiast nie woziło się tyłka cały czas samochodem, tylko się chodziło. Wykonywało się prace domowe. Kopało ziemię w ogródku. Robiło mnóstwo fizycznych rzeczy, których w tej chwili się nie robi. Chociażby czas spędzany przy reperacji samochodu. Ile to się człowiek namęczył, żeby sobie zreperować samochód.

F: Co więcej, wydawnictwo „Auto” publikowało książki w stylu: jak naprawić poloneza albo 128 napraw dużego fiata.

Z: To wydawał nasz kolega Janek Kijewski. Miał wydawnictwo „Auto” i naprawdę nieźle sobie z tego żył. W pewnym momencie miał na rynku książki o tym, jak naprawić małego fiata, dużego fiata, poloneza, skodę i nosorożca.

F: Nie nosorożca, tylko zaporożca.

Z: Przepraszam, zaporożca.

F: Tutaj literatura wyszła naprzeciw człowiekowi.

Z: To były poradniki, z których ludzie korzystali. Bo bez takiej książki w podróż polonezem ni cholery nie pojechałeś, bo jak ci się po drodze popsuł, to nie miałeś szans go naprawić. Teraz sobie zajrzysz do Internetu i wszystko wiesz. A kiedyś trzeba było książkę przeczytać, samodzielnie wyjąć silnik, zrobić generalny remont i złożyć go z powrotem. Nie było problemu.

Słuchało się

F: Pamiętam, że gigantyczne wrażenie zrobił na mnie pierwszy walkman na kasety i ze słuchawkami. Chodzenie z walkmanem na początku lat dziewięćdziesiątych to był w ogóle szpan. Przyczepiało się go do paska i nawet w zimne dni trzeba było tę kurtkę tak podwinąć, żeby walkman był na wierzchu, żeby go było widać. I głośność rozkręcona na maksa, żeby ludzie dookoła słyszeli, co leci w słuchawkach. Wtedy miałem New Kids on the Block z największym hitem *Step by Step*. To był wielki szał. Pamiętam tę piosenkę do dzisiaj. „Step by step, uuu bejbe". Na lekcje też się walkmana przemycało. I te kasety. Ja się właściwie załapałem na przełom technologiczny. Bo już kończyły się kasety, a zaczynały się płyty CD, które były cholernie drogie, w każdym razie te oryginalne. Bo się kupowało z hologramem albo bez. Te z hologramem w empikach kosztowały, nie wiem, z 80–90 złotych już po denominacji. Ale można było pojechać na Stadion i kupić za złotych 15. Albo 20. Był tylko jeden mały problem z kupowaniem na Stadionie... A, musimy w ogóle wyjaśnić, o co chodzi ze Stadionem. W drugiej połowie lat dziewięćdziesiątych słowo „stadion" nie kojarzyło się ze sportem, tylko z zakupami. Bo to był największy bazar Europy.

Z: Ale o którym stadionie mówisz?

F: Nie mówię o Skrze, Skra to były twoje czasy. Mówię o Stadionie Dziesięciolecia.

Z: Ale wszystko zaczęło się od Skry.

F: To tym bardziej słowo „stadion" nie kojarzyło się wtedy ze sportem. Nazywało się to Jarmark Europa. Można było tam kupić płyty od Ruskich. Bo kiedyś w ogóle się kupowało od Ruskich.

Z: Myślę, że Rosjanie wydawali płyty zachodnich wykonawców bez licencji.

F: Oczywiście, że tak. Zwykłe piractwo. Tylko z wycieczką na Stadion był ten jeden mały problem, że przechadzając się między stoiskami, można było zostać skrojonym z komórki. Na Stadionie straciłem trzy komórki.

Z: Nieuważny byłeś.

F: Nie… dziesięciu podchodziło i kroiło cię z komórki. W ogóle generalnie kiedyś zjawisko krojenia było bardzo popularne. Nie wiem, czy jest tak dzisiaj. Ale kiedyś dzieci, które chodziły po ulicach, się kroiło. Z pieniędzy, z portfeli, z telefonów. Jak gnoje wychodziły bez opieki dorosłych i miały przy sobie komórki, to było mniej więcej 80 procent szans, że nie wrócą z tymi telefonami do domu.

Z: Mieliśmy mówić o muzyce.

F: Kończę dygresję. I teraz możesz wrócić.

Z: No to wracam.

F: A potem pojawiły się empetrójki i już wszyscy mieli w dupie te płyty i te kasety. Ściągało się po prostu na nielegalu z Internetu. I pewnie jest tak do dzisiaj. Że się piraci i ściąga. A to zło!!!

Z: Moje pierwsze fascynacje muzyczne... Czerwone Gitary. Klasyka. Czerwone Gitary i Beatlesi oczywiście. Gdy się u nas pojawił na ekranach film *The Beatles*, to się rozpętało szaleństwo. Potem było *Help* i *Żółta łódź podwodna*. Boże, stało się godzinami po bilety do kina na te filmy. Jeżeli ktoś miał *Biały album* Beatlesów i organizował prywatkę, to ustawiały się kolejki chętnych, by wziąć udział w tej imprezie. Lubiłem także Skaldów. Bracia Zielińscy to doskonali muzycy. W pewnym okresie fascynowali się muzyką ludową, góralską. Do tego piękne teksty. W drugiej połowie lat siedemdziesiątych wśród polskich wykonawców Skaldowie byli prawie moim numerem jeden.

F: A nie Niemen? Ja myślałem, że Niemen. Przecież większego geniusza w polskiej muzyce to chyba nie ma? Nie ma, nie było i nie będzie.

Z: Niemen w początkowym okresie kariery niewątpliwie tak. Kiedy tworzył taką muzykę, która wpadała w ucho. *Stoję w oknie*, *Czas jak rzeka*, *Płonąca stodoła*, no i *Dziwny jest ten świat*! Natomiast potem Niemen zaczął tworzyć muzykę trudną. Najpierw do tekstów poetyckich, Norwida, Leśmiana. Potem muzykę elektroniczną i stał się troszkę mniej zrozumiały.

F: Ale co my tutaj będziemy rozmawiać o Niemenie, skoro muzykiem 25-lecia został kto?

Z: Zenek Martyniuk.

F: Na gali „Super Expressu". Najważniejszy Akcent.

Z: Disco polo. Nie mówmy o tym. Chciałem powiedzieć o moim numerze jeden.

F: Ale polskim?

Z: Polskim.

F: Niech zgadnę…

Z: Nie zgadniesz w życiu.

F: Stan Borys?

Z: Nie. Choć też go bardzo lubiłem. Nie zgadniesz, bo nie wiesz, nie znasz. Dżamble.

F: Dżamble?! Co to Dżamble?

Z: To jest zespół, w którym śpiewał Andrzej Zaucha.

F: Ach, Zaucha! Gdybyś powiedział Zaucha, toby było wiadomo.

Z: Zaczynał śpiewać właśnie w Dżamblach. Genialny zespół. Troszkę jazzujący. No i genialny Andrzej Zaucha.

F: Zaucha to w ogóle nasz Sinatra był.

Z: Tak. Natomiast z zagranicznych zespołów to Blood, Sweat and Tears.

F: …

Z: Wokalista David Clayton-Thomas. Genialny *Kołowrotek*… „what goes up, must come down".

F: Nie mam zielonego pojęcia, o czym mówisz.

Z: O zespole, też trochę jazzującym, z mocną sekcją blaszaną, dętą. To powinieneś znać.

F: Ale w ogóle ta muzyka, którą ja pamiętam od początku lat dziewięćdziesiątych, się zmieniła. Kto był wtedy gwiazdami? Hey, Bartosiewicz, Lipnicka, ale zaczęło się po przemianach...

Z: Nie. Najlepszy, absolutnie najlepszy polski rock, najlepsza polska muzyka to lata osiemdziesiąte. Zdecydowanie.

F: Ale ja nie mogę tego pamiętać. Mówię tylko o tym, co pamiętam. Ale żeby zachować kolejność i systematykę, to możesz zacząć o latach osiemdziesiątych.

Z: To były czasy najlepszego polskiego rocka. Zdecydowanie. Grzegorz Ciechowski z Republiką, Maanam, Kora, T.Love, Budka Suflera. A potem Jarocin – polski Woodstock. Te chmary zwariowanych ludzi, taplających się w błocie, cieszących się muzyką i szukających oazy wolności...

F: Lady Pank. Dżem.

Z: Niesamowite. Tak, Dżem, Riedel. To były czasy. Genialne historie. Muzyka buntu, sprzeciwu, pisana na gorąco. Po tekstach wyraźnie widać, kiedy weszliśmy w lata kryzysowe. „Mogłaś moją być kryzysową narzeczoną", śpiewało Lady Pank. Albo Krystyna Prońko i *Psalm stojących w kolejce*: „Bądź jak kamień, stój, wytrzymaj, kiedyś te kamienie drgną i polecą jak lawina przez noc". Kurczę!... jakoś aktualne do dziś. Mądre, przemawiające do wyobraźni słowa. Zbuntowane, ale dające nadzieję na to, że wszystko się zmieni. Że mury runą. Że kiedyś te kamienie polecą. Absolutnie uważam lata osiemdziesiąte za najlepszy okres polskiej muzyki rockowej. A co ty masz z tymi dziewięćdziesiątymi?

F: Chciałem powiedzieć, że początek lat dziewięćdziesiątych też nie był zły, jeśli chodzi o jakość polskiej muzyki. Ale potem nastąpił podział. Pojawił się też nurt muzyki chodnikowej, którą ojciec tak chętnie promował z radiem. Ale na razie porozmawiajmy o rzeczach jakościowych. Czyli właśnie o takich zespołach jak Hey, jak Varius Manx. Wyśmienici byli. No i Bartosiewicz. I to też były świetne teksty, świetna muzyka. A równocześnie z tą muzyką otworzyła się puszka Pandory. Puszka z Pandorą.

Z: Nie no, przestań.

F: I pojawiło się coś, co gdzieś tam długo w nas drzemało, ale nie miało się jak odpalić w przestrzeń. I to była muzyka chodnikowa, czyli disco polo.

Z: Ale wiesz, z czego to się wzięło?

F: Z italo disco i Modern Talking. To jest połączenie.

Z: Właśnie tak. Ale skoro oni mają swoje italo disco i świetnie się przy tym bawią, to dlaczego nie my?

F: Muzyka prosta, łatwa, przyjemna.

Z: Ale mówimy disco polo i wrzucamy wszystko do jednego worka.

F: Chciałbyś znaleźć jakościowe disco polo?

Z: Oczywiście, że tak. Uważam, że Bayer Full i Sławek Świerzyński to było zjawisko.

F: To prawda. Zjawisko. „Bo wszyscy Polacy to jedna rodzina".

Z: No i genialne.

F: Albo „Niech żyje wolność".

Z: A „Majteczki w kropeczki, ohohoho", które w tej chwili śpiewa po chińsku?

F: Czyli to są ludowe piosenki…

Z: Na koncercie *Lata z Radiem* w Grudziądzu w 1996 roku scena stała na plaży, ludzie siedzieli na skarpie. Tysiące. Nie wiem, ile było, 15–20 tysięcy widzów. Przed Bayer Fullem śpiewała mniej znana wykonawczyni, niejaka Kayah. Publiczność siedziała, smętnie się przysłuchiwała temu, co początkująca wokalistka wyprawia. A naprawdę wszyscy czekali na Bayer Full. I jak się pojawili, to dopiero się zaczął koncert. W pewnym momencie oczywiście poleciało *Wszyscy Polacy to jedna rodzina* i *Majteczki w kropeczki*. I Sławek Świerzyński ze sceny rzucił hasło: „Dziewczyny, a pokażcie, jakie dziś macie majteczki". I 20 tysięcy spódniczek hops! do góry. Takie to były czasy. I wesoło było, i przyjemnie. I kulturalnie!

F: Był też świetny zespół Boys. Hit *Jesteś szalona* jest grany na najbardziej prestiżowych, kulturalnych imprezach, jakie mieliśmy – ojciec pewnie też – okazję prowadzić. I to jest element obowiązkowy. Musi być.

Z: Dlatego mówię, nie wrzucajmy tego całego disco polo do jednego worka. Bo od czasu do czasu sobie włączam jakąś stację nadającą muzykę disco polo…

F: A teraz jest ich coraz więcej.

Z: …i słucham sobie. Zęby mnie bolą, nawet plomby mi się zaczynają ruszać…

F: A rączka chodzi.

Z: Nie, nie.

F: Plomba boli, a nóżka idzie.

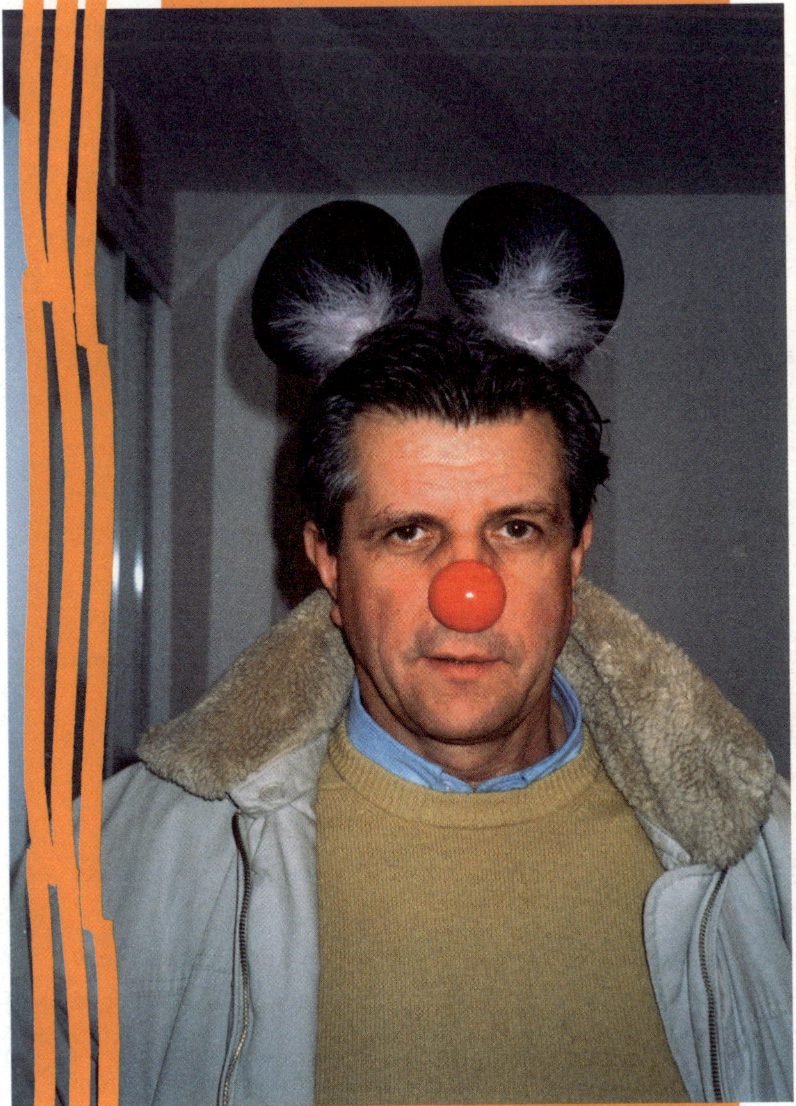

Z: Nie, naprawdę nie. Więc myślę, że jeżeli chodzi o jakość, to w disco polo też są gwiazdy. Zenek Martyniuk jest fajnym gościem.

F: Oczywiście, że jest. Bez dwóch zdań.

Z: Śpiewa melodyjne, fajne teksty, które trafiają do ludzi. *Jej oczy zielone*. Dużo ma takich hiciorów. Jednak w życiu bym nie powiedział, że on jest najlepszym wykonawcą ostatnich 25 lat, bo to jest duża przesada.

F: No i radia go grają. À propos radia, to ty teraz jesteś w Nostalgii?

Z: Nie Nostalgia, tylko Pogoda. W Bydgoszczy jesteśmy na czwartym miejscu. Ciekawą rzecz opowiedział jeden z naszych słuchaczy. Zadzwonił do radia, przedstawił się, że pracuje w szkole. Tylko nie bardzo zrozumiałem, czy jest nauczycielem, czy jest bardziej pracownikiem ochrony, czy coś takiego. Powiedział, że przychodzą do niego uczniowie, on cały czas ma nastawione Radio Pogoda, i mówią: „Proszę pana, u pana to same premiery są".

F: To dobre.

Z: „U pana to same premiery są. W życiu tego nie słyszeliśmy".

F: Bo gdzie mieli to słyszeć. Błagam, przecież tego nawet na YouTubie nie ma.

Z: I nagle się okazuje, że muzyka z lat pięćdziesiątych czy sześćdziesiątych może być fajna, interesująca i być dla kogoś odkryciem. Gdzie Franka Sinatrę usłyszysz, Ellę Fitzgerald? Gdzie Edith Piaf usłyszysz? Jandę, Eugeniusza Bodo albo Chór Czejanda?

F: Albo u mnie z tego dysku, albo u ciebie.

Z: Więc spokojnie. Niszowa muzyka... no, mała stacja.

F: Społeczeństwo się starzeje, leki się muszą sprzedawać. W związku z tym pomysł biznesowy wyśmienity.

Z: Raz zadzwoniła młoda osoba, no, w średnim wieku. Mówi, że jedzie odwiedzić dziewięćdziesięcioletniego tatę. W kuchni odstawili stół, bo sobie tańczą przy muzyce Radia Pogoda. Ciekawe jest też to, że do Radia Pogoda zaczynają podążać słuchacze Radia Maryja.

F: Naprawdę?

Z: Tak. Jest duży przepływ. To radio bez indoktrynacji, ideologii. Przede wszystkim muzyka. Pozytywne wspomnienia, sentymenty.

F: Z drugiej strony ile można klepać pacierz...

Z: Oczywiście, Radio Maryja ma swoją stałą, żelazną publiczność, która nigdy nie odejdzie.

F: A skoro jesteśmy przy Pogodzie, to trzeba odnotować taki fakt jak pojawienie się pierwszych komercyjnych stacji radiowych, ich wpływ na media publiczne, powstanie playlisty. Takim krokiem milowym dla polskich mediów było powstanie Radia Zet.

Z: Pamiętam ten czas przełomu, kiedy Polskie Radio traciło monopol na nadawanie. Powstawały stacje komercyjne.

F: W latach osiemdziesiątych nie było stacji, która by konkurowała z Jedynką, Dwójką czy Trójką?

Z: Nie. Nie było możliwości prywatnego przekazu. W czasie pierwszej Solidarności powstało Radio Solidarność, które później zostało z hukiem zamknięte. Były próby nadawania nielegalnie. Sygnałem Radia Solidarność była taka wojenna piosenka *Siekiera, motyka*... Pamiętam ten sygnał i audycję nadawaną z bloku na Ursynowie. Cały czas zmieniali miejsce nadawania, bo milicja i Służba Bezpieczeństwa ich namierzały. Ale ta stacja szybko została zlikwidowana. Potem nie było nic. I dopiero na przełomie 1989 i 1990 nowe stacje wyrastają jak grzyby po deszczu. Pamiętam reakcje ówczesnego naszego dyrektora, który jechał taksówką, i taksówkarz słuchał właśnie Zetki. Pan dyrektor na kolegium mówi: „Słuchajcie, jechałem z taksówkarzem. Nie miał Jedynki nastawionej, tylko jakąś Zetkę. Ale wiecie co? To żadna konkurencja, to takie radio dla taksówkarzy".

F: Ale hasło „Słucham tylko mamy i Radia Zet" pamiętam do dzisiaj. A ile ono może mieć lat? Ponad dwadzieścia jak nic.

Z: Pamiętam, że reakcje w radiu publicznym na powstawanie tych komercyjnych rozgłośni były pełne lekceważenia. „Co to w ogóle jest? My tutaj tradycje kilkudziesięcioletnie, takie zbiory, tylu korespondentów, takie informacje. Jakość, poziom, muzyka. My mamy najlepszą muzykę". Kompletny brak wyczucia, co za chwilę się wydarzy, a wydarzyło się mnóstwo. Nagle powstało wiele bardzo mocnych stacji, stawiających przede wszystkim na muzykę, której brakowało w Polskim Radiu. Tu nie było miejsca na informacje podawane inaczej, na dużo większe tempo. Przyzwoity dziennik w Polskim Radiu trwał pięć minut. Nagle okazuje się, że można te same informacje, skrótowo i w niezłym tempie, podać w dwie minuty. Pełne zaskoczenie. „Jak to? Klepią coś tam. Ludzie tego nie rozumieją. Nie będą tego słuchać". Wiele lat to trwało, zanim dotarło do świadomości decydentów radiowych, że to jest konkurencja.

F: Ale Polskie Radio się bardzo dzielnie broniło. Przecież w wynikach słuchalności Jedynka zawsze była w pierwszej trójce.

Z: Broniło się troszkę siłą przyzwyczajenia.

F: Sentymentu, ale weszła polityka, która to wszystko rozpieprzyła.

Z: Natomiast struktura słuchaczy, mówię tutaj o wieku, była i nadal jest dla Polskiego Radia bardzo niekorzystna. Słusznie ktoś powiedział, że nasi słuchacze jak w '45 włączyli na Jedynkę, tak do tej pory mają włączoną.

F: Tylko że odchodzą.

Z: I że nawet nie wiedzą, że można przekręcić tę gałkę i włączyć coś innego. Niestety, ta grupa jest coraz mniejsza, a poza tym też zaczyna szukać treści, które bardziej jej odpowiadają.

F: Ale struktura wewnętrzna Polskiego Radia też jest bardzo ciekawa. Pamiętam, gdy zaczynałem pracować w Trójce, potrzebowałem baterii do rekordera. Ponieważ byłem na stażu, czyli prawie nic nie zarabiałem, to uznałem, że nie będę jeszcze dokładać do paluszków. Więc idę do mojego wydawcy, do Barona, i mówię, że potrzebuję paluszków do rekordera. A on odpowiada, że muszę iść do pokoju 305. Idę do 305. Z 305 do 308. W 308 mówią, że baterie to nie na Myśliwieckiej, że ja tutaj tylko dostanę pismo, z którym dopiero pojadę na Malczewskiego i na Malczu się zgłoszę w recepcji, a oni mnie pokierują dalej. No i pojechałem na Malczewskiego, na samą benzynę wydałem więcej, niż wydałbym

relaksie

na te paluszki. Mówię, że przyszedłem po paluszki. Oni mnie skierowali do kolejnego pokoju. Przedzierałem się przez ten gmach na Malczewskiego, pokonywałem te wszystkie piętra, korytarze. W końcu dotarłem.

Z: Wiesz, jaka jest historia tego gmachu na Malczewskiego? To był gmach budowany dla Służby Bezpieczeństwa.

F: I w końcu docieram do właściwego pokoju. Oni mówią, że nie ma paluszków, ale mogę złożyć podanie o to, żeby one były na za tydzień.

Z: No to spokojnie piszesz i czekasz.

F: Najlepsze jest to, że gdy rok temu prowadziłem audycję w Programie Czwartym Polskiego Radia, to tam się nic nie zmieniło. Nic. Jeden do jednego. Dokładnie tak samo.

Z: Jedno się zmienia – słuchaczy ubywa.

F: Słuchaczy ubywa i zmieniają się kolejni dyrektorzy z nadania politycznego.

Z: Przynajmniej jeśli chodzi o *Lato z Radiem*, to myśmy się starali. Ale to była audycja, w której można było sobie poszaleć, powygłupiać się. Można było się bawić w radio. To, co absolutnie było nie do pomyślenia w *Sygnałach dnia*, które zawsze były polityczne, poważne, społeczne, gospodarcze, czy w *Czterech porach roku*, które były kulturalne. Premiery, książki, kino, film, teatr. Z naciskiem na teatr. Ponieważ jednak *Lato z Radiem* miało sporą słuchalność, to władza stwierdziła, że to będzie rodzaj wentyla bezpieczeństwa, więc raz do roku niech sobie poszaleją. I szaleliśmy. Zacząłem z *Latem* pracować za czasów pierwszej Solidarności. Potem była przerwa na stan wojenny. Później staraliśmy się też być audycją przyjazną wobec słuchacza. W całej tej szarzyźnie dookoła *Lato z Radiem* było jak słoneczko. Jak symbol lata. Staraliśmy się grać fajną muzykę. Michał Rybczyński przynosił co jakiś czas jakąś ciekawostkę. A to *Zupę Romana*, a to *Lambadę*.

F: A skąd to brał?

Z: Miał kontakty, przysyłali mu płyty, kupował też na bazarach. Michał Rybczyński, ilustrator muzyczny *Lata z Radiem*, to w ogóle osobna historia. Niezwykły poszukiwacz ciekawostek muzycznych. Poszukiwał, wynajdywał najdziwniejsze rzeczy, które potem stawały się wielkimi hitami. Misiek był bardzo drobnej postury i chodził zawsze w białych drewnianych chodakach. Najpierw było słychać tup, tup, tup i dopiero potem pojawiał się Michał, ale też nie pojawiał się cały, tylko pojawiał się właściwie do połowy. Niósł pudła z taśmami, które zwykle sięgały mu nad głowę.

F: Skąd się wzięła *Polka Dziadek*? Jaka jest historia tego dżingla?

Z: *Polka Dziadek* to ludowa, austriacka melodia.

F: Tak, to wiem. Tylko skąd pomysł, przecież to jest wyśmienity strzał. Jak ktokolwiek to słyszy, to nie myśli, że to *Polka Dziadek* czy jakaś austriacka melodia ludowa, tylko melodia *Lata z Radiem*.

Z: Wszystko to wymyślił genialny pierwszy szef *Lata z Radiem* Aleksander Tarnawski. Wymyślił *Lato z Radiem*, wymyślił *Cztery pory roku*, *Sygnały dnia* i w ogóle wymyślił audycje na żywo.

Wszystkie audycje do roku '71, kiedy powstało *Lato z Radiem*, były wcześniej nagrywane.

F: Naprawdę? Dlaczego?

Z: Oczywiście. To musiało przejść przez cenzurę. A nie daj Boże ktoś by powiedział na żywo coś przeciwko ustrojowi. U nas nie było czegoś takiego jak przesunięcie czasu. Coś takiego wykorzystywano, zdaje się, w czasie transmisji wizyt papieskich. Ale to dotyczyło telewizji, gdzie był obrazek i gdzie można było manipulować tym obrazkiem. W radiu sprawozdawca siedział na miejscu i mówił. Zresztą chyba jedną z sytuacji, która bardzo mnie nakręciła na radio, była pierwsza wizyta Jana Pawła II w Polsce. To był rok '79. Stałem wtedy na Krakowskim Przedmieściu, tamtędy papież miał przejeżdżać. W oknach mieszkań były wystawione głośniki i radia nastawione na maksa. Panowała niesamowita cisza, było słychać muchy, które latały w powietrzu. Sprawozdawcą z powitania Ojca Świętego był Sławek Szof, genialny dziennikarz radiowy. Zrobił to w taki sposób, że prawie wszyscy ludzie stali i płakali. Pomyślałem sobie wtedy: „Kurczę, jaka to jest siła przekazu". Przecież słuchacze tego nie widzą, dociera do nich tylko głos sprawozdawcy. I Sławek Szof był tak genialny, że aż mnie zatkało. Uznałem wtedy, że w radiu jest coś fascynującego. To jest magiczne zjawisko. Oczywiście słuchałem radia, piosenek. Ale w tamtym momencie zobaczyłem, jak wielką potęgą może być radio, jak wielkim jest teatrem wyobraźni, jak działa na uczucia. To był ten moment. Transmisje były w Pierwszym Programie Radia.

No i koncerty… Ile ja ich zrobiłem. Z *Latem z Radiem* zagraliśmy ich setki. Ponad pół tysiąca na pewno. A wszystko zaczęło się od szalonego pomysłu – bo mieliśmy naprawdę głupie pomysły – żeby wybierać Miss *Lata z Radiem*. Miss, którą słychać, ale której nie widać. Zresztą w ten sposób poznaliśmy się z Dorotą.

F: A to genialny pomysł. Jak sobie teraz pomyślę, to jest wyśmienite.

Z: Ktoś wpadł na pomysł: „Wybierzmy sobie Miss Lata". „A jak?". „No będzie gadać i ludzie będą wybierać". „Ale jak to? Po głosie?". „No opiszemy ją trochę". I rzeczywiście opisywaliśmy. Potem do współpracy zgłosił się „Super Express", który zamieszczał zdjęcia tych dziewczyn. Pilotowała to Sława Bieńczycka, która później przeniosła się do radia.

F: Ale jak to? „Super Express" to przecież dopiero lata dziewięćdziesiąte.

Z: Ale to dużo później. A te pierwsze wybory to był rok '83. Mama wtedy startowała.

F: Ja jestem rocznik '84, więc to musiał być '83.

Z: Z tym się zresztą wiąże śmieszna historia, dlatego że Dorota usłyszała mnie w radio. Bardzo jej się spodobał głos i chciała poznać jego właściciela. I akurat był organizowany konkurs na Miss *Lata z Radiem*, więc się zgłosiła. Miss *Lata z Radiem* nie została, ale za to załapała się na męża. Na głos. Czyli bardzo owocne wybory. Tak, masz rację, że to dużo później współpracowaliśmy i z telewizją, pokazującą te dziewczyny, i z gazetami. Ale pierwsze wybory to był głos. Na naszych koncertach publiczność pod sceną zmieniała się w zależności od tego, kto występował. Jeśli był to Krzysztof Krawczyk, to

z przodu dominowała publiczność w wieku średnim, było bardziej rodzinnie. I na koniec leciało *Abba Ojcze*, bardzo religijnie i kulturalnie. Jak się pojawiało Lady Pank, to następowała zmiana publiczności, ci do przodu, ci do tyłu. Ale te koncerty były niesamowite. Jeździliśmy po całej Polsce, największy koncert, który zagraliśmy, obejrzało ponad 100 tysięcy widzów na skwerze Kościuszki w Gdyni. Finał *Lata z Radiem*. Bardzo ciekawe doświadczenie.

F: Najgenialniejszy koncert, jaki widziałem w życiu, to był Jean Michel Jarre na 25-lecie Solidarności w Gdańsku. Te lasery na dźwigach, żurawiach w Stoczni. On chyba wykonał *Mury* Kaczmarskiego. Dobrze mówię?

Z: To jest naprawdę hiszpańska, katalońska pieśń rewolucyjna, protest przeciwko dyktaturze Franco i jest o tym, że trzeba wyrwać słup, do którego przykuli kajdanami ludzi.

F: Nie miałem o tym pojęcia. I to jest koncert, który zapamiętam na zawsze. Niesamowity show. Bo w koncercie nie chodzi tylko o samą muzykę, ale też o to, co tam się dzieje dookoła. A byłeś na Rolling Stonesach? Bo to był podobno najbardziej niesamowity koncert w historii.

Z: Nie. Ja wtedy dzieckiem byłem.

F: Na koncertach to wszyscy chodzili nawaleni już od siedemnastej.

Z: Nie. Ale zawsze był z tym wielki problem, bo robiliśmy na scenie dosyć dużo konkursów i zapraszaliśmy do nich publiczność. Trudno zgadnąć, kto już jest po ośmiu piwach, a kto dopiero po pierwszym. I parę razy nam się zdarzyło na scenę zaprosić gości, którzy z niej spadali. Trochę było obciachu. Potem doszliśmy do wniosku, że najlepszym sposobem będzie zapraszanie przede wszystkim kobiet, a najlepiej z dzieckiem.

F: No tak, doskonała strategia.

Z: Więc wieczorne konkursy były głównie dla pań. Ewentualnie gdy tata trzymał dziecko na ramionach, to znaczyło, że ma pion i nie spadnie nam ze sceny. Jakichś większych historii z tym nie było.

Oglądało się

Z: Czwartkowa „Kobra".

F: To jakaś rzecz, której ja nie znam.

Z: Teatr sensacji w czwartki o dwudziestej. W czołówce kręcił się wąż, kobra. I na końcu rozdziawiał pysk i puszczał oko.

F: A, to kryminały.

Z: Tak, kryminały. W początkowej fazie chyba w ogóle robione na żywo w studiu telewizyjnym. Pasjonujące historie. To pierwsze, co pamiętam. Z dziecięcych programów pamiętam *Klub Myszki Miki*, amerykański program z piosenkami dla dzieci i z kowbojem, który tańczył z lassem.

F: To puszczali wam amerykańskie produkcje?

Z: No. *Bonanza* przecież była.

F: *Bonanza* to tak, ale *Klub Myszki Miki*? Naprawdę?

Z: Tak. I jeszcze program muzyczny *Południowe rytmy na Broadwayu*.

F: Co?!

Z: Naprawdę. W tym programie orkiestra rozrywkowa grała modne amerykańskie kawałki.

F: Co za prehistoria. Myślałem, że powiesz *Studio 2*.

Z: Nie, w latach sześćdziesiątych nas dopieszczali.

F: Pierwsze, co pamiętam, to *Teleranek*. Jeszcze się załapałem na ten słynny *Teleranek*. No i *5-10-15*. Tam zaczynał Piotr Kraśko. I pamiętam, że jak byłem bardzo mały, to oglądałem część dla pięciolatków. A potem już wyłączałem, bo to nudne było. Potem z kolei, jak człowiek miał w okolicy dziesięciu lat, to oglądał tę środkową część i tę dla najstarszych. Świetny pomysł na zagospodarowanie czasu. *5-10-15* było w sobotę, a *Teleranek* w niedzielę.

Z: Chyba Bożena Walter była współautorką *5-10-15*.

F: Świetny naprawdę pomysł na dziecięce programy. Pamiętam *Ziarno*, straszna nuda. I pamiętam też program…

Z: *Zwierzyniec*?

F: Nie. O świniach i o cenach paszy. Nazywał się *Agrobiznes*. Pamiętam, jak się nie szło do szkoły, zostawało w domu i udawało chorobę, to właśnie rano po *Domowym przedszkolu* leciał ten gówniany *Agrobiznes*. Biedne dzieci leżały i oglądały ceny paszy i świnie, i krowy. Bo nie było nic innego.

Z: A myślisz, że rolnicy to oglądali?

F: Nie mam pojęcia. To było nudne do wyrzygania. Czasami po trzech dniach oglądania *Agrobiznesu* dziecko wolało wyzdrowieć i wrócić do szkoły, niż dalej patrzeć na świnie w chlewie. Seriale też pamiętam, bo pojawiła się alternatywa, czyli Polsat. I tam leciały amerykańskie seriale: *Żar tropików*, *Drużyna A*, *MacGyver* – mój ulubiony. W szkole opowiadaliśmy sobie, co tam ostatnio MacGyver zrobił z drutu, kawałka szkła

podziękowania
za udział
w programie „Idź na całość”

i zapalniczki. Że helikopter. Albo ciężarówkę. Uwielbiałem *MacGyvera*.

Z: Z najwcześniejszych seriali amerykańskich pamiętam *Bonanzę*. Jeszcze był *Zorro*, w wersji czarno-białej. Wycinał literkę „z" na spodniach sierżanta Garcii, grubego, z wąsem, zawsze spoconego, i wyskakiwał z pierwszego piętra prosto na konia. I miał służącego niemowę.

F: A tasiemce? *Niewolnica Isaura*?

Z: No była.

F: Znam to tylko z opowieści, ale podobno ulice pustoszały. Potem wylała fala imion poserialowych.

Z: Tak, tak. Można spotkać dziecko, które ma na imię Izaura. W mordę.

F: To już nie dziecko chyba.

Z: No nie, to już kobieta po trzydziestce. Ale Leonciów nie było. Był jeszcze polski serial *W labiryncie*. Pierwsza polska telenowela.

F: Nawet pamiętam czołówkę: „W labiryncie ludzkich spraw… ta-rara-ra-ra… na przekór ludziom".

Z: Świetna obsada. Bardzo dobrzy aktorzy.

F: Grał Gargamel, Wiesław Drzewicz…

Z: Jeszcze Marek Kondrat, Leon Niemczyk…

F: Były jeszcze *Matki, żony i kochanki*, ale to później. Dobry serial, świetnie się oglądało.

Z: A porucznik *Columbo*? A *Kojak*? *Kojaka* nie oglądałeś.

F: Ale to nie nasze. *Ekstradycję* oglądałem.

Z: Telly Savalas, łysy detektyw zawsze z lizakiem w gębie?

F: A *Ekstradycja*? Zrobiła na mnie takie wrażenie, że chciałem wstąpić do policji. Chciałem być porucznikiem Halskim. Kondrat przeszedł sam siebie.

Z: Ale sam serial też był dobry.

F: Tak, dobrze napisany. Trzecia część już odpłynęła w jakieś dziwne rewiry, ale jedynka i trochę dwójka były super.

Z: No i z tych czasów trzeba wspomnieć o Bogusławie Lindzie.

F: Linda zmienił polski show-biznes i rynek. To był pierwszy taki aktor i gwiazdor w stylu amerykańskim. Jak wystąpił w reklamie, to się wszyscy zastanawiali, ile miliardów złotych za to dostał. I jeździł jaguarem, co też było takie bardzo amerykańskie.

Z: Tak, Linda był absolutnie gwiazdą pierwszej wielkości. Dzięki *Psom*.

F: Ale ludzie, z powodu *Psów* i generalnie przez Pasikowskiego, zapomnieli, że Linda już wcześniej był naprawdę świetnym aktorem. Talent ma niesamowity.

Z: *Psy* rzeczywiście były mocne…

F: Pamiętam, jak ojciec zabrał nas na *Sarę*, a ja byłem wtedy okropnym małolatem. I się okazało, że jest to właściwie film pornograficzny. I trochę pedofilski. Generalnie zrobiło się dziwnie.

Z: Ale oglądałeś z zaciekawieniem.

F: Z niezwykłym zaciekawieniem, ale nikt się nie spodziewał, co będzie w środku.

Z: Po tytule uznałem, że to film młodzieżowy.

F: A tam Włodarczyk w wannie...

Z: *Psy* zbrutalizowały język.

F: Więcej kurew się pojawiło... To dla odmiany od kurew – *Wielka gra*? Teleturnieje zaczęły się od *Wielkiej gry*. Chyba że było coś wcześniej?

Z: Nie, to chyba pierwszy taki popularny teleturniej. Ostatnio była próba reaktywacji...

F: Ale teraz to by się nie udało.

Z: ...ale chyba formuła jest za hermetyczna. W tym programie jedyne, co można robić, to podziwiać wiedzę zawodników.

F: Ale to nudne było, jak ci zawodnicy zakładali słuchawki, wchodzili do tych kabin. Ile to czasu w dupu straconego bezpowrotnie.

Z: Mnie najbardziej fascynowała balia na środku z podziałkami. Pani Ryster podchodziła i kręciła tą balią. Zrobili to z koła od wozu drabiniastego.

F: Z takich teleturniejów sprawdzających wiedzę bardziej dynamiczny był *Miliard w rozumie*. Weiss to prowadził.

Z: To już był teleturniej, w którym widz mógł się sprawdzić. Bo w *Wielkiej grze* to ni cholery. Przecież tam były pytania w stylu: „Co powiedział Jan Sebastian Bach, przebywając u swojej ciotki Melanii 6 grudnia po podwieczorku?". I zawodnicy znali odpowiedzi. Byli tacy, co wygrywali seryjnie, bo się uczyli kolejnych tematów. I wygrywali ciężkie pieniądze. Genialne. Ale to się oglądało. Bo nie było nic innego, może dlatego...

F: *Miliard w rozumie* nie był oparty na żadnym formacie, nasz pomysł. Bo potem weszły formaty.

Z: Rewolucyjnym formatem było *Koło fortuny*. Ale tam też trzeba było kombinować i coś wiedzieć.

F: Trzeba było mieć inteligencję, oczytanie i zasób słów, powiedzonek.

Z: A rewolucyjnym programem było tak naprawdę *Idź na całość*. Tam już nie trzeba było wiedzieć nic.

F: Tak, to był pierwszy program do promocji głąbów.

Z: Pamiętam, że mieliśmy konsultanta z Londynu. Gość specjalnie przyjechał do pierwszych wydań programu. No i robiliśmy próbę. Miałem trzy kwiatki: goździk, różę i gerberę. Podszedłem do któregoś z uczestników i powiedziałem: „Jeśli wymienisz nazwę jednego z tych trzech kwiatków, to dostaniesz ode mnie 500 złotych". Na co konsultant mówi: „Stop. W tym programie nie może być żadnej wiedzy. Żadnych pytań, chyba że o życie osobiste". I rzeczywiście. W tym programie podejmowało się tylko decyzje. Mniej lub bardziej ryzykowne. Albo zostawało się przy tym, co się zdobyło, albo ryzykowało się i grało.

F: Czyli czysty hazard.

Z: Tak. Ale w pewnym sensie była to rewolucja. *Idź na całość* nadawano od '97 roku. Licencja kupiona ze Stanów Zjednoczonych. Tam ten program powstał jeszcze w latach siedemdziesiątych. Przez ponad 20 lat prowadził go Monty Hall.

F: *Let's Make a Deal*, tak to się chyba nazywało?

Z: Tak. Program polegał na dokonywaniu wyborów między kilkoma propozycjami, które ja składałem. W finale tego programu były trzy bramki. W jednej z tych bramek ukrywała się bardzo cenna nagroda typu samochód czy superwycieczka. W drugiej trochę mniejsza nagroda. Można było też spotkać

Zonka, czyli czerwonego kota w worku, który symbolizował przegraną.

F: Ale jak się trafiło jedną nagrodę z bramki, to można było jeszcze zamienić bramkę.

Z: Nie.

F: Jak nie, przecież przekupywałeś?

Z: W finale już nie.

F: A, w finale nie. Ale wcześniej?

Z: Wcześniej różne zamiany chodziły. Czasami dokładałem pieniądze, chciałem odkupić. Ale w finale już nie, gracz dokonywał wyboru i cześć. Ale kilkadziesiąt samochodów poszło w naród. Futra, złoto, biżuteria. Czasem do gry zapraszałem męża, a żona zostawała wśród publiczności. I wrzeszczała do niego: „Bierz bramkę numer dwa!!!". A ten na złość bierze jedynkę... i Zonk! Do końca programu ze sobą nie gadali i siedzieli odwróceni do siebie plecami. Wyobrażam sobie, co się działo w domu po powrocie: „Ty idioto! Dobrze ci podpowiadałam, a ty co zrobiłeś?". Miałem też gościa, który albo był kowalem, albo się przebrał. Przyszedł do studia z 40- czy 50-kilogramowym kowadłem. I 10-kilogramowym młotem. Cały czas napierniczał w to kowadło, zgłaszając się oczywiście do każdej gry. I za każdym razem, kiedy go nie wybierałem, robił się coraz groźniejszy i coraz bardziej agresywny.

F: Jezus Maria.

Z: Młot coraz mocniej walił w kowadło. W końcu pod sam koniec poprosiłem producenta, żeby dał mi szansę zaproszenia kowala do gry, bo już widziałem ten młot w swojej głowie.

No i pan kowal zagrał. Na szczęście dostał Zonka, pieprznął w kowadło i mieliśmy go z głowy.

F: Jakie emocje. Proste, czyste.

Z: Będzie więcej czy będzie Zonk. Wyjdę z nagrodą czy z niczym.

F: Wyśmienity program.

Z: Chociaż swoją drogą ten Zonk był bardzo ceniony i czasami ludzie, gdy go dostawali, zwłaszcza zanim wszedł do sprzedaży, byli bardziej zadowoleni niż z 200 złotych czy kompletu skarpet.

F: A skąd się wzięło przebieranie? Bo na początku to wyglądało jak w Niemczech, czyli siedziała publiczność ubrana tak, jak do telewizji się ubiera. Siedzieli i grali. A potem się zrobił już taki festyn.

Z: W wersji amerykańskiej ludzie się przebierali. Zresztą u Niemców też. Niemcy, żeby zwrócić na siebie uwagę, przebierali się głównie w stroje ludowe. Pierwsze programy rzeczywiście były w cywilnych strojach. Potem ktoś, kto oglądał ten program w Stanach albo w Niemczech, chciał zwrócić na siebie uwagę i przebrał się za jakiegoś pajaca. No i natychmiast producent powiedział: „O, mamy takiego fajnego, przebranego, bierzemy go do gry". Nieważne, czy coś wygrał, czy nie, ale ludzie zauważyli: „O kurczę, biorą tych przebranych". Czyli się przebieramy. W następnym programie już połowa była przebrana, w kolejnych programach wszyscy się przebierali, i to za przedziwne rzeczy. Jezioro z wyspą i łabędziem na głowie. Kostkę do gry. Za kalkulator. Za telewizor. Za rolnika. Najprzeróżniejsze stroje.

Oglądało się

I właściwie ja jeden wyglądałem jak idiota, bo wychodziłem w normalnym garniturze.

F: Oj, nie w takim normalnym. Tamte garnitury to też była ekstrawagancja.

Z: Może dziś...

F: W rozwoju telewizji w Polsce było kilka kamieni milowych. Takim było pojawienie się dawno temu *Studia 2*.

Z: Tak, ale to już lata siedemdziesiąte. Zupełnie inny rodzaj telewizji. W *Studiu 2* wystąpiła Abba.

F: Kolejne to taki teleturniej jak *Koło fortuny*, pewnie *Idź na całość*. I na pewno *Big Brother*.

Z: Od *Big Brothera* zaczęła się era dość specyficznego pojmowania rozrywki.

F: To na pewno.

Z: Że sprzedać można każdy chłam.

F: Że każdy może zostać gwiazdą, jeśli tylko okaże się odpowiednio kontrowersyjny.

Z: Wystarczy, że pokażesz się i wyróżnisz czymkolwiek, nawet największą głupotą.

F: A z drugiej strony znajdźcie kogoś, kto nie pamięta gwiazd pierwszego *Big Brothera*: Manueli, Klaudiusza Sewkowicza, Gulczasa, Janusza Dzięcioła.

Z: On wygrał.

F: Przecież to wszystko zapadło w pamięć.

Z: Tak, bo to było zjawisko.

F: I wszyscy oglądali.

Z: Ale zauważ, że z serii na serię oglądalność była coraz mniejsza. Ten program tak naprawdę się nie rozwijał, bo co można było jeszcze pokazać po bzykanku Frytki i Kena.

F: Ale to było zjawisko. I tak TVN miał po prostu złoty strzał. To był format holenderski. A pamiętasz, kto prowadził pierwszego *Big Brothera*? Grzegorz Miecugow razem z Martyną Wojciechowską. A potem podobnych programów pojawiało się coraz więcej, bo i Polsat złapał tę formułę. *Bar*, *Dwa światy*. Doda w *Barze* wypłynęła.

Z: Ibisz prowadził *Bar*.

F: I potem z kolei nastąpił przesyt tymi no name'ami i pojawiły się programy z udziałem gwiazd. To był też kolejny kamień milowy. A nie, przepraszam. Jeszcze były *Idole*, czyli talent shows.

Z: Ale myślę, że talent shows pojawiły się trochę później. Dlatego, że po no name'ach pojawił się Wiśniewski i *Jestem jaki jestem*.

F: Tak, bo nastąpił odwrót od no name'ów do gwiazd i wszystkich tych programów z udziałem gwiazd, celebrytów. *Taniec na lodzie*, *Taniec z gwiazdami*.

Z: Gwiazdy zaczęły za ciężkie pieniądze sprzedawać swoją prywatność. Była transmisja ślubu Ibisza, weszło *Jestem jaki jestem*. Znudziły się programy z udziałem nieznanych ludzi, zaczął się okres podglądania gwiazd.

F: Który skończył się z wielkim hukiem programem o skokach do wody w Polsacie. To chyba było zamknięcie tej epoki.

Z: Myślę, że skok Bilguuna załatwił sprawę. Mieliśmy bardzo poważne spotkanie z Rinke Rooyensem, który wymyślił, że Filip będzie prowadził program, a ja będę skakał. Jedyna konkurencja na egzaminach sprawnościowych na Akademię Wychowania Fizycznego, która mi nie poszła, to skok do wody, bo nigdy nie lubiłem skakać. I wyrżnąłem pyskiem, mało nie utonąłem. A tutaj nagle dostaję propozycję skakania do wody. Nienawidziłem tego, więc oferta nie do przyjęcia.

F: Klapa była straszna. Ale największym marzeniem Rinkego, jak mi opowiadał, jest zrealizowanie w Polsce programu, który miał swoją emisję w Wielkiej Brytanii. Jedną serię. I nic dziwnego, bo chodzi o *Gwiazdy skaczą na nartach*. Jak ja bym to oglądał! Kupiłbym zapas piwa, chipsów, siedział i czekał, obgryzając paznokcie. Skoki gwiazd na nartach. I co odcinek z wyższej skoczni. Przecież to cudowne.

Z: A co, myślisz, że nie znaleźliby się chętni?

F: Oczywiście, że by się znaleźli. Dlatego mówię, że nie mogę się doczekać.

Z: Te gwiazdki, gwiazdeczki upadające, żeby sobie podkręcić popularność, Boże drogi. A zaczęłoby się wszystko niewinnie. Skaczemy z 5 metrów, okej? Lekkie zwichnięcie.

F: A w finale z małego mamuta.

Z: I lecimy.

F: Doda z mamuta.

Z: Dobry pomysł. Ale mówiliśmy o kamieniach milowych. Gotowanie – to jest dla mnie fenomen. Coś kompletnie abstrakcyjnego.

F: W ogóle nie abstrakcyjnego.

Z: Filip, co ty wiesz o smaku tego, co oni robią?

F: A co ja wiem o tańcu, do cholery? Nic nie wiem, a Polska żyła *Tańcem z gwiazdami*, kolejnymi edycjami, normalnie jakby to były co sezon wybory prezydenckie. Moim zdaniem bardziej abstrakcyjny jest taniec.

Z: Podoba mi się albo mi się nie podoba.

F: Ale gotować możesz sobie w domu, a w TV się dowiesz, jak się kotlety bije.

Z: Ale myślisz, że bicie kotleta to jest temat do programu rozrywkowego?

F: Ależ oczywiście, że tak. Raz, że jest to temat do programu rozrywkowego, a dwa – do Internetu.

Z: Absolutnie nie.

F: A zupełnie tak.

Z: W tych programach kompletnie nie chodzi o gotowanie.

F: Oczywiście, że chodzi też o emocje.

Z: Równie dobrze mogłaby być pokazywana sztuka kowalstwa.

F: Gdyby to była sztuka kowalstwa, toby była to sztuka kowalstwa. A to jest jednak gotowanie.

Z: Jak się dobrze wypromuje, to program o kuciu sztachet stalowych stanie się dużym hitem.

F: Nie, taki program skończyłby się tak jak program o skokach do wody. A gotowanie to jest coś, co może nie jara cię dzisiaj, ale obejrzysz dwa, trzy programy i zobaczysz, że to jest proste…

Z: Obejrzałem i dalej nie.

F: Akurat ciebie nie przekonało. Ale na przykład jakaś Zosia ogląda to rano i patrzy, że coś takiego sama by ugotowała. Że to jest fajne.

Taniec z Gwiazdami
X

Z: To jest jakaś paranoja, bo w tych porannych programach, z którymi współpracujesz, najpierw leci fragment o tym, jak dbać o wagę.

F: Nie – jak dbać o waginę. Bo dbanie o wagę to jest najmniejszy problem.

Z: Jak o kondycję dbać. Po czym wychodzi kucharz i dawaj, gotujemy.

F: Ale teraz są zdrowe rzeczy z jarmużu. Prawda jest taka, że przepisy zależą od tego, kto jest sponsorem danej kuchni. Bo każdy program jest sponsorowany. I jak są kiełbasy X, to trzeba kombinować śniadanie z kiełbasy X.

Z: Dietetyczne. Ten szał na gotowanie… Kurczę, urządzanie hoteli. Co ludzi interesuje w urządzaniu hoteli?

F: Nic nie interesuje. To zeszło po jednym sezonie.

Z: A jak zrobić hit ze sprzątania domu? W mordę. Czekam na hit o praniu, kto lepiej upierze.

F: Tworzysz to systematycznie od sześciu czy siedmiu lat.

Z: Od dwunastu lat.

F: O przepraszam.

Z: Program, kto lepiej upierze. To jest moje marzenie.

F: Wszystko zależy od tego, jak duży show zrobisz dookoła. I na ile temat jest chwytliwy.

Z: Czyli ile zapłaci sponsor. No i jak dobry jest producent, reżyser i scenarzysta.

F: YouTube zeżarł wszystko, co się dało zeżreć.

Z: Budowanie było. Urządzanie było. Gotowanie… No mówię, jedyna szansa w praniu. Widzę przed sobą dużą przyszłość.

Oglądało się

F: Nie ma szans. Kogo obchodzi pranie.

Z: Jak nie ma szans? Ręczne, kto szybciej? Do tego pranie w pralce, segregacja brudów.

F: W *Czarze par* były takie konkurencje. Na TVP Rozrywka powtarzają stare programy. Jezu, jaki ten *Czar par* był dobry, wyśmienity wręcz. To też Walterowa produkowała.

Z: A teraz jest ślub. Nieznajomi się pobierają i chcą się potem pozabijać.

F: Bo poznają się dopiero na golasa w łóżku. Ale taką genialną scenę widziałem z *Czaru par*. Była taka konkurencja, że trzydzieści żon leżało pod prześcieradłami, a mężowie muszą rozpoznać żony po dotyku i wejść pod to samo prześcieradło. Niektórzy mężowie rozpoznali swoją żonę w jednej osobie, więc ładowali się w piątkę pod jedno prześcieradło. A potem chodził Ibisz i odkrywał prześcieradła. No przecież to wyśmienite jest.

Z: Ja robiłem program z zięciami i teściowymi.

F: A to dobry pomysł.

Z: Wspólnie musieli zdobywać punkty. Były konkurencje typu: on wisi na gałęzi, a ona w tym czasie obiera ziemniaki. On musi jak najdłużej wisieć, żeby ona jak najwięcej ziemniaków mogła obrać.

F: A ty miałeś jeszcze jeden bardzo kontrowersyjny program. Też był takim kamieniem milowym. Jak to się nazywało?

Z: *Moment of Truth*. *Moment prawdy*. Miałem *Chwilę prawdy*, to były cyrkowe konkurencje. I był *Moment prawdy* z wykrywaczem kłamstw.

F: Opowiedz tę historię ze zdradą, bo to znakomite było.

Z: Najpierw badało się uczestnika programu na wykrywaczu kłamstw i najlepszy w Polsce specjalista od wariografu na podstawie tego badania określał, czy zawodnik mówi prawdę, czy kłamie. Jeśli w programie skłamał, odpadał. Na każde, nawet najbardziej intymne pytanie musiał odpowiedzieć zgodnie z prawdą.

F: I pytania były coraz trudniejsze. Coraz bardziej intymne.

Z: Jeden z uczestników przed programem dostał pytanie: „Czy zdradziłeś swoją żonę?". Odpowiedział, że nie, i specjalista stwierdził, że zgodnie z prawdą. Z żoną mają różne pomysły na życie i każde z nich ma swoje różne historie, ale żony nie zdradził. Jest program. Wiem mniej więcej, jak zabawa ma wyglądać, dochodzimy do dużych pieniędzy. Bo im trudniejsze pytanie, tym więcej pieniędzy do wygrania. Można było pół miliona wygrać. I para jest gdzieś tak w okolicach tej sumy. Pada pytanie: „Czy zdradziłeś żonę?". I gość odpowiada, że tak. Nic się nie zgadza. Następuje konsternacja, co z tym zrobić. Mamy dwie kompletnie różne wersje. Zaaranżowałem przerwę techniczną, bo kompletnie zgłupiałem. Psycholog bierze na rozmowę uczestnika programu. Po dobrej półgodzinie psycholog przyszedł do mnie i powiedział, że wszystko się zgadza. Doszło do zdrady, ale już po badaniu, a przed programem. I klient nie skojarzył, że pytanie dotyczyło faktów sprawdzanych podczas badania, a nie tego, co wydarzyło się później. Musiałem tę odpowiedź uznać. Wznawiamy program. Mówię, że wszystko się zgadza. „Szczera odpowiedź, prawda. W związku z czym masz na koncie 250 tysięcy. Następny krok to pół miliona".

Żona siedzi blada i mówi: „No to jeszcze w mordę i wracamy do domu”. Robi się bardzo nieprzyjemnie. Następnego pytania nie pamiętam, chyba nie było tak drastyczne, ale i tak dość podstępne. Uczestnik nie odpowiada prawidłowo. Odpada. Nie wygrywa żadnych pieniędzy. Po programie mąż i żona nie chcą ze sobą rozmawiać. Psycholog bierze na rozmowę jego, potem ją. Próbuje jakoś sprawę załagodzić, wytłumaczyć. Ale zdaje się, że tam bardzo ostro było. To był w ogóle bardzo ciężki program.

To pan żyje?

F: Ludzie na ulicy traktują mnie jak swojego kumpla z pracy, sąsiada, kolegę z klasy: „Jak dobrze cię wreszcie widzieć. Zawsze marzyłem, żeby cię zobaczyć. Chodź może na piwo". Nie ma w ogóle takiego dystansu, że jestem panem z telewizji. Chociaż może to też zasługa tego, co i jak robię.

Z: Myślę, że w dużej mierze to jest zasługa tego, że utrzymujesz kontakt przez media społecznościowe.

F: Media społecznościowe sprawiają, że ludzie, którzy pokazują się na szklanym ekranie, przestają być ufoludkami, stworami z innych planet, które żyją sobie w swoich konstancińskich willach, a przyjeżdżają do pracy bentleyem. Tam widać, że ich życie wygląda mniej więcej tak jak życie każdego człowieka na ulicy. I mają takie same problemy jak zwykli ludzie.

Z: W moim przypadku jest inaczej. Ponieważ nie jestem tak dostępny jak ty, to ciągle jestem panem z ekranu, którego się pamięta z jakichś dawniejszych programów. Przesadzam oczywiście, weźmy w cudzysłów „pana z ekranu". To jest raczej takie: „O, to pan?".

F: „To pan jeszcze żyje?".

Z: „To pan jeszcze żyje? To pan tak wygląda?". Ale generalnie sympatycznie. Chociaż pamiętam, że w czasach dużej popularności bardzo mnie wkurzało, kiedy ludzie obok traktowali mnie trochę jak powietrze, jakby mnie nie było. „Ty, zobacz, to ten, to ten". A ja stoję tuż obok.

F: Nic się nie zmieniło. Dalej jest tak samo.

Z: „Ten z telewizji taki, no wiesz. Ibisz".

F: Ja sobie też trochę narobiłem programem *Mali giganci*. Bo dzieciaki nie oglądają *Dzień Dobry TVN*. Ośmio-, dziewięciolatki w Internecie też nie siedzą, więc pewnie moich materiałów nie widziały. Ale jak wszedł program *Mali giganci*, pewnego razu podjechałem pod McDonalda i zobaczyłem, że stoi autokar pełny dzieci, to już nie poszedłem się wysikać. Zamówiłem coś w drive-through i pojechałem dalej, bo spotkanie z taką wycieczką to jest 40–50 minut wyjęte z życiorysu. A nie można nikomu odmówić autografu, bo jak się odmówi jednemu, to zaraz słychać: „A dlaczego nie dostałem, skoro on dostał?". I w związku z tym obdzielony musi być cały McDonald demokratycznie. Wszyscy albo nikt. Jak mi się chce bardzo siku, to wchodzę. Rozdaję autografy później. A jak nie tak bardzo, to jadę do następnego.

Z: A pamiętasz swój pierwszy autograf w życiu?

F: Nie, ale pamiętam swój pierwszy wywiad w życiu. To też było dobre. Zadzwoniła do mnie dziewczyna i mówi:

„Dzień dobry, czy moglibyśmy umówić się na wywiad?". A ja ze dwa tygodnie byłem reporterem w Dwójce, może jeden mój materiał leciał. Myślę, kurde, dziwne trochę. Ale dobra. No i sobie siedzę, czekam, mija pół godziny, czterdzieści minut, godzina. Bez sensu, ale miałem dużo motywacji, w końcu to pierwszy wywiad. No i dzwoni do mnie ta dziewczyna. Mówi, gdzie siedzi. Odpowiadam, że jestem obok. Podchodzi do mnie: „Przepraszam, chciałam się z panem Zygmuntem umówić. Ktoś mi zły numer dał". I to był mój pierwszy wywiad.

Z: Mój był jeszcze lepszy. Mieliśmy z *Latem z Radiem* koncert gdzieś na Śląsku. Ostatni występował, jako gwiazda wieczoru, Oddział Zamknięty. No i trwa sprzątanie instrumentów, porządkowanie sceny. Usiadłem sobie na jakimś głośniku. No i podchodzi chłopiec z zeszycikiem i: „Proszę pana, czy mógłby mi pan dać autograf?". Kurczę, nareszcie. Pierwszy autograf w życiu. „Jak masz na imię, chłopczyku?". „Jasio". To piszę: „Dla Jasia z pozdrowieniami". Chłopczyk tak mi się przygląda, przygląda: „A pan jest z tego zespołu Oddział Zamknięty?". Mówię, że niestety nie. „No to po co mi pan podpisał?".

F: Nie lubię dawać autografów. Jestem dysgrafik i dyslektyk i nie ma znaczenia, co napiszę, bo to i tak będzie bohomaz. A nazwisko Chajzer bardziej przypomina „chuj" niż Chajzer. Więc nie lubię tego robić. Ale na szczęście weszła opcja z selfikami. I teraz nie ma już podpisywania, tylko podchodzą, pyk fotka i następny. To jest wspaniałe.

Z: Super.

F: Autografy są archaiczne. Trzeba się namachać. I jeszcze flamastry zawsze wszystko brudzą. A tak, nawet jak ktoś ma problem z ustawieniem telefonu, to biorę, ustawiam i myk, zrobione. Następny.

Z: Często podczas akcji promocyjnych robimy tak, że od razu drukujemy zdjęcie. Mamy drukarkę. Robi się wspólne zdjęcie, w ciągu minuty jest wydruk. Bach, do tego autograf.

F: Ale rozdaj tysiąc autografów. Tak się przecież nie da. Ale my to jesteśmy nic. Ostatnio prowadziłem z youtuberami otwarcie galerii handlowej. To jest w ogóle niepojęte zjawisko. Przychodzi osiemnastolatka o poziomie inteligencji pustaka z gazobetonu. Bo wyżej to na pewno nie. Trzy minuty rozmowy z nią na scenie potrafią naprawdę wykończyć człowieka totalnie. A ona sama imprezy nie poprowadzi, w związku z czym może być tylko gościem. Jest na tej imprezie kwadrans, bierze za to 20 tysięcy złotych. Po niej wchodzi chłopak, jakiś dwudziestolatek, z rolexem, taki rolex kosztuje ze 100 tysięcy. Ale nic dziwnego, skoro oni tych galerii handlowych w miesiącu opędzają na przykład piętnaście. I jeszcze mają pieniądze z reklam. A tłum piszczy z radości, jakby co najmniej Rolling Stonesi przyjechali w latach sześćdziesiątych do Polski. To jest dla mnie niepojęte. Jak się zaczyna rozdawanie autografów, to te dzieciaki się tratują.

Z: Ale zawsze tak było.

F: Ale wcześniej trzeba było mieć jakiś talent. Coś robić. A teraz to jest dziewczyna, która ustawia kamerę przed sobą i opowiada o tym, że wczoraj kupiła błyszczyk różowy, a jutro zamierza kupić sweter. I to jest wszystko.

Z: Pamiętam szał na zespół Just 5.

F: Ale to jest jeszcze klasyczne. Chłopaki śpiewali, tworzyli jakąś sztukę. A to są po prostu dwunasto-, trzynastolatki, które ustawiają kamerę przed sobą i pierdolą takie głupoty, że tego się nie da słuchać. To jest taki *Big Brother*, który się przeniósł do sieci.

Z: A dlaczego ludzie jednych akceptują, a innych nie? Dlaczego jedni są gwiazdami, a inni nie?

F: Bo chyba z jednymi się można utożsamić, a z drugimi mniej. Wydaje mi się, że to jest kwestia utożsamienia się.

Z: Czyli jak ktoś się jąka, ma krzywy zgryz…

F: Na przykład materiały do Internetu nie mogą powstawać w jakości telewizyjnej. Bo wtedy są nieautentyczne, nieprawdziwe, sztuczne. Muszą być nagrane telefonem, aparatem fotograficznym. To nie może wyglądać tak jak telewizja. Musi zachować autentyzm, chociaż on jest autentyczny tylko na papierze, bo tam w grę wchodzą koszmarne pieniądze za lokowanie produktów. Blogerki modowe dostają grube tysiące złotych za pokazanie czegoś. Buta, swetra, spodni. To są pieniądze, które zwykłemu Kowalskiemu… mnie to się nie mieści w głowie, a w telewizji źle się nie zarabia.

Z: A wiesz, co robi ostatnio karierę w Korei? Jedzenie przed kamerą.

F: Tak, widziałem to.

Z: Oni najczęściej sami jadają, bo są samotnikami i singlami, więc żeby jeść w towarzystwie, to sobie włączają komputer i jedzą przed ekranem. Na ekranie w komputerze kobitka po prostu je. Coś tam ugotuje, zje, ale musi rzygać w międzyczasie, bo nie ma siły, żeby jadła cały czas, a była taka szczupła.

F: Nie ma w Polsce i nigdy nie było dobrego *late night show,* takiego amerykańskiego. To jest moje największe marzenie.

Z: Myślę, że przyjdzie pora.

F: Oby, oby, bo ciągle jest jakaś pustynia.

Z: Jay Leno.

F: Jay Leno to już dzisiaj jest archaiczny. Kimmel.

Z: Nie ma tradycji, nie było takiej osobowości.

F: Szymon Majewski troszeczkę próbował w to wejść, ale to nie było to, tylko jakaś namiastka. Okazuje się, że na takiego Kimmela i jego codzienny program na żywo to pracuje sto osób przy każdym jego żarcie – non stop na najwyższych obrotach wymyślają żarty i zapisują je na tablicy. Potem od rana eliminują te słabe, aż zostaje, załóżmy, 120 żartów do programu. Kimmel ma to wszystko rozpisane i potem wygląda jak petarda. A ludzie się pokładają ze śmiechu.

Z: Tu nie wystarczy zwykłe aktorstwo. Trzeba jednak być inteligentnym, błyskotliwym, umieć puentować rozmowy. To nie jest proste.

F: Nie jest. Pomysłów na to w każdej stacji jest sporo, tylko jeszcze nikt nie zdobył się na realizację. To będzie kolejny hit.

Z: Tanio się tego zrobić nie da.

F: Absolutnie się nie da. To jest gigantyczny nakład pracy i pieniędzy. Ale moim zdaniem to będzie następny krok w polskiej telewizji. Ktoś w końcu to zrobi.

Z: Nie jestem pewny.

F: Zrobi, zrobi. Tylko że nie ma klimatu politycznego. Niestety. Bo się teraz wszyscy boją. A tu trzeba jechać po wszystkich równo.

Z: Nawet mniej równo.

F: A koncesja jest trochę warta. I tutaj temat nam się właśnie zwija.

W co się bawić!?

Z: Bale przebierańców! My z mamą pewnego razu przebraliśmy się za duet rosyjski Tatu. Było przy tym sporo pracy, bo mama musiała uszyć jednakowe spódniczki, białe koszule, krawaty w kratkę, takie jak spódniczki, podkolanówki do tego. Mnie zrobiła grzywkę i wystąpiliśmy oboje jako zespół i to nawet było śmieszne. A w tej chwili jakoś nie ma balów przebierańców. Chociaż kiedyś to był hit! W czasie karnawału bez przerwy się ludzie przebierali.

F: Kiedyś co roku ojciec organizował swoje urodziny, zawsze tematycznie. I pamiętam imprezę socjalistyczną – wszyscy przebrali się za towarzyszy, białe koszule, krawaty i był pochód pierwszomajowy – bo urodziny są 1 maja, a imieniny drugiego.

Z: Było przemówienie Gomułki. Waldek Ochnia, już nieżyjący parodysta i mój przyjaciel, wygłosił przemówienie Gomułki. Ktoś się przebrał za Stalina, w mundurze.

F: Było podawanie dziecka do całowania, pamiętam.

Z: A na działce parkował jakiś taki stary amerykański samochód.

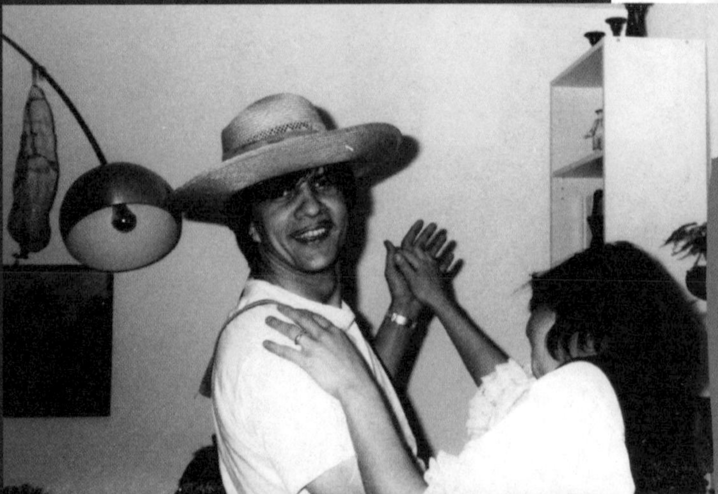

F: Był, lincoln.

Z: I na tym samochodzie nabazgrali: „Imperialistyczny samochód!".

F: „Precz, imperialiści!". Tak było!

Z: Dania też były socjalistyczne. Kiełbasa, ogórki, smalec – takie właśnie. Była też impreza warszawska, na którą zaprosiłem Orkiestrę z Chmielnej, jeszcze w starym składzie. Wszyscy się tak po warszawsku poprzebierali. Była impreza włoska i mama się przebrała za włoską flagę. Miała bluzkę, pas i spódniczkę w kolorach włoskiej flagi. Świetnie to wyglądało! A w ogóle inwencja ludzi na tym włoskim wieczorze była przeogromna. Panowie się głównie przebierali za mafiosów, czyli czarna koszula, do tego biały krawat, jakaś marynarka w paski, kapelusz, złoty ząb, wisiorek jakiś...

F: Więc właściwie nie było wiadomo, czy to jest impreza włoska, czy ruska.

Z: Szło to w kierunku włoskim. Była jeszcze tematyka kapeluszowa, kowbojska. W zajeździe zrobiliśmy coś jakby ranczo, na świeżym powietrzu. Nikt nie mógł wejść bez kapelusza.

F: A jeszcze była na statku, marynarska.

Z: O statku mówiliśmy. Z tymi kapeluszami też było super. Największą furorę zrobiło sombrero z 1974 roku, które z mistrzostw świata w Meksyku przywiózł Wiesław Gawłowski, jego syn przyszedł w tym kapeluszu. Wyglądało to imponująco, bo ten kapelusz był taki wysoki, z wielkim rondem.

F: Kolejny rozdział to są imprezy niespodzianki. Miałem taką w zeszłym roku. I to była prawdziwa niespodzianka, skoordynowana i dogadana ze wszystkimi naokoło. Zadzwoniła do mnie wydawczyni z DDTVN i mówi: „Słuchaj, Filip, dwudziestego siódmego zrobisz mi materiał o nagim odczycie poezji". Odpowiadam: „Nagi odczyt poezji? To całkiem fajne! Spoko, robimy". Umówiłem się z operatorem: „Słuchaj, dwudziestego siódmego, akurat w moje urodziny, ale i tak nic nie planuję, no to spoko, mogę zrobić materiał". Podałem mu listę potrzebnego sprzętu i ruszyliśmy. Podjeżdżamy pod lokal, Paweł wyciąga kamerę, ja mówię: „Ty, stary, a statyw? Jak możesz bez statywu iść?". „No ja to z ręki zrobię". „No co ty? Czterdzieści minut odczytu poezji, nagiego, z ręki? Pogięło cię? Bierz statyw!" – no to on bierze statyw. No a ja na to: „A światło? Przecież trzeba poświecić. Niech to ładnie wygląda!". On taki strasznie niecierpliwy: „Już chodź, chodź, idziemy!". „Spokojnie, musisz to elegancko zrobić. Bierzemy światło i dopiero idziemy!". Wchodzimy do tej knajpy, za taką zasłonę, a tam moja wydawczyni z radia, Magda, siedzi przy stole. Tłum ludzi, a ja na nią zwróciłem uwagę. I myślę sobie: „Ale ten świat jest mały! Magda też przyszła na nagi odczyt poezji". W tym momencie rozglądam się dookoła i… są urodziny.

Z: Jeszcze jakie imprezy? Sylwestry! Najlepszy sylwester był w Gołdapi. Lata osiemdziesiąte, tuż po stanie wojennym. Sylwester odbywał się w ośrodku, w którym zimę wcześniej był ośrodek internowania.

F: Co?!

Z: Tak, tak. To był ośrodek wypoczynkowy. Musiał być '84 rok. Okazało się, że orkiestra jest dość egzotyczna. Składała się – o ile pamiętam – z perkusji, akordeonu i trąbki.

F: Tercet egzotyczny.

Z: Tercet bardzo egzotyczny. Panowie oczywiście grali wszystkie przeboje świata, ale głównie miejscowe. I na początku wydawało się, że po prostu tego sylwestra nie da się przeżyć, ale oczywiście wszystko zależy od towarzystwa. A towarzystwo było wyborowe, w związku z czym ten zespół coś tam pograł, pograł, i okazało się, że nawet nieźle można się przy tym bawić, po czym leciała jakaś muzyka z magnetofonu czy z płyt i zabawa zrobiła się bardzo fajna. Natomiast finał nastąpił rano. Przed śniadaniem postanowiliśmy się poprzebierać. Panowie w sukienki, a panie w garnitury i smokingi. I tak zeszliśmy sobie na śniadanie. Byliśmy w świetnych humorach i to śniadanie to było clou tego wyjazdu. Pękaliśmy ze śmiechu, bo my, faceci, mieliśmy makijaż, jakieś kolczyki, wisiorki. I zabawa była super! Może mniej pamięta się takie sylwestry, podczas których wszystko się udawało, wszystko było zaplanowane i genialne. Tam była pełna improwizacja i znakomita zabawa i do dziś wszyscy wspominają sylwestra w Gołdapi.

F: Ja do dzisiaj pamiętam takiego przełomowego sylwestra, kiedy wszyscy się zastanawiali, co to będzie, jak zegary przeskoczą z 1999 na 2000 rok. Straszyli, że to będzie armagedon, ludzkość się skończy, cywilizacji dalej nie będzie, staną komputery, staną szpitale, respiratory, wszystko w ogóle zostanie wywrócone do góry nogami i wrócą dinozaury. Wyczekiwaliśmy na to „00:00": czy prąd padnie, czy się jakieś syreny włączą, co to będzie… I nagle zegarek przeskakuje i… nic.

Z: Największe rozczarowanie milenijne.

F: Tak! Okropne to było… A straszyli tym dobry rok. Ludzie stali w kolejkach do bankomatów, zakupy robili, świeczki kupowali… Najbardziej oszaleli Amerykanie – jak to oni, bo lubią, jak się coś dzieje. I pamiętam takie obrazki z *Wiadomości*, jak na Manhattanie sklepy wyprzedane, puste półki.

Z: No bo strach był.

F: No był. Głupie te ludzie takie!

Z: I nic się nie wydarzyło.

Fenomen gastronomiczny

Z: Kiedyś goście po prostu wpadali. Dziś to się zmieniło…

F: To przez korporacje.

Z: Nie, przez telefony, jak się stały masowe.

F: A moim zdaniem to nie jest kwestia telefonów, bo w latach dziewięćdziesiątych telefony też były i ludzie, tak czy inaczej, się odwiedzali, aczkolwiek według mnie jest to rygor przychodzenia do pracy i systematycznego sprawdzania i rozliczania z ilości przebytych w pracy godzin, czyli po prostu wejście korporacji.

Z: Nie, kiedyś też tak było.

F: E tam było.

Z: Oczywiście, że tak.

F: Wszystko kiedyś było na gębę. Nie było kart, które przytykałeś do czytnika i ta karta już cię loguje…

Z: Było! W FSO, w zakładach produkcyjnych, w biurach – wszędzie się te karty odbijało. Fakt, że nie było takiej konkurencji na rynku, w związku z czym ludzie mogli sobie pozwolić: „A, nie przyjdę dzisiaj do pracy, zadzwonię tam sobie, powiem, że zachorowałem" – i nie było problemu. Nie było takiej dyscypliny, nie było konkurencji, ale według mnie podstawowa rzecz to komunikacja.

F: Ale co ma do tego komunikacja?

Z: Po prostu. Nie było telefonów, nie można było zadzwonić i powiedzieć: „Kochani, zaraz wpadam!", tylko się po prostu wpadało. Brało się flaszkę, coś do przegryzienia i jechało bez zapowiedzi. Jak się znajomych zastało, to dobrze, jak się nie zastało, to nie. Jednak zwykle się zastawało. Jak nikogo nie było w domu, mówiło się trudno. Ale nikt się nie obrażał, że ktoś wpadał bez zapowiedzi.

To był rytuał. Odwiedzaliśmy się o najprzeróżniejszych porach dnia i nocy i zawsze coś fajnego z tego wynikało. Zawsze było o czym pogadać, co wypić, co zjeść. I w sumie te kontakty były jakieś bliższe niż dzisiaj.

F: A co, jeśli ktoś był rzeczywiście zajęty albo musiał coś zrobić?

Z: Ja na przykład byłem chory. Któregoś dnia wpadło wieczorem towarzystwo, obsiedli łóżko. Akurat miałem zapalenie spojówek, nie mogłem na świat patrzeć i byłem maksymalnie rozdrażniony, towarzystwo natomiast było w wyśmienitym humorze. Myślałem, że ich pozabijam, kiedy zaczęli, siedząc na tym łóżku i dookoła, wznosić toasty za zdrowie chorego. Po dziesiątym toaście szlag mnie trafił i zrobiłem niezłą awanturę. Ale to wyjątkowo. Potem zresztą musiałem do szpitala pojechać.

F: Generalnie przenieśliśmy się do jakiegoś takiego wirtualnego świata Messengera, WhatsAppa, Facebooka i tych wszystkich komunikatorów, wcześniej SMS-ów. I wydaje mi się, że kontakty stały się takie bardziej internetowe. Zamiast brudzić sobie kuchnię, zaprzątać głowę tym, że kac będzie rano, że trzeba wydać kasę na wódkę, to piszemy na fejsie: „Co u ciebie słychać?", dostajemy zwrotkę i na tym się kończy. Bo to jest proste, szybkie, zglobalizowane i cześć! Imprezy są planowane i wpisywane w kalendarz...

Z: Ale potwierdzasz to, co ja powiedziałem! Kiedyś żeby pogadać, trzeba było pojechać. Żeby pojechać, trzeba było wsiąść do tramwaju... Natomiast ta łatwość komunikowania się nastała z nadejściem komórki.

F: Może Internetu.

Z: Z początkiem lat dziewięćdziesiątych, zdecydowanie. Wtedy zaczął się okres wychodzenia z tej beznadziei lat osiemdziesiątych, wiele rzeczy zaczęło nabierać sensu. To były fantastyczne czasy dla ludzi z głową, z pomysłem. I ludzie zaczęli być zajęci. Pracę zaczęli też traktować dużo poważniej. Kiedyś przykładem niesolidności i pijaństwa był rzemieślnik. Hydraulik, malarz, szewc – ci ludzie bez przerwy byli na bani albo potrzebowali zaliczki – po to, żeby kolejną flaszkę kupić. Albo przychodzili skacowani do pracy i w pracy trzeźwieli, albo pili w pracy. To się bardzo zmieniło w dzisiejszych czasach, bo robotę trzeba szanować. Bo jest konkurencja, bo wszystko inaczej działa. Myślę, że to zaczęło się na początku lat dziewięćdziesiątych, kiedy zaczęły również działać korporacje, trochę inny styl pracy...

F: A odpoczynek? Ja to nawet nie umiem odpoczywać...

Z: Polskim fenomenem jest grill!

F: To nie jest polski fenomen, jest tak samo niemiecki...

Z: Poczekaj, poczekaj! Mówię w stosunku do tego, co było w latach osiemdziesiątych.

F: A! Że odkryliśmy barbecue?

Z: Odkryliśmy rytuał tego smażenia...

F: Smrodzenia, tego tłuszczu! Dymu! Nie jesteśmy głodni, bo już jedliśmy, ale, tak czy inaczej, trzeba coś wrzucić...

Z: Grill to jest polski rytuał. Pamiętam grille z czasów, kiedy jeździłem do Berlina, końcówka lat siedemdziesiątych i lata osiemdziesiąte. Tam było grillowanie w parkach, ale robili to Turcy.

F: To grill nie jest niemiecki, taki wurst właśnie...?

Z: Berlińczycy nie grillowali. Jeśli już, to u siebie w ogrodach. Natomiast cały park Zoo Garten w sobotę i niedzielę dymił od grillów przyniesionych przez Turków. Oni całymi rodzinami przychodzili do tego parku, rozstawiali... I to teraz zdarzyło się w Polsce. Przecież jak jest weekend...

F: Tak, śmierdzi z balkonów, z działek, ogródków pracowniczych...

Z: Wszyscy robią grilla!

F: Tak, to prawda.

Z: I olbrzymi przemysł przy okazji tego wyrósł. Kiełbasek, karkówek, przypraw... No i piwo!

F: Akcesoriów, samych grillów, węgla. To jest gigantyczny rynek!

Z: Nie wiem, czy gdzieś na świecie jest to tak masowe i tak popularne jak w Polsce. Grillują wszyscy i wszędzie. Ogródek?

Okej, ale może być balkon. Można przed blok wyjść i na trawniku też... To jest polski fenomen.

F: Ale z drugiej strony jeśli to nas socjalizuje w jakikolwiek sposób i zmusza do oderwania się od komputera i telefonu, to czemu nie?

Z: Ale to jest znowu żarcie. Rzadko kto wpada na pomysł, żeby się poruszać, to zazwyczaj dzieci sobie poodbijają w kometkę czy w piłkę pograją...

F: Kto wie, czym dzisiaj jest kometka?!

Z: Badminton, okej. Natomiast starzy siedzą, chlają piwo i żrą to przypalone mięso – tak to najczęściej wygląda. Grillowanie w Polsce to absolutnie wynalazek XXI wieku, fenomen gastronomiczny...

F: A przyszło to generalnie ze Stanów.

Z: Z amerykańskich filmów, a może to taki amerykański styl życia?

F: Może tak. Ja mam na przykład amerykańską motorówkę i w niej jest miejsce na grill.

Z: Może tak. Może naoglądali się ludzie filmów...

F: Jakie jeszcze są typy imprez? Dyskoteki!

Z: A w tej chwili chodzi się na dyskoteki? Do klubów się chodzi.

F: No teraz się chodzi do klubów. To, co się kiedyś nazywało dyskoteką, dzisiaj jest klubem.

Z: Kiedyś – ale teraz pewnie też tak jest – dostanie się do dobrej dyskoteki to była sztuka.

F: No tak, kolejka, selekcja...

Z: Nie selekcja. Jaka selekcja? Bramkarza trzeba było znać.

F: Czyli selekcja.

Z: A ponieważ w większości na bramce stali chłopaki z AWF-u, to nie miałem większych problemów z dostaniem się na przykład do Remontu. Ciężarowcy, zapaśnicy, bokserzy nieźle sobie tam dorabiali. A jak się znało tych gości, to można było wszędzie wejść. Do dyskotek i do klubów studenckich.

F: Ja się nie znam na klubach studenckich, to już chyba nie moje czasy.

Z: Park, Remont, Hybrydy. Było tego sporo, chodziło się. Stodoła trochę dla mnie za duża była, bo to olbrzymia dyskoteka. Remont – tak. I klub Park – to na Polu Mokotowskim. I na AWF-ie był też klub Relax, ale mniej popularny, tam raczej jakieś kabarety występowały, teatrzyki, natomiast dyskoteki – to raczej nie.

F: Ja ostatnio wybrałem się na clubbing z dwudziestolatkami, moimi reporterami z radia. Stwierdziłem, że z nimi pójdę i oni mnie oprowadzą. Fantastycznie się bawiłem. Przeszliśmy taki klasyczny clubbing, pięć, sześć klubów, z zatrzymywaniem się w przeróżnych miejscach, na jakichś sziszach, jakichś arabskich klimatach. Tylko okazało się, że jak człowiek ma prawie 33 lata, to już nie ma tej samej odporności, co dwudziestolatki. Oni regenerowali się przez jakieś cztery godziny, a ja przez cztery dni. To jest niesamowite, jak na przykładzie upojenia alkoholowego można odczuć starość!

Z: Kiedyś tak nie było. Można było zabalować, ale o wpół do szóstej musiałeś być w radiu. Alkomatu nikt nie miał, nikt nie sprawdzał, ale umyty, ogolony i uczesany. I do pracy. Nie było zmiłuj. Ale to, jak mówisz – inny wiek, inne czasy.

F: O to, to!!!

Z: Kiedyś i restauracja to było coś bardzo wyjątkowego. Pamiętam, że jako nastolatka kilka razy zabrali mnie do restauracji moi szwagrowie i było to dla mnie wielkie przeżycie. Pamiętam, że kelner przyniósł frytki, co dla mnie było nowością.

F: Frytki? W którym roku frytki były nowością?

Z: No, końcówka lat sześćdziesiątych, początek siedemdziesiątych. Ale ciekawy był sposób podania tych frytek, na półmisku, przykryte srebrną paterką. Pan kelner odstawiał paterkę, brał szczypce i te frytki nakładał z tego półmiska.

F: Rytuał frytkowy!

Z: Jakie to było smaczne! I do tego chyba jakiś stek – też pierwszy raz w życiu stek jadłem. I sałata... Byłem zachwycony! Przede wszystkim tym rytuałem, kelnerem, obowiązkowo w muszce, w takim kitlu kelnerskim, z przewieszoną przez rękę ściereczką – to wszystko miało swój styl. I może dlatego smakowało tak fantastycznie.

F: Ja też do dzisiaj pamiętam pierwsze wyjście z rodzicami do restauracji. Do chińskiej restauracji. Pamiętasz, gdzie ona była? Przy klubie polsko-chińskim?

Z: Przy Senatorskiej? Klub Przyjaźni Polsko-Chińskiej u pani Kasi?

F: Właśnie tam. Pamiętam to pierwsze wyjście i smak chińszczyzny.

Z: Tam były dwie potrawy. Jedna to Huej-kuo-żou.

CAŁE ZYCIE NA
relaksie

F: Ty nawet pamiętasz, jak to się nazywało!

Z: A drugie to była potrawka. Przygotowywali dwie i brało się łączone.

F: Miks?

Z: Pół tego i pół tego. I ten barek w Klubie Przyjaźni Polsko-Chińskiej obsługiwała pani Kasia, która potem gdzieś się przeniosła. Miejsce było wyjątkowe, bo podawali kurczaka, czyli tę potrawkę, nawet w bezmięsne poniedziałki. I to był fenomen.

F: Pamiętam też, jak rodzice zabrali mnie po raz pierwszy w Berlinie na kebab. U nas jeszcze nikt nie wiedział, co to jest doner i co to jest kebab. I nigdy w życiu później kebab nie smakował mi tak jak wtedy w Berlinie! Nie wiem, co w tym sosie było, ale ten smak pamiętam do dzisiaj!

Z: Ale wiesz, że berlińskie kebaby, tureckie, są smaczniejsze niż te w Polsce?

F: No tak, bo w Berlinie jest kilka takich kebabów, które słyną na całym świecie ze swojego smaku. Podobno w Turcji nie zjesz tak jak w Berlinie!

Z: Byłem parę miesięcy temu w Berlinie w tureckiej dzielnicy właśnie, wszedłem na rogu do barku kebabowego, chociaż bardzo rzadko jadam kebab. Smakowało to po prostu genialnie! To chyba przez te sosy.

F: Ja ten smak berlińskiego kebaba pamiętam do dzisiaj. Nie pamiętam, który to mógł być rok. Koniec lat osiemdziesiątych albo początek dziewięćdziesiątych. Jeszcze pamiętam jedną nowość. O McDonaldzie już gadaliśmy, ale mam na myśli wejście wietnamskich barów. Cały plac Konstytucji w budach chińskich. Każdy mieszkaniec miał swój ulubiony barek. Każdy mówił: „A ja chodzę tylko tu…”.

Z: My uznawaliśmy tylko barek Lili.

F: Nie, nieprawda. Jeszcze bar Sajgonka.

Z: Nie, Lili. W barku Lili mieli świetną zupę. Jak w niedzielę bolała mnie głowa po jakiejś imprezie, to mama jechała na plac Konstytucji i przywoziła mi zupę, która natychmiast stawiała na nogi.

F: Zupa na kaca. Ja z kolei pamiętam bar Sajgonka, w którym pewnego razu zamówiliśmy sajgonki, po czym następnego dnia wiedzieliśmy, że ten bar powinien się jednak nazywać Srajgonka. Te wietnamskie bary to także był fenomen. Ludzie jedli tam po prostu na potęgę, a że to było coś nowego, wcześniej nieosiągalnego, orientalnego, to też zrobiło niesamowitą karierę. Dzisiaj nie robi to przecież żadnego wrażenia, a wtedy była to zupełna nowość.

Z: Pojawienie się wielu kuchni świata, kuchni tajskiej… Włosi zawsze tam gdzieś funkcjonowali.

F: Oj, też nie funkcjonowali, bo zaczęło się wszystko od pizzerii Bambola – o ile pamiętam. Oni podawali taką kapustkę przed pizzą. Pamiętasz kapustę? Ale jak to się pamięta, te pierwsze smaki! A Pizza Hut jak weszła? I bar sałatkowy? Co to było, jak ludzie dostali możliwość nałożenia sobie nieskończonej ilości warzyw z puszki za jedną cenę i powstawały całe sposoby układania tego!

Z: Żeby się zmieściło jak najwięcej.

F: Rzadkie na dół, obłożenie cykoriami dookoła – takie ściany tworzyło się z cykorii – i dalej warstwy: groszek, marchewka, potem na to pomidor. To były całe techniki. Pierwsze sushi! Jak sushi weszło, to ja byłem obeznany, bo już to wcześniej jadłem, zabrałem koleżankę z radia na jakieś otwarcie, bo na zaproszeniu było napisane, że będzie sushi. Byłem reporterem i zawsze biegałem z mikrofonem, a ona zawsze w studiu, bo ona czytała tylko wiadomości. Więc zabrałem Kasię na raut i mówię: „Słuchaj, idę nagrać tego dyrektora, którego mam nagrać. Za chwilę otworzą bufet" – ludzie już się gromadzili, bo wiedzieli, że będzie sushi. I instruuję: „Teraz tak: nałożysz sobie tej ryby na ryżu, obok położysz taką zieloną paciaję, a do tego wszystkiego nalejesz sobie trochę takiego czarnego sosu. Obok będą talerzyki na te sosy, to sobie na tym postawisz, weźmiesz to, umaczasz sobie tę rybę, nałożysz zielone i zjesz". A ona mówi: „Dobrze". „Pamiętasz wszystko?". „Pamiętam". Dobra, poszedłem, nagrałem, wracam i… nie wierzę w to, co widzę. Ona ma tak: nałożone sushi, obok ziemniaki i wszystko zalane sosem grzybowym. Pytam: „Kaśka, co ty zrobiłaś?!". A ona na to: „Słuchaj, zjadłam, jak powiedziałeś, ale to było do dupy. Ale jak polałam sosem grzybowym, to da się jeść".

Z: Najpyszniejsza z egzotycznych rzeczy, które jadłem, to kaczka po pekińsku jedzona w Pekinie.

F: Też jadłem taką kaczkę w Londynie. To jest nieprawdopodobne!

Z: Okazuje się, że przyrządzanie kaczki po pekińsku…

F: …trwa jakieś długie godziny.

Z: To po pierwsze. Po drugie, trzeba mieć licencję. Są kucharze, którzy są wyspecjalizowani w robieniu kaczki po pekińsku. Kaczka jest zaszywana i pompowana powietrzem, więc wygląda jak balonik. Jest glazurowana, żeby się pięknie świeciła. Kucharz dzieli tę kaczkę na – to jest dokładnie opisane – 38 części, jest ściśle określona liczba.

F: I przy tobie ją rozbiera.

Z: Tak, tak. Dzieli na kawałeczki. Do tego były takie placuszki jak naleśniki, sosy, warzywa. I albo można było sobie taki naleśniczek zrobić, albo jeść tę kaczkę osobno i naleśniczek z warzywami. Genialne! Nigdy w Polsce nie jadłem takiej kaczki.

F: Jest w Warszawie na Mariensztacie knajpa chińska i tam dzień wcześniej trzeba ją zamówić. I robią. Ale jeszcze jedną rzecz trzeba odnotować w naszym rozwoju kulinarnym, czyli wejście systemu all inclusive. Polacy tak jak pokochali grilla, tak pokochali all inclusive. Jak płacą za wakacje 1500 złotych i mogą żreć do oporu, to faktycznie żrą.

Z: Nie, to nie jest tak! Płacą, biorą i nie dojadają.

F: W przeciwieństwie do Rosjan, którzy w hotelu Gołębiewski potrafią zeżreć wszystko! Siedzą dwie Rosjanki chude jak patyki, nałożona kopa ziemniaków – ale to naprawdę kopiec kreta. I one siedzą, męczą się, pocą. Dwie godziny mijają, ale zjadają do końca.

Z: Nie podoba mi się to, że na tych all inclusive ludzie jedzą oczami, ładują pełne talerze, po czym te talerze – czasami pełne pysznych rzeczy – wywala się do śmieci, bo turyści nie są w stanie tego zjeść. Zawsze staram się popróbować różnych rzeczy, ale nałożę sobie tyle, żebym był w stanie zjeść.

F: Ale to jest też ciekawe, że w Warszawie powstała tylko jedna taka restauracja, że płacisz raz, a jesz, ile chcesz. W Stanach przecież co druga tak działa.

Z: W Stanach to bardzo popularne, natomiast oni zarabiają głównie na napojach. Dlatego że jedzenie jest stosunkowo tanie, ale w przypadku orientalnych potraw dużo rzeczy jest pikantnych i trzeba pić. A picie jest dużo droższe niż w normalnych knajpach. W związku z czym mniej zarabiają na jedzeniu, a więcej na napojach, bo napoje nie wchodzą w tę cenę, którą się płaci.

F: Pamiętam, że byliśmy w Chicago i poszliśmy do bufetu z polskim jedzeniem. W życiu nie jadłem tak dobrego polskiego jedzenia jak w Chicago! Bo to jeszcze przepisy z lat siedemdziesiątych. Tak jak wysiedli z „Batorego", tak zostało. To był jakiś absolutny obłęd!

Z: Tam można było zjeść na miejscu albo wziąć do domu – gotowe do odgrzania. Schabowy, kapusta zasmażana, jak trzeba, buraczki, ziemniaczki – wszystko po polsku przygotowane. Rzeczywiście, tradycja kulinarna wśród Polonii jest fantastyczna.

F: A smaki dzieciństwa?

Z: Makaron, wszystko jedno jaki – mogą być świderki. A do tego truskawki rozgniecione ze śmietaną, na słodko.

F: Albo kluski z masłem i cukrem, wymieszane i podsmażone razem. Takie od spaghetti, ugotowane. I na patelnię. I żeby trochę chrupały. Albo kopytka podsmażone. Kurde, jak ja dawno nie jadłem kopytek! Podsmażone na maśle kopytka i maggi do tego.

Z: Na maśle?

F: No na maśle, a potem maggi do tego.

Z: No tak, mama dodawała maggi. Z dzieciństwa nie zapomnę natomiast pierwszych pomidorów. Ciocia, która po drodze z pracy… Kiedy pierwsze pomidory są? W kwietniu?

F: Nie mam pojęcia, kiedy są pomidory.

Z: Ale takie pierwsze, ze szklarni kiedyś jakoś w kwietniu się chyba pojawiały. To było wielkie święto, bo ciocia kupowała jeden pomidorek, drogi jak cholera – bo szklarniowy. On pewnie nie smakował tak jak gruntowe, ale był pierwszy. To były nowalijki, witaminy. Do tego świeża bułeczka, masło, cienki plasterek szynki – gdzieś tam też zdobytej, nie wiadomo jak – i na to plasterek tego świeżego wiosennego pomidora, delikatnie posolonego. To było cudowne! I pierwsze ziemniaki!

F: To chciałem powiedzieć! Młode ziemniaki z jajkiem sadzonym na szynce. To z kolei ja pamiętam z działki pracowniczej dziadków na Ochocie.

Z: I do tego zsiadłe mleko.

F: Zsiadłe mleko, ewentualnie kefir. I koper. To jest po prostu danie hit – do dzisiaj! Klasyczne bardzo i chyba niewiele się zmieniło. Jak rodziny mają swoją kulinarną tradycję, takie swoje smaki, to – moim zdaniem – może minąć 20, 30 lat, a i tak będzie dokładnie to samo.

Z: To jest dobre, smaczne i sprawdza się w każdych warunkach.

F: Pamiętam jeszcze jedną rzecz! To jest popisowe danie mamy, ale tylko u mamy tak smakuje. Kurczak à la schabowy! Takie proste! Kurczak w panierce. To jest w ogóle narodowe danie na Węgrzech – sprawdziłem. Tak jak my jemy schabowego, tak w niedzielę na Węgrzech podaje się w niedzielę właśnie kurczaka w panierze à la schabowy.

Z: W dzieciństwie zjadałem niesamowite ilości słodyczy. To nieprawdopodobne, ile tego wciągałem. Jak ciocia, o której wspominałem przy kanapeczce z pomidorkiem i szyneczką, wracała z pracy, to czekałem na nią na przystanku. Przywoziła ze sobą 10 albo 15 deka cukierków, które natychmiast pochłaniałem. To były irysy, toffi, kukułki. Czasami zdarzał się blok, czyli taka ciemna, twarda masa. A jak trafiała się chałwa, to był szczyt radości, bo chałwa była czymś wyjątkowo rzadkim i mnie się jakoś tak egzotycznie kojarzyła. I jeszcze raczki z grylażowym nadzieniem!

F: A wiesz, co mi ostatnio krówka zrobiła? Wyjęła mi, świnia, ząb! Drogi jak cholera, bo z przodu. Po tych wyłamanych na rolkach, o których już opowiadałem. I mam teraz zrobione przepiękne zęby, drogie jak skurczybyk, i krówka ciągutka z Milanówka… Nawet się tak ucieszyłem: „Ha! Wreszcie prawdziwa krówka, nie taka krucha cholera, tylko taka ciągnąca jak kiedyś" – no i w tym momencie właśnie wyciągnęła mi ząb. Który zjadłem razem z cukierkiem.

Z: Pamiętam te niesamowite ilości słodyczy, które pochłaniałem, ale tak sobie myślę, że może to nie było takie szkodliwe, dlatego że miałem bardzo dużo sportu, ruchu – więc te 15 deka cukierków spalałem od razu.

CAŁE ŻYCIE NA
relaksie

F: A ja z kolei uwielbiałem i dalej uwielbiam chipsy. Boże, jak ja lubię chipsy...

Z: Za mojego dzieciństwa chipsów nie było. Z takich przegryzek były słone paluszki.

F: Albo jakieś orzeszki.

Z: Jak siedziało się na kulturalnych rozmowach przy kawie, to były paluszki. Paluszki były zawsze. Orzeszków nie było, to egzotyka. Orzeszki w puszce kupowało się w Pewexie. Od czasu do czasu rzucali do sklepu fistaszki w łupinkach. I to też było wielkie święto mieć torbę fistaszków i je sobie wydłubywać.

F: No tak, ale są też smaki regionalne, wakacyjne. Ja już nie mówię o gofrze, bo to już jest taki klasyk – gofry smakują tylko nad morzem. Z bitą śmietaną, z truskawkami i jagodami i tak dalej.

Z: Zaraz po dorszu.

F: Właśnie. Aczkolwiek też zaczęli szmacić te gofry, bo teraz robią jakieś frużeliny i tym leją. To jest świństwo, najgorsza chemia. Ale pamiętam gniazdko z Łeby.

Z: Taki pączek, tak?

F: Już takich chyba nie ma. Taki pączek okrągły z dziurką, przeplatany. Ale to gniazdko nie smakuje jak pączek, smakuje jak gniazdko.

Z: To jest chyba ciasto francuskie.

F: Tak? Gniazdka nie jadłem sto lat.

Z: Pamiętam krem sułtański.

F: Brzmi jak mdłe gówno.

Z: Ale jakie dobre! Krem sułtański to bita śmietana, kakao, koniecznie musiały być rodzynki i chyba orzechy drobno mielone na wierzchu. A potem przecież przyszedł Hortex. I to był szał!

F: Potem dla ciebie, bo jak ja byłem dzieckiem, to on się właśnie kończył.

Z: Hortex pojawił się chyba w latach siedemdziesiątych. To było świetne, bo wykorzystywali wyłącznie naturalne składniki.

F: Hortex był świetny, to nawet ja pamiętam.

Z: Chemii tam nie było, bo skąd? Robili z naturalnych składników lody Ambrozja.

F: Tam w ogóle nazwy tych deserów były takie kultowe, nie?

Z: Ambrozja to była podstawa. Do tego kilka rodzajów lodów z owocami i z polewą. Podawane w olbrzymim pucharze. Były rożki z taką masą orzechową, polane czekoladą, i czarno-białe lody. Jak one się nazywały? Nie pamiętam.

F: To ja się załapałem na końcówkę Hortexu, chodziliśmy na różne koktajle. Ale pamiętam, że jeszcze za mojego dzieciństwa on się zamknął.

Z: Ciekawe dlaczego? Najdłużej działał ten obok Sezamu.

F: A lody z Zielonej Budki? To był z kolei największy hit mojego dzieciństwa.

Z: A to już była Zielona Budka Grycana, bo Zielona Budka pojawiła się w Warszawie tuż po wojnie.

F: Naprawdę?

Z: Tak, wtedy się nazwa pojawiła.

F: To ja pamiętam tę Zieloną Budkę lat dziewięćdziesiątych. To był w ogóle synonim lodów.

Z: Lody kiedyś były jedne. Bambino.

F: To ja już nie pamiętam lodów Bambino.

Z: Na plaży sprzedawali lody Bambino. Calypso jeszcze, pakowane w papier, takie wielowarstwowe.

F: Kojarzę takie lody – co to była za cholera? – kostki zapakowane jak masło…

Z: No to właśnie były Calypso.

F: Nie, bo ty mówisz, że miały jakieś warstwy, a to wyglądało jak kostka masła. Waniliowe lody, które się wyżerało widelczykiem, a one już w połowie żarcia całe płynęły.

Z: Calypso. Czasami były waniliowe…

F: Waniliowe, pamiętam! Dawno ich nie jadłem.

Z: Wybór lodów nie był duży, ale generalnie w Polsce były dobre lody. I świetne lody robiły prywatne cukiernie. W tej chwili też się chyba kręci lody w cukierniach.

F: No tak, teraz jest na nie moda. Smak sezonu: słony karmel.

Z: Pamiętam, jak się pojawiały pierwsze pachnące truskawki, gruntowe. I lody z prawdziwymi, a nie mrożonymi, truskawkami. Lody truskawkowe – jak pianka – genialne! Taka cukiernia na Stalowej była i tam czasami brało się w termos lody na deser.

F: Mam z termosem jakiś przebłysk, ale nie wiem, czy on jest prawdziwy, czy go sobie właśnie wymyśliłem. A z kolei na Hożej przy redakcji DDTVN jest cukiernia, która robi lody: burakowe, cebulowe, wasabi i koperkowe. Koperkowe smakują naprawdę dobrze.

Z: Jak koperek.

F: Tak, ale dobre. Ale lody wasabi to jest wyzwanie. Co więcej, pojawiła się cukiernia, która robi lody dla psów o smaku mięsa. Pies, żeby się schłodzić, je lody mięsne.

Z: Tam jest mięso czy chemia?

F: Nie mam pojęcia, co oni tam dodają.

Z: A to zdrowe dla psa?

F: Nie wiem.

Z: Lody dla psów, do czego to doszło…

F: I psy mają swoje miski, stawia im się to i one żrą od razu, przed lodziarnią. A jeśli rozmawiamy o kuchni – to chyba przestaliśmy gotować w domu.

Z: A te wszystkie mody na spotykanie się i wspólne gotowanie?

F: Ale to mody!

Z: Eeee… Patrzymy na jedzenie trochę z perspektywy dużego miasta. Duże miasta chodzą do restauracji, stołują się w tych szybkich barach. Duże miasta jadają lunche, brunche i obiady. Natomiast Polska nie składa się z wielkich miast, tylko z miasteczek i wsi, gdzie gotowanie jest codzienną rzeczą. Gotuje się obiad, zupę na kilka dni. To nie jest tak, że cała Polska chodzi do restauracji. Co tak naprawdę robi Magda Gessler? Dla mnie jej *Kuchenne rewolucje* to jest prawdziwa rewolucja. W mniejszych miejscowościach ludzie nie chodzą do knajp, bo tam jest marne żarcie. A marne żarcie jest dlatego, że ludzie nie chodzą do knajp. I koło się zamyka. Bo jak knajpa nie ma klienteli, to musi wszystko zamrozić. A klientela nie przychodzi, bo – wiadomo – wszystko jest zmrożone i niedobre. I nie ma takich tradycji. Może czasami w niedzielę na rodzinny obiad się idzie. Ale raczej gotuje się w domu. To mama ugotuje, to babcia, to do teściowej się pójdzie na obiad – to ciągle funkcjonuje. Nam się zdaje, że to się zmieniło. Zmieniło się, ale w dużych miastach.

Z: No tak, ale street foody, food trucki i to wszystko ma tak naprawdę znaczenie w ośrodkach miejskich. Gdzie w małym miasteczku zainstalujesz coś takiego?

F: A właśnie jakbyś w małym mieście postawił pięć, sześć takich food trucków i zrobił festiwal, to moim zdaniem szłoby jak głupie. I to bardziej niż w Warszawie, która już się na to wszystko napatrzyła.

Z: Pod warunkiem że będzie to bardzo tanie i bardzo smaczne. I będzie stanowiło konkurencję dla tego, co gotuje się w domu. A wspólne gotowanie to jest świetny pomysł. My kiedyś spotykaliśmy się po to, żeby przede wszystkim wypić flaszkę i pogadać, a teraz młodzi ludzie spotykają się, gadają, a przy okazji gotują. Uważam, że to świetny pomysł. Absolutnie jestem za. Sam gotowałem, tylko gdy musiałem, to znaczy kiedy wyjeżdżałem do pracy. Opierałem się głównie na półproduktach. Ewentualnie jakieś ziemniaczki, surówka czy sałatka, kotlet rozklepać, usmażyć. Natomiast nigdy jakichś skomplikowanych potraw nie robiłem.

F: A ja umiem zrobić tylko śledzia w curry.

Z: Za to jest dobry! No ale to rodzinna tradycja.

F: Robię go tak, że można knajpę otworzyć tylko ze śledziem curry. To jest takie proste! Śledzia zwykłego, matiasa, pokroić. I potem do miski: majonez, curry, cukier, cytryna, pomieszać, odstawić do lodówki, polać i podać. Koniec. To śledź cioci Basi.

Z: Cioci Basi, bo to rodzinna tradycja. Żadna impreza rodzinna nie odbędzie się bez śledzia.

F: No i rodzynki, zapomniałem o nich. Rodzynki na wierzch. I ciemne pieczywo, i mrożona wódka.

Z: Ja na co dzień jadam gdzieś po drodze i na szczęście w Warszawie jest coraz więcej takich miejsc, gdzie można nawet za dwadzieścia kilka złotych zjeść fajny, smaczny, szybki obiad.

F: Warszawa jest wyśmienita.

Z: I do wyboru mam i polską kuchnię, i włoską, i chińską, i tajską. Można sobie dowolnie wybierać. Eliminuje się te miejsca, które się nie sprawdziły.

F: Dokądkolwiek bym na świecie pojechał, to i tak wracam do Warszawy i idę do knajpy z tego regionu, w którym byłem, i tu smakuje lepiej niż tam na miejscu. Ostatnio z Izraela wróciliśmy. Takiego humusu jak w Warszawie, w kilku obcykanych miejscach, to nie ma nigdzie. W Izraelu próbowałem zapalić sziszę, bo sobie pomyślałem: „Wreszcie jestem w tej kolebce kultury arabskiej". Usiądę z Arabami i zapalę szisze. Nie mają tam takich wynalazków jak w Warszawie, o smaku pomarańczki, mieszane – gdzie tam, walą po prostu tytoń z paczki, podpalają i do widzenia. Byłem zawiedziony tym, że w Warszawie można wypalić sto razy lepszą szisze niż tam, u nich na miejscu... Warszawa pod tym względem jest fantastyczna.

Z: No tak, ale takich steków, jakie jedliśmy w Stanach, nie ma.

F: Prawda jest taka, że właśnie są. Jest kilka knajp, które się specjalizują tylko w stekach, w stekach argentyńskich i – moim zdaniem – one w niczym nie ustępują amerykańskim.

Z: Nie, to tak dobrych steków nie jadłem.

F: Dla mnie to są takie utarte stereotypy i schematy. Bo to jest najlepsze tu, najlepsze tam… Ale wiele naszych knajp jest naprawdę na fantastycznym poziomie.

Z: Ale te olbrzymie steki amerykańskie zrobione na grillu, świetnie przyprawione…

F: Przecież oni tego mięsa nie przyprawiają, wrzucają je tak sauté. Wszystko załatwiają sosy, bo masz ich milion do wyboru.

Z: No o tym mówię.

F: To my marynujemy mięsa jak głupi. A co jest twoją ulubioną potrawą?

Z: Kurczak à la schabowy.

F: To samo chciałem powiedzieć. Mizeria do tego. I ziemniaki młode. To najlepsze. A najgorsze? Szpinak mrożony i rozmrożony – nienawidzę. Ale od zapachu jednej rzeczy potrafię zemdleć i to jest wątróbka. Mam chyba jakiś gen nienawiści do wątróbki. Jak jest smażona w pobliżu, to mdleję. Po prostu robi mi się czarno przed oczami i najchętniej bym się położył.

Z: Jedyna rzecz, której nie tykam… marchewka z groszkiem.

F: Przecież marchewka z groszkiem jest fantastyczna! Jak można nie lubić marchewki z groszkiem?!

Z: Nienawidzę marchewki z groszkiem. Jedyna rzecz, której nie jem.

ZDROWIE PRZY WÒDC
I PIWIE

F: Surówka z marchewki jest dobra, krem z groszku jest dobry...

Z: Surówkę przecież jem!

F: To co ci przeszkadza z groszkiem?

Z: Gotowanej marchewki krojonej w kostkę nie jem.

F: A czym się różni marchewka w sałatce od marchewki z groszkiem?

Z: Jest słodka, mdła, rozciapana...

F: Jest dokładnie taka sama! Przecież możesz sobie posolić.

Z: Jest okropna. Nigdy nie jadłem. Może mi się źle jakoś z dzieciństwa kojarzy, ale nigdy nie jadłem, nie jem. Surówka może być, groszek może być, ale razem – nie, nigdy.

F: To ja uwielbiam marchewkę z groszkiem i nie rozumiem, jak ktoś może nie lubić.

Z: A wątróbeczka jest bardzo dobra!

F: O Jezu! Weź mnie nie denerwuj!

Z: Drobiowa wątróbka, nie wołowa, mała, dobrze przyprawiona...

F: Nie wiem, czy jest dobrze przyprawiona, czy nie, bo raz, w dzieciństwie, zjadłem z zaskoczenia coś – później dowiedziałem się, że to wątróbka – i się zrzygałem, a potem zemdlałem na zapach. I to jest mój koniec przygody z wątróbką.

Z: A cynaderki? Jadłeś kiedyś cynaderki?

F: Co to są cynaderki?

Z: To są nerki.

F: Nie jadłem.

Z: Okropieństwo. Nigdy nie tknąłem cynaderek, bo mi się wydawało, że one moczem jadą.

F: Bo pewnie jadą. Fuj!

Z: Nie wiem, bo może jak dobrze je wymoczą, to nie śmierdzą.

F: Bardzo zły jest szpinak, taki z kostki zmrożony i rozmrożony. To jest dramat.

Z: A flaki?

F: Uwielbiam flaki! Rękę bym oddał za flaki.

Z: Kiedyś nie jadłem flaków, bo źle mi się kojarzyły.

F: Z czym?

Z: Z krową.

F: Daj spokój.

Z: Co „daj spokój"? Wpierniczasz jelita jakiejś krowy…

F: Jest taki zajazd dla tirów w Świebodzinie. Ostatnio tam nocowałem, jak robiłem materiał do DDTVN, i jadłem najlepsze na świecie flaki. Cholera, te flaki za mną chodzą.

Z: Z bułką?

F: Z bułką. Nie mogę się uwolnić od tych flaków.

Z: Flaki muszą być dobrze ugotowane i dobrze przyprawione.

F: Te były świetnie przyprawione i nie były rosołem z pływającymi flakami, tylko gęste. Jezu, jakie to było dobre! Pod tym Jezusem takie dobre flaki!

Z: Bo to dla kierowców.

F: W ogóle dobre jedzenie poznawało się po tym, że pod knajpą stało dużo tirów.

Z: Ale teraz jest gorzej, bo jak jedziesz autostradą…

F: No tak, zajazdów nie ma. Są tylko BP, Shell i Orlen.

Z: Te sieciówki. A kiedyś rzeczywiście tak było. Bardzo dużo jeździliśmy po Polsce z *Latem z Radiem* i robiliśmy na przykład ranking zupy grzybowej.

F: Ale też były na przykład stałe knajpy: „jak jedziesz do Olsztyna, to zawsze trzeba się zatrzymać…".

Z: W drodze do Olsztyna zawsze była Węgierska.

F: Tak, na siódemce. A pamiętasz, jak jeździliśmy do Łeby i mijaliśmy taki zamek, i w nim była knajpa?

Z: Tak, Małdyty! To tam były *Kuchenne rewolucje*.

F: A pamiętasz w drodze na Mazury Chińskiego czy Złotego Smoka?

Z: W Pułtusku. Zatrzymywaliśmy się, chociaż to blisko Warszawy, na banany w cieście. Ale te Małdyty były ciekawe, dlatego że oni mieli świeże mięso z sąsiedniego gospodarstwa rolnego. I robili naprawdę fantastyczne rzeczy. Teraz mają wielki problem, bo powstała tam trasa szybkiego ruchu i zostali odcięci. Nie mają klientów. Ale myślę, że warto nawet zboczyć z trasy i podjechać tam. Z takich przydrożnych lokali to jeszcze Janosik na trasie katowickiej.

F: O, Janosik! I tam jest kotlet drwala. Człowiek, który zjada kotlet drwala, powinien dostać jakiś medal, order.

Z: Może zostać drwalem.

F: To jest niesamowite, bo ten kotlet ma wielkość kołpaka od iveco czy od volvo. Na to idzie z tłuszczu, prosto z patelni kopa grzybów, wszystko jest zalane keczupem i na koniec wielka czapa sera. Zapieka się i podaje z górą frytek i zestawem surówek. Dla mnie ktoś, kto to zje, to jest mistrz.

Z: No ale tam się zatrzymują kierowcy. Zobacz, do tej pory jest tam olbrzymi parking dla tirów. A kierowca musi dobrze zjeść. Ciężko pracuje.

F: Na swoją miażdżycę.

Z: I do dzisiaj bar Janosik świetnie daje radę. To jest między Tomaszowem a Piotrkowem. Jeszcze zajazd Górski.

F: O Jezu, ja w tym zajeździe raz popełniłem błąd. Zamówiłem sobie karkówkę...

Z: Hotel Górski i restauracja w Polichnie. Kiedyś to była taka chata.

F: I ona się powiększała, teraz jest gigantyczna. Zamówiłem tam kiedyś karkówkę. Karkówka jest mniej więcej formatu A4 i strasznie, ale to strasznie przyprawiona. I popełniłem strategiczny błąd, bo zjadłem ten kotlet, a potem, na najbliższej stacji benzynowej, wypiłem red bulla. I połączenie karkówki z tym red bullem – odradzam wszystkim. Bo red bull sprawia, że rzeczywiście ta karkówka chce dostać skrzydeł – jak reklama wskazuje – i dostaje tych skrzydeł. Nic dobrego. Zła kombinacja.

Z: Mogę do tego opowiedzieć o najdziwniejszej rzeczy, której nie jadłem, a koledzy się zdecydowali. W Pekinie podczas igrzysk olimpijskich znaleźliśmy taką długą uliczkę ze straganami, które się otwierają koło południa, i tam jest całe obrzydlistwo tego świata. Zapachu gotowanych węży, pieczonych skorpionów i jedwabników po prostu nie da się wytrzymać. Nie dałem się namówić na zupę wężową, na pieczonego skorpiona, natomiast paru kolegów spróbowało. Ze skutkiem takim, o jakim opowiadałeś.

F: Dla mnie natomiast nie ma skali ostrości – im ostrzej, tym lepiej. Uwielbiam! I w knajpie Tuk-Tuk w Warszawie, na placu Zbawiciela, zwanym też placem Hipstera, powiedziałem panu, który stał przy kasie, że ma być najostrzej, jak tylko potrafi kucharz. Na co ten Taj się odwrócił i zapytał, czy na pewno, bo poczuł się wyzwany. Odpowiadam: „Tak, ma być zrobione jak dla swojego, nie dla turysty". A on pyta, czy na pewno. „Na pewno". To, co zaczął smażyć na woku, wyzwoliło taki opar, że ludzie w knajpie zaczęli wybiegać, bo zrobiło się tak, jakby ktoś gaz pieprzowy rozpylił. Zresztą w gazie pieprzowym właśnie jest kapsaicyna. Strasznie dużo wrzucił koszmarnie ostrych papryk i to była jedyna rzecz, która w życiu zrobiła na mnie aż takie wrażenie. Zjadłem do końca, ale potem sztywną pozycję siedzącą utrzymywałem przez tydzień. Mówią, żeby popijać to mlekiem albo jogurtem. To dwa tygodnie wtedy.

Skoki cywilizacyjne

Z: Z technicznych rzeczy na początku w domu było radio. Potem pojawił się telewizor.

F: Mieliście i radio, i telewizor? Kiedyś podobno posiadanie telewizora w domu to był gigantyczny luksus.

Z: Na początku był luksus, ale w każdym domu było radio. Nie pamiętam, jak się te pierwsze radia nazywały. Radio to był mebel pokojowy. Stał w wyeksponowanym miejscu. Pamiętam, że aparat miał magiczne zielone oko.

F: Po co?

Z: To była sygnalizacja odbioru. W radiu fascynowała mnie skala, na której wypisano egzotyczne nazwy miejscowości. Stambuł, Praga, Bukareszt, Budapeszt.

F: Ale te miasta odbierały?

Z: Nie. Tylko na falach krótkich. Na krótkich można było czasami łapać szumiące egzotyczne stacje. UKF, długie fale były niepopularne. Fascynująca była sama ta skala z egzotycznymi nazwami. I to magiczne oko, zielone, pulsujące… W ogóle kręciło się gałką i wskaźnik wędrował sobie po skali. Czasami jakąś dziwną stację się na falach krótkich łapało. To było coś. Potem się pojawiły radia tranzystorowe.

F: Te mniejsze, tak?

Z: Jednym z pierwszych radioodbiorników była Szarotka. Miała dosyć dużą podstawę, tam się mieściły baterie. Ale można ją było też podłączyć do prądu. Albo wynieść radio w plener i słuchać na bateriach. A potem absolutnym hitem było tranzystorowe radio Koliber, troszkę większe niż dwa pudełka papierosów. Kolibry to była magia absolutna, bo wszędzie je można było zabrać. I chyba generalnie historia *Lata z Radiem* zaczęła się od tych kolibrów, które ludzie zabierali na plażę. Pojawiły się również radia tranzystorowe przywożone z Zachodu. Pamiętam, że szwagier miał takie. Radio nazywało się Arrow – strzała, i miało skórzany pokrowiec. I to był bajer. Oczywiście, teleskopowa antenka, którą się wysuwało, żeby radio dobrze odbierało. A potem pojawiły się... to chyba była połowa lat sześćdziesiątych... pierwsze telewizory, czarno-białe. Pierwszy to chyba był Belweder, a potem...

F: A to polska produkcja?

Z: Polska produkcja na licencji radzieckiej. Nieduży ekran. Jak ktoś miał telewizor, to wszyscy sąsiedzi się schodzili, tak jak w *Alternatywach*. Z krzesełkami przychodzili.

F: Pamiętam taki obrazek z Zanzibaru. Wtedy przypomniałem sobie te wszystkie PRL-owskie historie, jak się ludzie schodzili i wspólnie oglądali. Jechaliśmy przez wioski, tam gorąco, więc telewizory powystawiane na zewnątrz. I siedziało pół wioski przy jednym telewizorze, a drugie pół wioski przy drugim po drugiej stronie ulicy.

Z: A wioska miała prąd?

F: Wioska miała prąd tam, gdzie telewizor.

Z: Pewnie z agregatu.

F: No tak.

Z: To właśnie cały problem krajów afrykańskich, gdzie cywilizacja kiepsko dociera, że mają sprzęt, tylko prądu brak. Musi być agregat zasilający.

F: Tylko że u nas ludzie potrafią odróżnić, i wtedy pewnie też potrafili rozróżnić, fikcję od rzeczywistości. A tam historia wygląda tak, że podchodzi kelner w trakcie nadawania filmu i mówi: „Wytłumaczcie mi jedną rzecz. Po co wy przyjeżdżacie do Afryki? Po co przyjeżdżacie na safari oglądać te zwierzęta? Lwa, lamparta, żyrafę? Po jaką cholerę? Przecież macie u siebie takie piękne zwierzęta!". Myślę: „Cholera, zna się koleś. Puszcza Białowieska, żubry. Widać wykształcony" – i tak powoli zaczynam się z nim zgadzać: „Faktycznie, mamy piękne zwierzęta". Ale właściciel hotelu, też Polak, postanowił go dopytać: „Jakie konkretnie zwierzęta? O które ci chodzi?". A kelner pokazuje na telewizor, a tam jest odpalony *Jurassic Park*.

Z: Ale, Filipie, ludzie nadal traktują rzeczywistość telewizyjną jak świat realny. Przecież niejeden raz doktor Lubicz opowiadał, że ludzie pytają go, czym się leczyć.

F: Ale nie mylą go z dinozaurem. Chociaż już powoli mogą zacząć.

Z: Mylenie telewizji z rzeczywistością jest nadal na porządku dziennym. Czyli niewiele się zmieniło…

F: Ale trochę się zmieniło. Szczególnie w telewizji.

Z: To długa ewolucja. Uruchomienie Programu Drugiego. Kurczę. Dwa programy w telewizji. Jakie to było wydarzenie.

F: Ale i tak nie nadawały przez dwadzieścia cztery godziny na dobę?

Z: Nie, nie.

F: To po cholerę był drugi, skoro ten pierwszy nie nadawał?

Z: To przejaw postępu cywilizacyjnego. Program drugi miał być kulturalny, oświatowy. W ogóle kiedyś telewizja pełniła funkcję kulturalno-oświatową. Bardzo popularny Teatr Telewizji, różne kursy, wykłady.

F: Naprawdę?

Z: Rano można było oglądać. I to nie tylko kursy dla rolników, ale też studia było można przez telewizję zrobić. Telewizja pełniła bardzo ważną funkcję edukacyjną i kulturalną. Rozrywka oczywiście też się liczyła, ale była tylko jednym z elementów.

F: No i te wielkie postacie. Wtedy pracować w telewizji nie mógł ktoś z ulicy. To też pewnie były nieprzypadkowe osoby.

Z: Organizowano konkursy. Ogromną popularność zdobyli Jan Suzin, Edyta Wojtczak – to były gwiazdy pierwszej wielkości. Irena Dziedzic i pierwszy polski talk-show *Tele-Echo*, to też była wielka gwiazda.

F: Rewolucji radiowej i telewizyjnej nie mogę pamiętać, NATOMIAST pamiętam rewolucję satelitarną.

Z: No?

F: Ponieważ w Polsce działały dwa kanały, ewentualnie trzy, pojawiły się anteny satelitarne.

Z: I dekodery.

F: I nagle można było odbierać cały świat. Telewizję amerykańską, niemiecką. Głównie niemiecką, bo tam były najciekawsze rzeczy dla dzieciaków. Wtedy dzieci tak naprawdę uczyły się języka z telewizji. U nas te dwa kanały to była nuda, nie było czego oglądać, więc włączało się programy niemieckie i oglądało wielki świat, gigantyczne produkcje telewizyjne, przy których nasze wyglądały jak jakiś biedny brat. I to bardzo biedny brat wschodni. No i pornosy leciały w nocy.

Z: Jeszcze powstał cały przemysł nielegalnych dekoderów, bo część tych kanałów była kodowana. Wtedy w warsztatach elektronicznych kupowało się magiczną skrzyneczkę, podłączało do całego urządzenia i można było ominąć blokady. W tamtych czasach to był wielki przemysł. Tak, to była rewolucja. Nagle świat stał się bardzo bliski. Kiedy te anteny się pojawiły?

F: Początek lat dziewięćdziesiątych. Pamiętam, jak oglądaliśmy z mamą zburzenie muru berlińskiego.

Z: Listopad 1989 roku.

F: No to znaczy, że już wtedy mieliśmy antenę satelitarną. Chyba że to TVP mogło transmitować, ale raczej nie mogło?

Z: Mogło, mogło. Satelita to też MTV. Zupełnie nowa jakość.

F: Te teledyski! Dostęp do całej popkultury amerykańskiej. Drugim skokiem technologicznym, który się odbył na moich oczach, było wprowadzenie Internetu. Tego pierwszego, wdzwanianego. Wtedy albo telefon działał, albo się miało Internet.

Co więcej, płaciło się za każdy impuls telefoniczny. W związku z tym rachunki po kilku nocach siedzenia w Internecie były jakieś koszmarne. Ludzie majątki na tym potracili. Pamiętam dźwięk modemu. Wydawał z siebie takie przeraźliwe piski, szumy, na przemian z buczeniem. Mniej więcej jak samochodowe alarmy, które zmieniają tonację. I się nie łączył. Bo żeby się wdzwonić, trzeba było mieć szczęście. Więc on się wdzwaniał za piątym, szóstym, siódmym razem. Wprowadzenie czegoś takiego jak Neostrada, czyli stałe łącze, za które raz w miesiącu się płaciło, to była rewolucja. Coś nie do pomyślenia. Stąd się przecież wzięły „dzieci Neostrady", czyli pokolenie, które miało już stały dostęp do Internetu. Tak zaczęła się ta cała rewolucja technologiczna.

Z: Internet poznałem dużo wcześniej. Wyjeżdżałem do Stanów Zjednoczonych z dziećmi niepełnosprawnymi z fundacji „Mielnica". Byliśmy tam na wspólnym obozie z dziećmi amerykańskimi. W takim baraku kulturalnym siedział gość przed małym telewizorkiem, miał przed sobą klawiaturę. No i zapytał, gdzie mieszkam. Powiedziałem, że w Polsce, w Warszawie. On coś tam wklepał i nagle Polska pojawia na mapie. On robi kolejne przybliżenia. Mówi: „A teraz pokaż mi swój dom".

F: Co ty mówisz? Naprawdę?

Z: I to był szok. Po czym zaczął podawać dane dotyczące Warszawy. Ilu mieszkańców, zabytki i tak dalej. Myślałem, że zwariuję. To był '86 albo '87 rok.

F: No to to musiało robić wrażenie.

Z: Przeżyłem szok. On powiedział, że niedługo każdy to będzie miał w domu, ja też.

F: Ale wtedy to się wydawało bajką o żelaznym wilku.

Z: Bajką absolutną. Ja kombinowałem, że może ma tam z tyłu projektor i puszcza mi film.

F: Że się przygotował wcześniej?

Z: Bo to nie był płaski ekran, tylko taki jak w najwcześniejszych monitorach. Urządzenie było dosyć duże i podejrzewałem, że tam musi być jakiś podstęp. Lampa kineskopowa wyświetla coś, co on sobie wcześniej przygotował. A to właśnie były zalążki sieci internetowej.

F: Pamiętam komunikator Gadu-Gadu. Jak ludzie do siebie zagadywali hasłem: „Cześć, postukasz?", „Kiedy możemy postukać?". I wtedy to się wydawało, że na Gadu-Gadu nie ma mocnego. A potem weszła Nasza Klasa, Grono. Grono zjedzone przez Facebook. No i zaczął się wysyp portali społecznościowych. A z takich rewolucji jak te telewizyjne, wcześniej nastąpiła rewolucja pod tytułem kasety wideo. Jak się nagle w latach dziewięćdziesiątych pojawił wysyp wypożyczalni wideo, to ludzie majątki porobili.

Z: Na nielegalnym kopiowaniu i wypożyczaniu.

F: Tak. I nagle się okazało, że oni wszyscy się nie zorientowali w porę, że interes zaraz zdechnie, bo weszły płyty DVD, które zastąpiły VHS-y. Oni się oczywiście przerzucili. Aż pojawia się VOD w telewizorze. I wszystkie te filmy, całe te wypożyczalnie można mieć bez wychodzenia z domu, a to i tak się dolicza do rachunku. Te wszystkie sieci plajtują. Beverly Hills Video to przecież gigantyczna sieć, jakieś ciężkie miliony złotych. Stan upadłości, syndyk, tiry z kasetami.

Z: Ale zarobili przez ten czas, gdy wypożyczali. Zapraszało się znajomych, wypożyczało film, wspólnie oglądało.

F: Tylko w jakim błyskawicznym tempie to poszło. Były kasety, były DVD, ale DVD zdecydowanie krócej niż kasety, i wszedł Internet. Ściąganie, streaming. Dziękuję, do widzenia, koniec.

Z: Ja dzięki komputerom przestałem palić.

F: A co? Nie można było palić przy komputerze w studiu?

Z: No właśnie. Jak do redakcji sprowadzone zostały pierwsze komputery, to oczywiście było szkolenie. Pierwsza święta zasada brzmiała: „Przy komputerze nie palimy!".

F: A co się komputerowi stanie?

Z: No nie wiem.

F: Chyba was robili w człona. Ale bardzo mądrze zresztą.

Z: To było pierwsze najważniejsze przykazanie. Że nie wolno palić przy komputerze, bo może tobie dym nie zaszkodzi, ale komputer kompletnie się zaczadzi. I wtedy potworzyli takie specjalne pomieszczenia, palarnie, gdzie wszyscy chodzili palić. W tych palarniach panował tak straszny smród, że już się nie skusiłem. I przestałem. Bo wcześniej cały czas się paliło w redakcji. Pisało się coś czy przeglądało i papieros za papierosem leciał. Wszystko śmierdziało. Ale nikt nie zwracał na to większej uwagi. Natomiast po wprowadzeniu komputerów porzuciłem palenie, bo palenie szkodzi. Komputerowi.

F: To dobre. Były te wielkie monitory, z dupą gigantyczną, która zajmowała całe biurko. Konstruowało się specjalne układy biurek z podwyższeniem, żeby dupa wychodziła nad parapet, pod którym jest kaloryfer, żeby nie zajmowała miejsca… I nagle wchodzi płaski ekran…

Z: Ale poza tym ważne były warunki, w jakich stał ten sprzęt. Nie mogło być za gorąco, nie mogło być za wilgotno i oczywiście żadnego dymu.

F: Zakładało się filtry nakładki na monitory, żeby nie uszkadzać oczu promieniowaniem.

Z: Chyba nawet okulary specjalne były dla tych, którzy powyżej iluś tam godzin pracowali przy komputerze. W redakcji były obowiązkowe i darmowe.

F: Ja mam dziś popsuty wzrok właśnie od monitorów z dzieciństwa, tak mi powiedział okulista. Gdybym nie gapił się w monitor, tobym miał normalne oczy. A nakładki nie miałem, bo paskudnie wyglądała i zniekształcała kolory w grach komputerowych. Jakie pieniądze to wszystko wtedy kosztowało. Mój pierwszy komputer dostałem dopiero w siódmej albo ósmej klasie podstawówki.

Z: Atari?

F: Nie atari. Miałem pegasusa, bo mi nie chcieliście kupić komputera. Pamiętam, jak marzyłem o komputerze. Chodziłem i na okrągło o niczym innym nie mówiłem. I w końcu w Wigilię w salonie Optimusa kupiliśmy komputer za 60 milionów. Co się przekłada na dzisiejsze 6 tysięcy. Ale wtedy za te 60 milionów można było kupić malucha.

Z: Nie.

F: Tak, tak.

Z: Nie.

F: Maluch kosztował więcej niż 60 milionów?

Z: Droższy był zdecydowanie. Na początku, jak wszedł do produkcji, to kosztował 65 tysięcy złotych. Wtedy to już ze 200 milionów z hakiem.

F: Ale na pewno komputer kosztował 60 milionów. Tak czy inaczej, bardzo dużo. Dzisiejsze 6 tysięcy, ale to zupełnie inne pieniądze. Sprzęt miał już czytnik płyt CD i stację dyskietek. Gry na płytach CD były strasznie drogie, a koledzy w bloku mieli gry na dyskietkach. I na przykład gra *Prince of Persia* zajmowała dwanaście dyskietek. Szło się z pudełkiem dyskietek i się zgrywało. Dyskietka po dyskietce. Trzeba było włożyć dyskietkę, wpisać specjalną komendę. Nie to, że się przesuwało palcem. Tylko była komenda „przenieś plik stąd tu". To się wpisywało. Potem to szło z dyskietki. Ta dyskietka wydawała z siebie jakieś koszmarne dźwięki zarzynanej kozy. W końcu gra się przegrywała. Trzeba była wyjąć dyskietkę, wrzucić drugą. One były ponumerowane. Nie można było pomylić tych numerków. Jak się okazywało po drodze, że jakiś plik był uszkodzony na dyskietce numer 4 z 24 dyskietek, to wszystko w dupu. I od początku trzeba było grę przegrywać na dyskietki, z tego komputera, z którego ona pochodzi. I z powrotem na swój komputer.

Z: Ale jaką miałeś satysfakcję, gdy już to przegrałeś.

F: Ale jaki wkurw, gdy się jednak nie udało. Na początku były biosy, dosy. Potem weszły windowsy. No i to faktycznie już robiło robotę. Pojawiły się też oczywiście pirackie gry na CD. Chodziło się na giełdy komputerowe na Grzybowską albo pod Stodołę. Przy Stodole była giełda komputerowa. Tam się wchodziło i stał szpaler mężczyzn w kurtkach puchowych. Trzymali w skoroszytach katalogi ze spisami gier. Nawoływali: „Gry, użytki na płytach. Gry, użytki na płytach". Cały czas to powtarzali jak mantrę. Podchodziło się do nich, można było sobie wybrać z katalogu płytę z grami. Było na niej pięć do ośmiu gier, z czego chodziła jedna albo żadna. Płaciło się 50, potem 25 złotych. Handlarz przynosił płytę, bo wszystko mieli pokitrane na wypadek kontroli policyjnej. Szło się do domu, żeby się na koniec przekonać, że nic nie działa. Potem laptopy się pojawiły, cegły były straszne. Tym można było zabić. Ciężkie kilogramy ważyło i słabo działało, bo te laptopy były znacznie wolniejsze od pecetów. Dopiero od kilku lat są cieniutkie, fajne.

Z: Ja chyba dosyć późno zacząłem laptopa używać. Zawsze jestem co najmniej krok do tyłu, jeśli chodzi o technologię. Powoli przyjmuję. Ale odwrotu nie ma.

F: No nie ma. To prawda.

Z: Telefonu z tarczą niestety dzieci nie rozpoznają.

F: Pamiętam, jak robiłem materiał do *Dzień Dobry TVN*, w którym dałem dzieciom telefon z tarczą. Taki, jak kiedyś stały w domach. Poprosiłem o wysłanie SMS-a z tego aparatu, tak dla jaj. No i myślałem, że dzieci załapią. Nie załapały... Sumiennie wykonały zadanie. Sprawdziły na swoich smartfonach...

Z: ...która cyferka odpowiada której literce?

F: Tak. Tyle że ty na swoim emeryckim telefonie możesz sobie to sprawdzić ot tak, bo masz to na zewnątrz. A dzieci musiały najpierw wyjść z ekranu głównego, przełączyć się w tryb telefonu, wtedy odczytały literki pod cyferkami i zaczęły wykręcać.

Jak miały drugą literkę, kręciły dwa razy. W głowie im się nie mieściło, że telefon może nie mieć funkcji wysyłania SMS-ów. W telefonach przecież nastąpiła jeszcze większa rewolucja. Z miesiąca na miesiąc się zmieniały. Najnowszy model już po dwóch miesiącach nadawał się do śmietnika. Pojawiały się kolejne bajery, zmieniane obudowy, dzwonki polifoniczne. A jeszcze w tych systemach dzwonienia u operatorów też zaszła jakaś rewolucja. Pamiętam, jak w Orange, czyli kiedyś w Idei, były pięciosekundówki.

Z: Co to było?

F: To było połączenie do pięciu sekund za darmo, bo sieć często się zrywała. W związku z tym można było dzwonić przez pięć sekund za darmo i ludzie mieli specjalne systemy. „Cześć". Rozłączał się. „Wstaw ziemniaki". Rozłączał się. „Będę o dziewiętnastej". Myk.

Z: Tak. I za to się nie płaciło.

F: Za to się nie płaciło, a normalne połączenia były strasznie drogie. Każda minuta kosztowała ciężkie pieniądze. W związku z tym ludzie dzwonili, dawali komunikaty na pięć sekund i się rozłączali.

Z: Bo za darmoszkę.

F: A zaczęło się od centerteli. Kosztowały tyle, co maluch. Pamiętam, bo ostatnio czytałem wspomnienia z okazji 30-lecia Centertela. Nosiło się ze sobą wielkie cegły, wręcz walizki.

Z: Szef redakcji Antek Mielniczuk miał ten telefon. Braliśmy go na wyjazdy i cały czas szukaliśmy pola. Nie zasięgu, tylko pola.

F: „Szukam pola". Chyba taki komunikat był.

Z: No i łaził z tym aparatem po jakichś pagórkach.

F: Jeszcze się antenę rozstawiało.

Z: Tak. Cały ten kaloryfer.

F: Ale jaki szpan. To był synonim najwyższego statusu społecznego. Fura, skóra i komóra. Przecież to hasło nie wzięło się znikąd.

Z: „Kaloryfer" się chyba wziął stąd, że one miały ożebrowanie.

F: To był system chłodzenia, bo się strasznie grzały. Potem weszła cegła, czyli model bez tej całej stacji dokującej, który właściwie się mieścił w dwóch dłoniach.

Z: Jak wojskowa krótkofalówka.

F: Też z anteną. I to się głównie kojarzyło z serialami amerykańskimi. Jak jedzie kabriolet przez Miami i biznesmen w garniturze rozmawiał przez centertela. Wszyscy bardzo o tym marzyli. No i potem telefony sobie malały. Pojawiały się kolejne bajery. Weszła nokia ze zmiennymi obudowami i dzwonki polifoniczne. Gra w węża, kalkulator i Internet w systemie WAP. Czyli taki matriks. Internet złożony z jakichś dziwnych znaczków, w którym operowało się klawiszami telefonu.

Z: Nie wiem w ogóle, o co chodzi.

F: Żeby uzyskać informacje z tego Internetu WAP-owskiego, to trzeba było być alfą i omegą i mieć dwie godziny, by znaleźć jedno hasło. Niechcący się włączał, a korzystanie z tego było bardzo drogie. Więc można było się mocno zdziwić po miesiącu, kiedy się dostało rachunek.

Z: No i największy przełom w telefonach – możliwość zrobienia zdjęć.

F: No tak, to skanibalizowało urządzenia, które znaliśmy do tej pory. Wcześniej aparaty cyfrowe zjadły aparaty na klisze. A potem aparaty cyfrowe zostały zjedzone przez telefony. Przestało mieć sens noszenie aparatu cyfrowego. Dzisiaj jedno urządzenie zastępuje nam tak naprawdę wszystko...

Z: Ale z drugiej strony to nam akurat życie ułatwia.

F: Bardzo ułatwia. To jest świetna rzecz.

Z: Ponieważ zamiast dawać autografy, robi się zdjęcia. Idzie to szybciej i sprawniej.

F: Nie musisz nosić przy sobie też komputera, bo przecież w telefonie Internet fantastycznie działa. Masz duży dotykowy ekran. Wszystko jest. I nie trzeba nosić aparatu ze sobą. A, i kompasu. Latarki.

Z: Ale bardzo żałuję, że w pewnym momencie mama przestała tworzyć albumy fotograficzne. Mamy albumy ze zdjęciami do któregoś roku, a potem już nic.

F: Ale możesz to robić. Tylko się nie chce. I zdjęć jest za dużo. I się nie chce wybierać z tego wszystkiego. Bo kiedyś człowiek się zastanawiał nad każdym zdjęciem, bo przecież klisza była droga i wywołanie było drogie. Więc każde zdjęcie było konstruktywnie przemyślane. Kadr, plan. I jest zrobione. Jeszcze palcem się tę rolkę przewijało w pierwszych aparatach. Dopiero potem ona się automatycznie przewijała. A dzisiaj? Jak jest karta 200 giga? To w dupie tam.

Z: „Zrobię wam jeszcze parę na wszelki wypadek".

F: Tak, a potem nikt tego nie ogląda, bo przecież przebrnąć się przez to nie da.

Z: Brakuje mi zdjęć drukowanych na papierze, albumów. Wszystko się gdzieś tam mieści w wirtualnym świecie.

F: Ale można sobie wziąć i wywołać. To jest wina twojego lenistwa, a nie technologii.

Z: Jednak trochę też technologii. Możliwość robienia zdjęć telefonem odebrała zdjęciom powagę. Każdy w każdej chwili może zrobić fotę. Spadł szacunek do zdjęcia, a tym samym szacunek do prywatności.

F: A każdy może zostać artystą. Przecież z tych aparatów można już robić zdjęcia lepsze niż kiedyś dobrymi cyfrówkami.

Z: Można zostać korespondentem. Dziennikarzem. Fotoreporterem.

F: I donosicielską mendą również. Ale od tego już nie uciekniemy. To już się stało. Na początku w telefonie przedni aparat to była fanaberia, obiektyw trzy, cztery razy słabszy niż z tyłu. Tak tylko, żeby był i można było się pochwalić w katalogu. A potem się okazało, że ten przedni aparat musi być tak samo dobry jak ten tylny. I musi mieć lampę błyskową. No bo selfie zrobiło się bardzo popularne.

Z: Rzadko robię sobie selfie. Tylko gdy jestem w miejscu czy sytuacji, którą chcę sobie uwiecznić. I robię to dla siebie.

F: Ja byłem mistrzem selfie, zanim ktokolwiek je wymyślił. Regularnie robiłem sobie selfie starym aparatem na kliszę, dopiero w fotolabie się okazywało, co z tego wyszło. Jedno na dziesięć wychodziło. A to jakiś paluch, a to za bardzo w lewo, za wysoko, za nisko.

Z: Prekursorem byłeś.

F: Byłem prekursorem selfie. Tak jest. Staliśmy się samowystarczalni.

Z: Nie. Chyba głównie chodzi o to, że człowiek chce się pochwalić. Robię sobie zdjęcie na końcu świata.

F: *Share the moment*. Bo chcesz się podzielić z kimś tym, gdzie jesteś.

Z: Ale na ogół dzielisz się tym, czym chcesz zaimponować. Czym chcesz błysnąć. Nie robisz sobie selfie w jakiejś dziwnej sytuacji.

F: Nie, nie zawsze. Jak jest jakaś krzywa akcja, to też się robi, żeby się sfotografować na jej tle. W social mediach to się bardzo sprawdza.

Z: Mnie się zdaje, że głównie chodzi o autopromocję.

F: Pewnie, że tak. To leży w naszej naturze.

Z: „Patrzcie, ludzie, jaki jestem fajny albo w jakim fajnym miejscu jestem".

F: Albo w ogóle „zobaczcie, co się za mną dzieje".

Z: Za mną rzadko.

F: „Za mną"... za obiektem fotografowanym. No tak, ale to wykorzystuje w jakiś sposób naszą mentalność. Staliśmy się samowystarczalni. Nie potrzebujemy szukać kogoś i prosić: „Przepraszam, czy mogłaby mi pani zrobić zdjęcie?". Tylko możemy je zrobić sami, mieć wszystkich w nosie. A jeszcze jest kij do selfie, żeby lepiej było widać. Rozkładasz sobie kij i robisz zdjęcie. Jak Japonki. Zauważyłem, że głównie kobiety jeżdżą same. Stają. Jedną stronę z kija, drugą stronę z kija, na trzecią, na czwartą.

Z: I co z tym robią?

F: Nie mam pojęcia, co Japończycy ze zdjęciami robią. W ogóle to jest ciekawe zagadnienie na materiał.

Z: Oni zawsze robili.

F: To wyobraź sobie, co się dzieje, jak im wprowadzili te kije do selfie. Przecież oni ocipieli.

Z: Japończycy, wycieczki japońskie to było szaleństwo. Bo wszyscy mieli dobre aparaty fotograficzne, gdziekolwiek się pojawili. Trzaskali mnóstwo zdjęć. Wycieczka z aparatami to na pewno Japończycy. A teraz mają selfie.

Z: Teraz nawet znane osoby robią transmisje z dziwnych miejsc… Anna Popek – operacja serca i miała w szpitalu fotoreportera…

F: Nie wiem, czemu to zrobiła. Może miała coś za darmo. Bo to wszystko musi się opłacać.

Z: A co możesz mieć za darmo?

F: Na przykład operację, która normalnie kosztuje, załóżmy, 20 tysięcy. A ty sobie prostujesz nos i masz zabieg za darmo, ale za to oznaczasz, że zrobiłeś go sobie tu i tu. A z drugiej strony pewnie jest w tym dużo ekshibicjonizmu. Żeby się klikało. Żyjemy w świecie kliknięć. Im więcej kliknięć, tym lepiej. Tym większa popularność, tym docelowo więcej pieniędzy. Bo kliknięcia przekładają się na reklamodawców. Im więcej lajków, tym więcej reklam. Im więcej reklam, tym więcej pieniędzy. Kropka.

Z: Czyli biznes, wszystko na sprzedaż.

F: Wszystko na sprzedaż, oczywiście. Każdy musi w swoim sumieniu wyważyć, ile i czego chce sprzedać. A jeżeli robi się to ze zwykłej próżności, no to... Indywidualna sprawa. Ale takie czasy.

F: Ostatnio okazało się, że mamy jakieś genialne urządzenie, które jest kombinacją tabletu i laptopa. To jest tablet, ale można do niego dołączyć klawiaturę i staje się pełnowymiarowym komputerem. Można sobie w samolocie oglądać filmy. I to też jest jakaś rewolucja. W dzieciństwie zawsze mi się marzyło, że będą kiedyś takie zegarki, w których będzie można oglądać telewizję, filmy albo cokolwiek. I tak sobie marzyłem w latach dziewięćdziesiątych, że jakby ktoś coś takiego wynalazł, toby była w ogóle petarda. No i co? I jest. Tylko po cholerę to komu?

Z: Ekranik troszkę mały.

F: Ekranik mały, nieporęczny. Ale jest.

Z: Spełniło się?

F: Spełniło się.

Z: Wizjonerskie sny miałeś.

F: Możesz siedzieć na kiblu i patrzeć sobie w zegarek. Chociaż i tak wszyscy na kiblu siedzą z telefonami. Pójść do kibla bez telefonu? Co by tam można robić z nudów? Dobry eksperyment ostatnio zrobiło *Dzień Dobry TVN*. Zaprosili na wywiad trójkę aktorów. Prowadząca Ula mówiła: „Przepraszam bardzo, coś nam się popsuło z dźwiękiem", a ekipa liczyła sekundy do wyjęcia telefonów przez gości. Jak Ula pierwszy krok stawiała, to jeden już wyciągał telefon.

Z: Może Internet wytnie telewizję z programem...

F: Zawsze będę utrzymywał, że ludziom trzeba coś zaproponować, żeby byli szczęśliwi. Po powrocie do domu nie wiem, co bym chciał obejrzeć. Siadam, chciałbym coś zobaczyć… ale co? W związku z tym stara szkoła, że siadasz na kanapie i lecisz po kanałach, moim zdaniem nigdy nie zaniknie. Telewizja i Internet to są światy równoległe. Poza tym to, co się pokazuje na YouTubie... Wczoraj robiłem przegląd najpopularniejszych kanałów na świecie i w Polsce, bo sam się przymierzam do otwarcia takiego i chciałem sobie zrobić research na rynku. Jakie to wszystko jest gówno.

Z: Ale to chyba takie ma być?

F: Poczekaj. To, co mówią ci ludzie, to, co oni pokazują, to jest tak gówniane, że jakby ten materiał zanieść do jakiejkolwiek komercyjnej stacji telewizyjnej i powiedzieć, że chciałoby się robić taki program, toby się to nawet nie skończyło śmiechem, tylko wyrzuceniem za drzwi. I nagle okazuje się, że to robi w Internecie jakieś gigantyczne zasięgi. Miliony odsłon.

Z: Czyli co, Internet się rządzi innymi prawami?

F: Moim zdaniem to są światy równoległe, które zawsze będą istnieć obok siebie. Jeden nie zeżre drugiego i na odwrót. Telewizja będzie miała swoje gwiazdy. Internet będzie miał swoje gwiazdy. I tu będą widzowie, i tu będą. Moim zdaniem to nie jest tak, że jedno zje drugie. Bez szans.

Z: A ci, którzy się teraz na Internecie wychowują, jak będą starsi, to w pewnym momencie odkryją telewizję. Wraca się i odkrywa wiele rzeczy dawno już odkrytych. Więc myślę, że może nastąpić taki moment, że zwykła telewizja stanie się znowu hitem.

F: Taki oldskul.

Z: To będzie odkrywanie nowego świata.

F: Tak jak te twoje premiery w Pogodzie.

Z: No tak. Piękna historia. To na tej zasadzie.

F: Poza tym mnie się też wydaje, że widzowie youtubowskich gwiazd to na przykład jest dziewczynka, która ma 13 lat… Nie, już może 16 lat ma, i ona opowiada o tym, że dotknęła tą ręką Justina Biebera i to jest największe osiągnięcie w życiu. Jest cała rozdygotana, dyszy, jest spocona. I opowiada, jaka to niesamowita rzecz ją w życiu spotkała, że dotknęła tego Biebera. No i pewnie oglądają to równolatki. Bo nie sądzę, żeby ani młodszy, ani starszy mógł się tym w jakikolwiek sposób zajarać. W związku z tym ci ludzie też kiedyś dorosną. Tak jak się wyrastało z boysbandów, z girlsbandów i innych pierdów, zbierania karteczek, muchomorków i innych miś pand. Tak samo oni z tego wyrosną i te ich gwiazdy przestaną być gwiazdami. Ale pojawią się nowe. W tym samym wieku, co grupa odbiorców. I oni kiedyś też się zorientują, że na tym YouTubie jest straszny „szit", i zaczną poszukiwać nieco bardziej wartościowych treści. I tu telewizja będzie nie do przeskoczenia. Chociaż z drugiej strony mamy najnowszy program twórców *Top Geara*, czyli tej trójki z Jeremym Clarksonem, który jest teraz robiony przez Amazon. To gigantyczna produkcja internetowa i faktycznie osiągnęła już jakość najlepszych form telewizyjnych.

Z: Okej, ale to zależy od pieniędzy, od zainwestowanych środków. Natomiast to, czym Internet chce się odróżniać, czym YouTube chce się odróżniać, to jest prymitywizm, czasami nawet udawany. Na tym ma to polegać, że każdy jest w stanie zrobić coś podobnego.

To nie wymaga żadnych wielkich środków. Ale jeśli chcesz zrealizować coś profesjonalnie, to musisz mieć kasę, środki.

F: Ale z kolei jak zrobisz w Internecie coś zbyt profesjonalnie, to cię zjedzą, bo wiedzą, że jesteś nieautentyczny.

Z: Tak.

F: Przyjrzałem się programom telewizyjnym portali internetowych. Obejrzałem Kuźniara, który przeszedł do Onetu i nadaje swój program na żywo rano z samochodu. Rozmawia z politykami, z gwiazdami, srutututu pęczek drutu. Internet, w przeciwieństwie do telewizji, ma to do siebie, że można na bieżąco sprawdzić, ile osób to ogląda. No i ten program Kuźniara ogląda 900, 1000, 1200 osób. Przy takich zasięgach w telewizji to by się skończyło po dwóch dniach. Tak więc moim zdaniem przenoszenie schematów telewizyjnych do Internetu to nie ta droga. Tam są inni ludzie. Internet ma swoje gwiazdy.

Z: Tak jak powiedziałeś, to są dwa światy.

F: Taka polityka jest bezsensowna. Podważam ją, bo uważam ją za kompletnie bez sensu. I to jest wyrzucanie pieniędzy w błoto.

Z: Ludzie z telewizji przeszli do Internetu, licząc na to, że będą mieli podobną oglądalność.

F: I że będą mieli swoje drugie internetowe życie.

Z: Telewizja będzie istnieć i będą powroty do pewnych schematów, programów. I myślę, że doczekamy się na kolejną wersję *Big Brothera*, tylko inaczej podaną…

F: Ale ten *Big Brother* odbywa się teraz na YouTubie. To, co robią te dzieciaki… siedzą przed kamerą, walą jakieś kocopały o tym, że są na wakacjach, na plaży jest gorąco, ale jak jesteś na wakacjach, to musi być gorąco. To są takie monologi. Siedzi dziewczyna i odwala kwadrans takiego pierdolenia. No to czym to się różni od *Big Brothera*? Montaż to jest w ogóle dramat. Ze sztuką montażu to nie ma nic wspólnego. Montaż przez plany, różnicowanie kadru – to w ogóle nie istnieje. W związku z tym Internet jest teraz na poziomie dość prymitywnego *Big Brothera* sprzed kilkunastu lat w telewizji.

Z: Pewnie tak. Ale sądzę, że w jakiejś formie *Big Brother* powróci. Nie wiem jeszcze, co to będzie i jak będzie.

F: Bo pytanie, ile jeszcze nowych rzeczy można odkryć. I czy nie wszystko zostało już pokazane.

Z: A może *Big Brother* jak pierwsi osadnicy na Marsie się pojawią?

F: Pewnie tak, tylko czym się będzie różnił ten *Big Brother* od tego w Sękocinie? Tym, że będzie na Marsie i tyle.

Z: Ja nie planuję atakować Internetu. Jestem już na to za stary.

F: Ojciec, nie miałbyś takiej grupy odbiorców, która pozwoliłaby wykorzystać potencjał reklamowy. Po co trzynasto-, czternastolatki, czyli główni odbiorcy i główna grupa docelowa YouTube'a, miałyby odpalać pradziadka? No bo dla nich ktoś po sześćdziesiątce to nawet nie jest dinozaur. To jest bezkręgowiec. Coś, co żyło przed dinozaurami. Dlatego mówię, że próbuję to rozkminić i wpaść na taki pomysł, który by chwycił, ale też mam wrażenie, że moje 32 lata to jest już bariera nie do przeskoczenia. Bo w Internecie są fajne kanały z ciekawą treścią robione przez inteligentnych trzydziestolatków, ale w porównaniu z zasięgiem nastolatków to w ogóle nie ma o czym mówić. Gry komputerowe są numerem jeden. Dzieciaki, które siedzą przed monitorem, mają na siebie ustawioną kamerę, mikrofon. A druga kamera, wbudowana w system komputera, zgrywa to, co się dzieje na ekranie. I to są największe pieniądze, jakie są do zgarnięcia w Internecie. To są miliony dolarów. Oglądającym nie służy to do niczego. To jest kompletnie do zabicia czasu. Dzieciaki siedzą jak zahipnotyzowane. My tego nie zrozumiemy. Po co? Dlaczego? Po jaką cholerę? Co jest w tym ciekawego? Nic. A jednak ci najwięksi game playerzy, bo to się tak nazywa, na świecie zarabiają setki milionów dolarów rocznie.

Z: Ale może traktują to jak widowisko sportowe? Masz wielkich sportowców…

F: Ale oglądanie sportu jest emocjonujące. Są tam ludzie, którzy ścigają się o ułamki sekund, poświęcili całe życie treningowi. A to jest kocopał. To jest jeden wielki kocopał. Bo to nawet nie jest w kategoriach sportowych. Nie ma nic na czas, z nikim się nie mierzy. To jest po prostu sztuka dla sztuki.

Z: Ale są jakieś zasady grywania w to?

F: Nie ma. To jest po prostu sztuka dla sztuki.

Z: Nie ma punktów ani coś…?

F: Nie. To jest jedna kategoria. Druga kategoria to są blogerki lifestylowe, które opowiadają o swoim życiu. Siedzi taka i mówi, że wstała rano, mama ją odwiozła do szkoły. W szkole była matematyka i polski. A teraz jest już po lekcjach i szykuje się do obiadu. Zje obiad, po obiedzie wyjdzie z psem. A w ogóle to pies ma sraczkę. No i jak pies ma sraczkę, to najlepiej jest mu podać węgiel. I to jest monolog, którego jedno zdanie linkuje się do drugiego i to trwa 20 minut. Teraz to jest największa potęga polskiego Internetu.

Z: Ale mówi.

F: Ale mówi i jest autentyczna. Bo w jakiś sposób te dzieciaki się w niej odnajdują. A że tego się słuchać nie da? To już jest inna sprawa. Kolejna kategoria to blogerki i youtuberki modowe. Czyli opowiadanie o ciuchach i stylizacjach. Siedzi dziewczyna i pokazuje, co ma w szafie. Tylko to już nie są rzeczy, które ona wybrała. Mówi się, że Internet jest niezależny i taki offowy, bo nie jest telewizją. To jest największa bzdura, jaką można powiedzieć. Tam wszystko jest opłacone. Każda rzecz, która jest pokazywana, przelicza się na tysiące złotych. Każda szminka, każda bluzka, każde buty, okulary. To wszystko są pieniądze.

Z: One to dostają?

F: Dostają i mają płacone za pokazywanie tych rzeczy. Budżety z takiego jednego kilkunastominutowego odcinka to są dziesiątki tysięcy złotych, jak się doda te wszystkie produkty. Pokazanie jednego to od 5 do 7 tysięcy złotych. Niewyobrażalne pieniądze dla takich Kowalskich, zjadaczy chleba, którzy to oglądają i uważają, że Internet to pełna niezależność. To jest bullshit. To jest wszystko komercha jeszcze większa niż w telewizji.

Z: Czyli wielka ściema.

F: Oczywiście, że tak. Jeszcze większa niż ta telewizyjna. No i są jeszcze pranki, czyli wkręcanie ludzi. I to jest zabawne, to mi się podoba. To jest ten pająk Wardęga, który straszy ludzi.

Skoki cywilizacyjne

Każda dziedzina ma swoich mistrzów. Jest mistrz motoryzacyjny, jest mistrz od sztuk walki i tak dalej. Te pranki są ciekawe, bo można trafić na perły. Ostatnio odkryłem film, jak facet w galabii idzie po ulicy jakiegoś europejskiego miasta. Ma plecak. Idzie, idzie, idzie. Ludzie siedzą w parku. On zdejmuje ten plecak, kładzie obok nich i ucieka. Wyobraź sobie, co się dzieje z tymi ludźmi, którzy siedzą obok tego plecaka...

Z: Ale to ciężki kaliber jest.

F: Tak, w Internecie nie ma barier.

Z: Ale równie dobrze ktoś by mógł go zastrzelić. To jest hardcore.

F: I te reakcje ludzi, którzy uciekają, chowają się, biegają.

Z: To w ogóle nie jest śmieszne.

F: Jak to oglądasz, to trochę jednak jest.

Z: Jak ta para tancerzy na lodzie, która w Moskwie wystąpiła w strojach więźniów obozu koncentracyjnego?

F: Ale to jeszcze co innego. Albo jest chłopak, który podbiega do Murzynów w Nowym Jorku i mówi do nich: „Yo, nigga!". Tak się zwraca jak Murzyn do Murzyna. I od każdego dostaje w ryj. To piętnastominutowy filmik, w którym facet 150 razy dostaje w mordę od Murzynów. No i to są kolejne ewolucje tych pranków.

Z: No tak. Ale pojawiły się też podłe zjawiska.

F: Anonimowość tworzy hejt. Moim zdaniem powinny powstać rozwiązania legislacyjne, zakazujące wszelkich anonimowych wypowiedzi w Internecie. Dziwi mnie, że to jeszcze nie istnieje.

Z: Problem chyba polega na tym, że jest to trudne do wyegzekwowania.

F: Wcale nie. Są IP, ale to się dochodzi, nie dochodzi i tak dalej. Ja miałem taką sprawę. Zgłosiłem kiedyś do prokuratury bardzo nieprzyjemną rzecz. Okazało się, że mail był wysłany z serwera amerykańskiego. Prokuratura wystąpiła do amerykańskiego administratora o ujawnienie tożsamości nadawcy. Administrator odmówił. Jakaś totalna patologia. Ale gdyby stworzyć ustawę, która wszystkim portalom, administratorom...

Z: Ale tego nie mógłbyś zrobić w skali Polski. To musiałoby być globalne rozwiązanie.

F: Wcale nie. Jeśli dane kraje mogą blokować dostęp do Facebooka, jak Chiny czy Korea Północna, to tak samo można stworzyć prawo internetowe w obrębie jednego kraju. Administratorzy polskich portali i stron www musieliby mieć obowiązek rejestrowania z dowodu osobistego każdego człowieka, który chce wpisać komentarz. Moim zdaniem jest to bardzo proste.

Z: Nie wiem, czy jest to możliwe.

F: Ale w końcu to musi się stać, bo to, co się dzieje, i to, co ludzie piszą, jest chore. Naprawdę chore. Każdy musi być do namierzenia, bo każdy musi odpowiadać za czyny, które popełnia, i słowa, które wypowiada. To są przestępcze czyny, które doprowadzają do samobójstw, samookaleczeń. To nie są żarty.

Z: Często to są ludzie przeciętni, szarzy.

F: Moim zdaniem to się bierze z chorób psychicznych.

Z: Nie, na pewno z tego, że taki osobnik ma wrażenie, że zostanie anonimowy...

F: Wszyscy hejterzy, których dane ujawniałem, źle kończyli w świecie realnym. Bo spotykały ich dość poważne konsekwencje. Pisali, że mnie przepraszają, a zrobili to ze względu na problemy psychiczne, które ich dotknęły. I ta sama odpowiedź pojawiała się cztery czy pięć razy.

Z: Znaczy, że to też jest ustawka.

F: Moim zdaniem tak po prostu jest. Oni rzeczywiście mają coś nie tak pod kopułą i szukają ujścia dla tego swojego problemu. I dlatego tak się dzieje.

Z: Nie, myślę, że to jest sposób na usprawiedliwienie się. I szukanie jakiegoś wytłumaczenia. Wytłumaczenie chorobą psychiczną zdejmuje karalność. Tomek Lachowicz opowiadał mi, że gdy pracował w „Super Expressie", przyszedł gość, który powiedział, że ma dowód na to, że Ziemia nie jest okrągła, tylko jest wklęsła. Bo gdyby Ziemia była okrągła, to buty by się wycierały zawsze pośrodku, a wycierają się na czubku i na obcasie. To znaczy, że musi być wklęsła.

Jak się ludziom coś podoba, to uważają to za normalne. Nie mają potrzeby uzewnętrzniania tego. Natomiast ci, którymi rządzi nienawiść, mają potrzebę wyrzucenia tego z siebie i opluwania wszystkiego dookoła. Myślę, że to w dużej mierze bierze się również z braku reguł i brutalności życia politycznego. To politycy wytyczają szlaki – że można kłamać, że można mówić bzdury, że można opluwać się nawzajem. W tej chwili nie ma czegoś takiego jak przyzwoitość w świecie polityki, w życiu publicznym. Przed wojną minister, który kłamał w sposób oczywisty na mównicy parlamentu, strzeliłby sobie w łeb. Bo takie były reguły. W tej chwili jak się opluwają, to twierdzą, że deszcz pada. Wystarczy, że parasolkę rozłożę. Myślę, że to również przenosi się na codzienne zachowania ludzi. Nie ma przyzwoitości, nie ma barier. Wszystko można. Ignorancja, brak oczytania, brak podstawowej wiedzy nie są w tej chwili usprawiedliwieniem. Każdy tępak jest mistrzem świata. Lepper powiedział, że Wersal się skończył, i rzeczywiście się skończył. Chyba od tamtych czasów zaczął się cały ten syf, który w tej chwili mamy. Że niczego nie musisz się wstydzić. Że wszystko jest dozwolone. Że nie ma powodu do tego, by być zażenowanym. Głupoty opowiadasz? Nie ma znaczenia. Ludzie to kupią. I ludzie kupują. I przenoszą tego typu zachowania na swoje zachowania w życiu codziennym, między innymi w Internecie.

Technofanaberie

F: Mam jedno urządzenie, które zmieniło moje życie. To urządzenie nazywa się suszarka do prania. Ludzie nie mają pojęcia, jakie to jest pożyteczne urządzenie i jak odmienia życie. Bo jak jej nie masz, to jak suszysz ubrania? Rozstawiasz mokre pranie po kątach. Bo jak jest zimno, to nie wystawisz tego na zewnątrz, bo nigdy nie wyschnie. Więc to suszy się w mieszkaniu. Z reguły w jakimś pokoju.

Z: W łazience się rozwiesza.

F: I to śmierdzi, bo gnije.

Z: Jak rozwiesisz, to nie gnije.

F: Jak nie gnije? Oczywiście, że gnije. Wyciągnij sobie z piwnicy pranie, które tam schło – śmierdzi. I możesz sobie użyć najlepszych vizirów, najlepszych perwolli i najlepszych tych płynów zmiękczających, a potem i tak ubrania walą stęchlizną. Natomiast jak wrzucasz to wszystko, co się uprało, do suszarki, to za pół godziny wyciągasz rzeczy, które pachną alpejską świeżością. Jak w reklamie.

Z: To się wiruje?

F: To się wiruje i napowietrza. Co więcej, jest jeszcze program do prasowania. Na ubrania działa para, wyciągasz je, wkładasz na siebie i od razu masz jakby wyprasowane. Oczywiście jak jesteś skrupulantem, to możesz jeszcze doprasować. Ale nie musisz. I najważniejsza rzecz. Tam jest filtr na kurz. Bo ona jednocześnie wyciąga kurz z ubrań. Po trzech suszeniach filtr od suszarki... pokażę ci.

Z: To w pralce jest?

F: Nie, obok, tu w środku jest filtr na kurz. On jest zawalony kurzem z naszych ubrań. Te wszystkie roztocza, to całe gówno, nosilibyśmy na sobie. Naprawdę wyśmienite urządzenie.

Z: To dla mnie nowość.

F: A kawa na pastylki? Jakie to jest ułatwienie życia. Nie trzeba już kupować kawy, mielić, wyrzucać fusów. Tylko kawa w pastylce jest zawsze świeża i pyszna, bo jest zamknięta. I taki ekspres teraz kosztuje 200 złotych. Zawsze rano świeża kawa. A kostkarka w lodówce? To jest wyśmienite. Podstawiasz szklankę i masz lód. Jestem fanem gadżetów domowych. Uwielbiam je. Albo frytkownica w kształcie takiego wielkiego jaja. Wrzuca się do niej ziemniaki i zalewa się jedną małą łyżką oleju. Potem się z tego wyciąga frytki jak z McDonalda.

Z: Poważnie?

F: Ona je smaży powietrzem. Takie są bajery. Albo mamy piec do pizzy z prawdziwym kamiennym blatem. Zamyka się go i po pięciu minutach wyciąga gotową pizzę.

Z: Dajcie spokój.

F: Jest tej technologii trochę. I to wszystko działa. Kiedy złamałem nogę i i nie mogłem chodzić, wtedy znalazłem w Internecie segwaya, takie urządzenie, na które się wsiada, pochyla się i jedzie. I z gipsem się tak poruszałem. Jak wyjeżdżałem rano do pracy, to się czułem jak z serialu *Jetsonowie*. Bo oni zawsze wylatywali z domu. A ja wyjeżdżałem ze złamaną nogą.

Z: Z rzeczy, które mi ułatwiają życie ogrodowe, to jest sekator, który tnie do wysokości 6 metrów.

F: To dobre.

Z: Teleskopowy sekator z taką poruszającą się częścią. Kiedyś trzeba było włazić na drabinę i można było z niej spaść. A teraz stoi się na ziemi, rozsuwa się sekator i do 6 metrów można sobie drzewka przycinać.

F: Wreszcie zrealizowaliśmy marzenie o emeryturze na traktorze.

Z: O tak. Mamy kosiarkę.

F: Kosiarkę jak w amerykańskim serialu.

Z: Zawsze chciałem mieć taki traktorek.

F: Do odśnieżania. Przyczepę można dołączyć, żeby siano zwieźć albo kozę.

Z: Spełniło się moje marzenie, żeby na takim traktorku jeździć. Super.

F: Nawet można go pilotem ustawić i sam wtedy jedzie. Przecież są teraz takie kosiarki, które stoją w doku i wiedzą, że o ustalonej godzinie mają wyjechać i skosić trawnik. A potem wracają z powrotem do bazy się naładować.

Z: Ale to jest skomplikowane. Jeśli masz drzewa, to trzeba przeprowadzić taki specjalny drut, otoczyć teren, drzewa.

F: No i oczywiście odkurzacz autonomiczny. Podobno jak się ma kota, to zwierzak nigdy się nie nudzi. Bo odkurzacz wyjeżdża i kot ma rozrywkę na pół dnia. Są filmy w Internecie. Rewelacyjna rzecz, jak się ma kota oczywiście. Telewizor z Internetem to jest oczywistość. Teraz to wszystko jest z Internetem.

Z: Nie wiem. Mnie czasem przerażają takie nowości.

F: Teraz sprzedają żarówki, które od razu łączą się ze smartfonem, i możesz sterować natężeniem światła albo włączać je o danej porze za pomocą aplikacji.

Z: Ale po co?

F: Bo na przykład wyjeżdżasz, a nie chcesz, żeby żarówka się cały czas świeciła. A lepiej, żeby wieczorem się paliła, bo widać, że ktoś jest w domu, i złodziej wtedy nie wejdzie. Więc ją programujesz ze smartfona, że ona codziennie ma się włączać w określonych godzinach.

Z: Musisz mieć jakąś centralkę w domu?

F: Żadną centralkę. To wszystko jest w żarówce. Ona ma wbudowany specjalny moduł. Ustawiasz sobie z telefonu i jest. Myk.

Dałem ptaszkowi polatać

F: Miałem papugę.

Z: Nie miałeś!

F: Jak nie miałem? Dostałem papugę. Czyli – można powiedzieć – byłem posiadaczem papugi.

Z: Ale niedługo.

F: Pamiętam, że strasznie się z niej cieszyłem, ale radość trwała krótko.

Z: Jedliśmy obiad na świeżym powietrzu...

F: I wtedy dostałem piękną papugę. W klatce.

Z: Jedliśmy na świeżym powietrzu, to było lato, rodzinny obiad. I Filip gdzieś zniknął.

F: Jak to zniknął? Dostałem papugę, więc poszedłem się z nią bawić.

Z: Zniknął. Nie ma go i nie ma. W końcu wraca i mówi: „Dałem ptaszkowi polatać".

F: Myślałem, że ta papuga nie jest tak głupia, jak się później okazało. Byłem przekonany, że jeśli ją wypuszczę, to ona sobie

8

polata i wróci do klatki – bo przecież wiadomo, że tam jest jej dom. No ale ona wcale tak nie czuła.

Z: Poleciała na najbliższe drzewo. Drzewa były owocowe, niskie. I natychmiast cała rodzina – oczywiście – baczność! przy tym obiedzie, szukamy papugi, łapiemy. Najpierw papużka usiadła na niskim drzewie, chyba orzechu, więc próbę złapania podjął szwagier, który wspiął się na drzewo, ale co się zbliżył do papużki, to ona przeskakiwała na wyższą gałąź.

F: Głupia była strasznie. Może lepiej, że ją wypuściłem.

Z: Może nie była taka głupia, bo jak jej dałeś polatać, to wykorzystała sposobność. Już prawie ją szwagier złapał na czubku tego orzecha, ale wpadła na pomysł, że poleci na drugie drzewko. No to cała rodzina pod drugie drzewo. Próba zwabienia papugi różnymi smakołykami. A ta, głupia, nic, tylko siedzi na tym drzewie.

F: Wabienie papugi to jest dobry przypadek dla ornitologów, nie?

Z: Coś trzeba było wymyślić, żeby wróciła. Kolejna wspinaczka na drzewo, ja też w tym uczestniczyłem – w ogóle cała rodzina brała w tym udział – a papuga zaczęła przelatywać z drzewa na drzewo. I to na coraz wyższe. W końcu machnęliśmy ręką i papuga odzyskała wolność. Pewnie długo się tą wolnością nie nacieszyła, bo jednak nie jest to szybki ptaszek, a kotów było w okolicy mnóstwo, więc pewnie marnie skończyła. Ale miała przez chwilę wolność.

F: A ja przez chwilę miałem papugę. Każdy miał coś.

Z: Z radosnego wydarzenia zrobił się dramat, bo potem Filip zaczął wrzeszczeć, płakać...

F: Tego już nie pamiętam.

Z: Była cała afera, bo taką piękną papugę miał, dał jej wolność, a ona głupia uciekła i nie wróciła. Afera się zrobiła jak cholera. A papuga odfrunęła. I skończyła się historia papugi. Potem była historia kota z działki, ciekawa.

F: No tak.

Z: To opowiadaj, bo to była twoja działalność.

F: Mieliśmy na Ochocie działkę pracowniczą. W lecie przychodziły tam koty, karmiło się je, głaskało, były miłe. Aż w końcu przyszła zima, już nikt na działkę nie jeździł i nikt kotów nie dokarmiał. Mama doszła do wniosku, że trzeba choć jednego kota stamtąd ewakuować.

Z: Że trzeba w ogóle sprawdzić, co się dzieje z tymi kotami, czy ktoś je zabrał.

F: No i poszliśmy na te działki, a już śnieg – pamiętam – leżał. Strasznie zimno. Idziemy, mama woła: „Kicia! Kicia!" i dupa, nie ma kota. Drugie kółko, trzecie, czwarte, już chyba godzina minęła, dobra, zawijamy się, wracamy, bo to nie ma sensu. I w tym momencie kot wysunął łapę zza jakiegoś ogrodzenia i sru! wpakowaliśmy go do samochodu.

Z: A wydał z siebie jakiś dźwięk?

F: Jakoś go usłyszeliśmy, a potem zobaczyliśmy łapę. Ale to był taki dźwięk ostatni, może przedostatni.

Z: Wykorzystał ostatnią szansę na przeżycie. I znalazł się w naszym domu. To była Kicia. Potem pojechaliśmy z nią do Rowów.

F: I tam spierniczyła.

Z: Tak. Zapakowaliśmy Kicię do samochodu i pojechaliśmy na wczasy. Byliśmy w Rowach, mieszkaliśmy w domku. Pierwszej nocy ona wyszła, łaziła wokół domku, obwąchiwała teren. Wróciła i wydawało nam się, że wszystko jest fajnie. Drugiej nocy też wyszła, ale nie wróciła. I tragedia. Obszukaliśmy całe Rowy, wydrukowaliśmy ogłoszenia, wszczęliśmy poszukiwania – całe Rowy szukały kota. A zwierzak przepadł. Opowiadałem wtedy w wielu wywiadach, że mieliśmy takiego fajnego kota, ale zaginął. I prawie po roku telefon – jest kot, znalazł się w Rowach. Mama oszalała.

F: Od razu do samochodu!

Z: A trzeba było jakiegoś kierowcę załatwić, więc uruchomiliśmy sąsiada, który miał firmę transportową – bo to już, szybko, trzeba jechać po kota!

F: Rok przesiedział w Rowach, więc szybko trzeba po niego jechać.

Z: Natychmiast! I co się okazało?

F: Że kot nawet nie poznał matki!

Z: Nie, nie. Kot zaginął, ktoś go przygarnął. I dopiero po przeczytaniu wywiadu ze mną ta osoba się zorientowała, że to może być nasz zwierzak. Porozmawialiśmy telefonicznie, porównaliśmy wygląd – no nasz, ewidentnie! Dorota o mało nie zemdlała, od razu do samochodu. Kierowcę trzeba było wyrwać z domu, natychmiast pędzić do Rowów. No i mama pojechała po tego kota. Okazało się, że to Kicia, ta sama!

F: Ale koty zapominają...

Z: Tak.

F: To nie jest pies.

Z: Mają krótką pamięć. I Kicia w ogóle nie chciała wsiąść do samochodu, odwróciła się tyłem i miała w nosie starą panią, która uratowała jej życie. Kot został na miejscu, bo już dobrze mu było w nowym domu. Cała akcja ratowania kota w cholerę, na nic...

F: A potem koty już same przychodziły.

Z: No nie, przepraszam, był jeszcze kot z prywatyzacji.

F: Z jakiej prywatyzacji?

Z: Była akcja zapisów na akcje banku.

F: A tak! Faktycznie! I ludzie z kolejki dokarmiali kota!

Z: Były zapisy i trzeba było stać w kolejce.

F: W kolejce, lista społeczna na akcje. Tanie akcje, potem miały pójść do góry.

Z: I tam trzeba było sprawdzać się na liście.

F: Nawet byłem szefem kolejki. Sprawdzałem listę o szóstej rano. Jak za PRL-u, identycznie. I faktycznie, ludzie się zmieniali, stał stryjek, wujek, ciotka, zmieniali się, żeby kupić te akcje. No bo każdy miał swoje miejsce w kolejce, a jak cię nie było na apelu, no to sru! z listy.

Z: Który to mógł być rok... Lata dziewięćdziesiąte?

F: Nie, później. To był 2001, może 2002 rok. Jakoś tak.

Z: To opowiadaj, bo stałeś w tej kolejce.

F: Sprawdzałem listę, wyczytywałem nazwiska. Pamiętam, że miałem nawet próby korupcyjne – żeby dopisać kogoś za stówkę. Ale nie, twardo nie przyjmowałem. Każdy, kto się zmieniał, jechał do domu i z domu przywoził jedzenie dla kota, bo przyplątał się kot.

Z: I dobrze mu tam było. Wszyscy go kochali.

F: Tak. A to na ręce, a to pogłaskać, a to jedzenie, a to mleko.

Z: Ludzie stali w kolejce i nie mieli co robić.

F: I w końcu otworzyli drzwi banku, ludzie kupili akcje, poszli.

Z: No ale to też akcja była taka, że do banku wpadło ileś osób, a sprzedali akcje tylko 40 czy 50 osobom.

F: I cała kolejka została na lodzie.

Z: Wszyscy się rozeszli. Ci, co mieli kupić akcje, to kupili – niewiele osób, kilkadziesiąt. I kot został pośrodku.

F: Zbaraniał – bo ludzie tak nagle zniknęli, a kot został i nie wiedział, o co chodzi.

Z: Wielbiony, głaskany, karmiony, król życia. I nagle nie ma, wszystko się rozleciało. A ty z mamą postanowiliście, że jak akcji nie kupiliście, no to chociaż niech kot będzie.

F: No tak, wzięliśmy kota zamiast tych akcji, tak było.

Z: A ponieważ powiedziałem, że w domu jest pies, więc żadnego kota nie chcę, to zaczęło się bunkrowanie kota na poddaszu. Kot siedział na poddaszu, nikt mi nie powiedział, że jest w domu, jak przychodziłem, to oni kota na górę, do kryjówki. Pod moją nieobecność kota wypuszczali na dół, nawet do ogródka wychodził i spacerował. Któregoś dnia nie domknęli drzwi. Wracam z pracy, powiesiłem ubranie i ten kot siedzi na schodku. Nagle staję nos w nos, oko w oko z kotem, którego nie było, który nie istniał i nie wiadomo, co to jest w ogóle. Wrzasku narobiłem, pytam: „Dorota, co to za kot?!". „Jaki kot? Przecież tu nie ma żadnego kota". „Jak nie ma, jak siedzi i się na mnie gapi!". Staliśmy tak dłuższy czas, patrząc na siebie, nikt się do kota nie przyznał, oczywiście. Nie wiadomo, skąd się wziął, znienacka się objawił. Dopiero potem mi się przyznali, że to kot z prywatyzacji.

F: Tak było.

Z: A z psem jak się dogadał! W ogóle wszystkie nasze koty rozstawiały psy po kątach. Wyrobiły sobie taką pozycję...

F: A skąd się wziął pies? To jest historia!

Z: Pies się wziął z Łodzi.

F: Zawsze chciałem mieć psa, jak to dzieci. Ale nie sztuka mieć psa. Sztuką jest mieć psa wielkości konia. Powiedziałem, że chcę mieć psa, ale największego, jaki jest na rynku, że większego już się nie da. Największy jest dog niemiecki. Ogłoszenia, Internet, pies znalazł się w Łodzi. Pojechaliśmy, przywieźliśmy.

Z: Poczekaj... Pojechaliście do Łodzi, a ja do końca nie byłem jeszcze poinformowany, w czym rzecz. Trwały poszukiwania psa, a ja w Łodzi jeszcze nagrywałem *Idź na całość*.

F: Jezu, jaka to prehistoria jest...

Z: W studiu na Łąkowej, czyli to musiał być '97 albo '98 rok. W trakcie przerwy przychodzi Dorota: „O, cześć, akurat jesteśmy w Łodzi, mamy dla ciebie niespodziankę!". I patrzę: taka żółta niezdara z grubymi łapami, już wtedy wielka jak pół konia. Okazało się, że to jest właśnie Łazanka, dog niemiecki. Łazanka, bo imię musiało się zaczynać na „ł". Piękny ten pies był. Łapy się jej plątały, uszy wisiały – i tak poznaliśmy się w studiu w Łodzi. Potem Łazanka przyjechała do nas i zaczęła gwałtownie

rosnąć. Jak szczekała, to trzęsły się żyrandole i szklanki w szafkach. Ulubiona pozycja to był siad na fotelu z przednimi łapami opartymi na podłodze.

F: Jak człowiek.

Z: To była jej ulubiona pozycja. Łazanka lubiła, jak wracaliśmy z imprez i ja byłem...

F: ...nawalony.

Z: Nie nawalony, tylko lubiła, jak wyczuwała ode mnie alkohol.

F: Nie, nie chodziło o wyczuwanie od ciebie alkoholu, tylko o to, że jak byłeś nawalony jak szpadel, to miała największą radość, bo się z nią gryzłeś na czworaka. A kto trochę dziabnięty gryzie się z psem na czworaka? No nikt normalny!

Z: Ja się z nią bawiłem, to ona mnie gryzła. Łapała mi rękę i prawie ją odgryzała. To była dla niej wielka frajda. Skojarzyła, że jak pan wraca i pachnie alkoholem, to będzie świetna zabawa. Jak wracaliśmy bardzo późno, a ja byłem trzeźwy, to chodziła smutna.

F: Łazanka jeszcze zupełnie nie ogarniała swojego gabarytu, kompletnie. I jak mama siedziała na kanapie, to Łazanka przychodziła i jak jamnik próbowała się zwinąć w kłębek, żeby zmieścić się u człowieka na kolanach. Pies 80 kilo. Niesamowite!

Z: A koty i tak sobie wyrobiły pozycję dominującą. Bywały takie sytuacje, że Łazanka siedziała sobie na fotelu – a fotel był głównym przedmiotem walki między zwierzętami, bo kto siedział na fotelu, ten był królem, choć wszystkie wiedziały, że im nie wolno tam siedzieć. Łazanka umieszczała się na tym fotelu, przychodził przed fotel kot, siadał i patrzył się na psa. I Łazanka spuszczała nos, złaziła z tego fotela i kot właził na jej miejsce, bo wiadomo było, że kot jest najważniejszy. Kiedyś Łazanka próbowała do nich startować, to dostała łapą, pazurami po nosie i już był spokój. Ona wielka jak koń, a te małe koty ją przestawiały. Ale to był dopiero początek psów w naszym domu, dlatego że pewnego dnia, a był to chyba marzec, leżał śnieg, Dorota poszła na spacer z Łazanką, która w pewnym momencie się zatrzymała i zaczęła warować, sygnalizować, że coś się dzieje, i nie ruszała się z miejsca. Dorota wołała, ale nic się nie działo, więc podeszła. Okazało się, że na śniegu w pudełku ktoś wyrzucił trzy szczeniaki. No więc Dorota szybko razem z tym pudełkiem zabrała je do domu. Trzeba było maluchy ogrzać, bo zmarznięte, potem wyleczyć.

F: Dawaliśmy ogłoszenia, że są szczeniaki do wzięcia.

Z: No ale najpierw trzeba było je odrobaczyć, wyleczyć, wszystkie miały zapalenie płuc.

F: Niestety, kundle nie były chodliwym towarem i nikt się nie odezwał.

Z: Nawet raz jednego u kogoś umieściliśmy. Tam był duży pies.

F: A racja!

Z: Okazało się, że ten szczeniak miał być zabawką do gryzienia przez dużego psa, który tam był królem, i szybko go stamtąd zabraliśmy. Powitanie tego brakującego brata przez dwóch pozostałych to była niesamowita radość! Wtedy stwierdziliśmy, że trudno, nie może być inaczej, wszystkie psy zostają w domu.

I w ten sposób mieliśmy cztery psy i dwa koty. Później malała liczba psów, a zwiększała się liczba kotów.

F: I teraz jest stosunek dwa do jednego.

Z: Trzy do jednego.

F: Jak to trzy?

Z: No przecież są trzy koty.

F: A skąd wy macie trzy koty?

Z: Dwa ze schroniska i jeden się przyplątał. Przyszedł taki mały i powiedział: „A ja tu mieszkam".

F: Dosłownie?

Z: Przyszedł na taras, wszedł do środka. „O, to moja miska, fajnie, zjem sobie". Zjadł, potem się rozłożył, powiedział, że to jest jego miejsce i nigdzie się nie rusza. I tak już został. Dwa wzięte ze schroniska, trzeci, który przyszedł. Łazanki już nie ma, dwóch braci już nie ma, został tylko Rudy.

F: Ale mama wie, że zaraz jej znajdę coś nowego. Wynajdę jakiegoś psa, który i tak w końcu trafi do matki.

Z: To może tym razem coś małego. I żeby się nie śliniło. Wystarczy, że jeden z kotów ma katar i kicha. Jak kot dostanie ataku kichania, to cały dom jest w gilach. Katastrofa. Tak więc w tej chwili został nam jeden pies i trzy koty, ale to się pewnie niedługo zmieni.

Podaj cegłę!

Z: Moje prace budowlane – pomijając Berlin – zaczęły się od stropów betonowych.

F: Zaczyna się raczej od fundamentów.

Z: Nie, od stropu właśnie.

F: Ale od jakiego stropu?

Z: Betonowego.

F: Strop jest na górze.

Z: No właśnie. Kiedyś nie można było nic kupić, również materiałów budowlanych. Bratu udało się załatwić takie płyty betonowe, stropowe, na budynek, który budował. Na wszelki wypadek wziął ich więcej, bo albo się odsprzeda, albo będą niedobre. Skończył budowę i od cholery mu tych płyt stropowych zostało. To wszystko działo się na Zaciszu, a ponieważ już wtedy nasze działki były podzielone i ja miałem swoją, myślę: „Cholera, te płyty stropowe będą się marnować. Może niech się nie marnują, dobuduję do nich dół i będzie budynek". Rozpoczęła się budowa, sporo przy niej robiłem.

F: A która budowa?

Z: Warsztatu, który stał na końcu działki. Cholera, nie można było nigdzie kupić belek. Zresztą drewno było bardzo drogie. Jeden z budowlańców, którzy stawiali ten budynek, przypomniał sobie, że ma znajomego leśniczego. A w lesie u leśniczego był jakiś pożar...

F: I to takie drewno prosto z lasu?

Z: Tak.

F: Takie niewyschnięte?

Z: No, trochę uschnięte było. Pojechaliśmy do leśniczego – chyba do Raszyna. Rzeczywiście, kawałek lasu się spalił, drzewa były poopalane. Wybraliśmy trochę sosen, leśniczy to wyciął za jakieś grosze, jako drewno odpadowe, przywieźliśmy na miejsce. Cieśla najpierw – to też wielka sztuka – obciął te pieńki z jednej strony, potem trzeba było korę zdjąć i sami sobie belki zrobiliśmy.

F: Chałupniczo.

Z: Tak. I tak powstał pierwszy budynek na Zaciszu, który później wynajmowałem jako warsztat poligraficzny. A potem – w połowie lat dziewięćdziesiątych – kiedy zacząłem trochę więcej zarabiać, weszły odpisy od inwestycji budowlanych.

F: Od podatku?

Z: Tak.

F: Jezu, gdzie się podziały te przepisy?!

Z: Tak kiedyś było. Albo płacisz podatek, albo budujesz mieszkanie. Do jakiejś kwoty materiały można było sobie odliczać od podstawy podatkowej. Miałem już na działce budynek gospodarczy, więc pomyślałem sobie, że dobuduję do niego jeszcze chałupę. Zawsze się coś z nią zrobi, będzie można wynająć albo sprzedać. No i zaczęła się wielka budowa. Dosyć sprawnie to poszło, sporo rzeczy zrobiłem sam. Razem z kolegą na przykład pokryliśmy dach dachówką bitumiczną – więc mam doświadczenie również jako dekarz. Poza tym wykańczanie wnętrz, tapetowanie, malowanie – dużo rzeczy. Wyszedł ten budynek dosyć tanio, a dodatkowo można było materiały odliczyć.

F: Rany, jak by mnie to dzisiaj urządziło!

Z: A kiedyś tak właśnie było. Taka zachęta do inwestowania, budowania. Dotyczyło to tylko mieszkaniówki, innych celów nie. Można było sobie odliczać koszty remontu mieszkania i koszty budowy. I w ten sposób powstała moja pierwsza chałupa na Zaciszu. Pracę na budowie zresztą okupiłem utratą zdrowia, bo dźwigałem jakieś worki, coś pomagałem budowlańcom. Miałem dosyć fajną ekipę z województwa mazowieckiego, taką mało pijącą – bo takich, co w ogóle nie pili, nie było. Postawili chałupę, zupełnie fajnie to wyszło. Natomiast ja zajeździłem poloneza przy okazji tej budowy, bo woziłem nim – po wymontowaniu siedzeń robiła się ciężarówka – całe drzwi, łącznie z framugami, cement, piasek. Czego ja nie woziłem tym polonezem! Ale samochód nieźle się zużył przy tym, a ja przy okazji dostałem przepukliny. Musiałem iść na operację.

F: Tak to jest właśnie z oszczędzaniem...

Z: Kiedyś cement był nie w dwudziestopięciokilogramowych workach, tylko w pięćdziesięciokilogramowych. A przyzwoity budowlaniec brał dwa. Sto kilo zanieść do betoniarki, wrzucić

to, wymieszać razem z piaskiem i z wodą – to były niezłe osiągnięcia. Ja też robiłem takie rzeczy, więc mogę powiedzieć, że mam doświadczenie pomocnika murarza. A potem, kiedy kupiliśmy segment, było remontowanie, przygotowywanie naszego obecnego mieszkania.

F: To chyba sprawnie poszło.

Z: Nie do końca, dlatego że nie mieliśmy gdzie mieszkać. Sprzedaliśmy mieszkanie, dostaliśmy za nie pieniądze, wspieraliśmy się jeszcze jakimś kredytem. Musieliśmy gdzieś przeczekać.

F: To ta historia, że musieliśmy przeprowadzić się do jednego pokoju? Czy mi się dobrze wydaje? Nowi właściciele zaczęli się wprowadzać, a my się jeszcze nie wyprowadziliśmy. Mieszkaliśmy w tym starym mieszkaniu na kupie w pokoju obok salonu. Wszystko było, pamiętam, zwalone na stosy. Specjalnie kupowaliśmy w Ikei łóżka polowe, rozkładane. Gnieździliśmy się w tym pokoju, aż w końcu ci ludzie powiedzieli, żebyśmy się wynosili.

Z: Dalej nie mieliśmy gdzie mieszkać, więc wprowadziliśmy się na piętro segmentu – jeszcze bez prawa własności, bez podpisanego dokumentu, bo nie zapłaciliśmy całej kwoty. Udawaliśmy, że nas tam nie ma, a jak przyjeżdżał właściciel, to ekipa budowlana zawsze malowała schody, lakierowała. I on nie mógł wejść na górę. Fajną wtedy mieliśmy ekipę. Zresztą z nimi też była niezła historia. Prowadziłem wtedy *Idź na całość*. Ubierała mnie firma Sunset Suits, która zostawiała mi wszystkie garnitury. Nie miałem jednego wypożyczonego, tylko oni przywozili mi dwadzieścia garniturów na sesję i później mi je zostawiali. Byłem potentatem garniturowym. Zresztą miałem też masę krawatów, koszul, wszystkiego.

F: Garnitury z lat dziewięćdziesiątych to dzieła sztuki.

Z: No, te ramiona takie szerokie.

F: I te kolory! Pstrokaty kanarek, krateczka!

Z: Pamiętam, że ci budowlańcy byli bardzo dumni, bo ja ich wszystkich ubrałem w te telewizyjne garnitury. Co miesiąc przychodziła nowa partia i oni do siebie na wieś wracali w garniturach. Tam dopiero było szaleństwo, bo przyjechała ekipa z Warszawy i w tych garniturach, w których pan Chajzer w telewizji prowadził *Idź na całość* – mieli życie jak w raju. Ale dobrze remontowali, przygotowali chałupę. I przede wszystkim kryli nas, malując schody przez kilka ładnych miesięcy i nie dopuszczając właściciela na górne poziomy, dzięki czemu mogliśmy tam po cichu mieszkać. Inaczej by nas na zbity pysk wywalił i bylibyśmy bezdomni. To chyba tyle.

F: No nie tyle, bo teraz ja trochę przestałem się mieścić w swoim mieszkaniu.

Z: Ale poczekaj, jest jeszcze wcześniejsza historia o tym, jak kupiliśmy działkę.

F: Ale to nie jest historia budowlana.

Z: Jak to nie jest? Mówię o domku!

F: Aaa! Kupiliśmy działkę rekreacyjną, może w przyszłości budowlaną, ale raczej takie ranczo pod Warszawą. Kawałek za Konstancinem.

Z: I na tej działce stał domek sklecony z byle czego.

F: Ze wszystkiego, co było w latach sześćdziesiątych i siedemdziesiątych i się do czegoś przydawało. W związku z tym ojciec stwierdził, że zostawiamy domek, remontujemy, będziemy w tym rzeźbić. Tutaj się odnowi, tutaj przyszpachluje, będzie dobrze. Ja zapowiedziałem, że nie wejdę do środka, bo śmierdziało stęchlizną. Nikt tego nie otwierał przez lata, w ścianach jakieś gówno.

Z: Szczury to żarły.

F: Żarły, bo kukurydzą ocieplali, więc przez kilkadziesiąt lat miały raj. Żarły ten dom po prostu. Wszystkie okoliczne szczury tam mieszkały. Mówię, że burzymy, a tata, że nie, zostawiamy, remontujemy. Potem rodzice pojechali na wakacje ze znajomymi. Do Grecji chyba.

Z: Tak, do Grecji.

F: Znajomi do dziś opowiadają, że były to najgorsze wakacje ich życia, ponieważ ojciec chodził zestresowany domem. A to dlatego, że ja, jak tylko rodzice pojechali, wsiadłem do samochodu i w markecie kupiłem zestaw małego kibola: wielki młot, którego nie mogłem podnieść, bo taki był ciężki, jakieś piły, kołki – wszystko, co nadawało się do burzenia. Przyjeżdżam dumny, wysiadam, mówię: „Pierdzielę! Teraz to się zapadnie!”. Wyobrażałem sobie, że jak tym młotem w odpowiednim miejscu przyrżnę, to chałupa się złoży. Ale to nie był mały biały domek.

Z: Miał 60 metrów. Z piwnicą, z bunkrem.

F: No i zamachnąłem się tym wielkim młotem, z całej siły przypieprzyłem, młot wpadł do środka ściany i utknął. Za skarby świata nie mogłem go wyciągnąć, bo tak się zakleszczył. I tyle było mojego burzenia. Ale w tym samym momencie los się nade mną zlitował, bo drogą jechała białoruśka.

Z: Czyli spychacz.

F: Tak. Więc ja sru! na drogę, biegnę, macham, stój! Mówię: „Ile bym musiał panu zapłacić, żeby pan w to wjechał?". Facet na to, że za stówkę wjedzie. Wyjąłem od razu stówę z portfela, on się rozpędził... I jak przyrżnął w werandę, to stało się dokładnie to, co sobie wyobraziłem! Domek się położył. No ale teraz trzeba dorobić do tego historię. Dzwonię do matki, bo przecież nie do ojca, i mówię: „Słuchaj, jest taka historia. Mamy problem, ponieważ jechała białoruśka drogą, nie wyrobiła się w zakręcie, wpadła nam na działkę i się wpierdzieliła w domek".

Z: Domek stał od drogi mniej więcej 40 metrów, więc musiałaby ta białoruśka wpaść w niezły poślizg.

F: Ja już wiedziałem, że domek jest nie do uratowania, że jak ojciec przyjedzie, to już na pewno nie będzie chciał go remontować. Ale znajomi relacjonowali, że ojciec codziennie rano chodził i dopytywał kolegę inżyniera, współtowarzysza nieszczęsnego wywczasu, czy to się jeszcze uratuje. Snuł plany, jak go odbudować, żeby doprowadzić go do stanu pierwotnego.

Z: Ty chyba nawet na dowód jakieś zdjęcie przysłałeś? Naprawdę wyglądało to niedobrze, bo ta weranda się już zawaliła...

F: Pamiętam szczury uciekające, jak ta białoruśka przychrzaniła w ten domek. Nie jeden, dwa czy pięć, tylko czarno się zrobiło od tych szczurów. Nieprawdopodobne!

Z: Tam jeszcze było gniazdo szerszeni.

F: Tak.

A: To chyba była dobra decyzja.

F: Oj, bardzo dobra.

Z: Ja tak naprawdę w ogóle nie chciałem tego odbudowywać.

F: A potem się okazało, co w tym betonie było…

Z: Jak wróciłem, to ty już chyba rozebrałeś górę, nie?

F: Tego samego dnia spychacz rozjechał ją wte i wewte.

Z: Ale została piwnica, którą też trzeba było rozebrać. Okazało się, że to nie jest piwnica, ale schron przeciwatomowy. Ściany miały co najmniej pół metra, jak nie więcej. Ponieważ poprzedni właściciel pracował w Hucie Warszawa, to od czasu do czasu dostawał przydział złomu, jakieś rurki, kaloryfery. I on to całe żelastwo władował w ten beton. Przyjechał jeden spychacz, okazało się, że nie da rady. Trzeba było na dwa spychacze wyciągać elementy betonowe, żeby tę piwnicę rozebrać. W końcu, po ciężkich bojach, udało się. Postawiliśmy tam taki mały fajny domek.

F: I jest rok 2016, stwierdzam, że przestaję się już mieścić u siebie. Robimy z Gosią rozeznanie, ile kosztują mieszkania, okazuje się, że to jakiś obłęd cenowy! Strasznie zależało nam na tym, żeby kupić mieszkanie w tym samym bloku, w którym mieszkamy teraz, tylko większe, bo bardzo lubimy to miejsce, tu się świetnie mieszka, jest cicho, mamy miejsca garażowe. Byłoby super, gdyby dało się tu zostać. Okazuje się, że sąsiedzi piętro wyżej sprzedają mieszkanie. Jeb! 2,5 miliona złotych za 100 metrów.

Z: Ile?!

F: 2,5 miliona złotych za 100 metrów i 80 metrów tarasu. Ale okazuje się, że to wcale nie była cena z kosmosu. Chodziliśmy po kolejnych sąsiadach, przy czym zależało nam na dużym tarasie. 2 miliony na dzień dobry, a to jeszcze trzeba przeorać, bo urządzenie tych mieszkań to jest oddzielny temat. Jedna pani mi mówi na przykład: „Ale, panie Filipie, proszę zobaczyć, w kuchni są uchwyty od Swarovskiego". A ja sobie myślę, że pierwsze, co bym zrobił, tobym kuł tego Swarovskiego razem z tymi uchwytami. Koszmar. Więc powiedzieliśmy sobie z Gosią, że dość, nie kupujemy mieszkania, bo za te pieniądze można kupić albo zbudować dom. No i znaleźliśmy dom. Na Zawadach, po drugiej stronie Warszawy. Ojciec specjalista, Berlin budował, to myślę sobie, że go wezmę, spytam, czy mu się ten dom podoba. Ojciec chodzi, ogląda, mówi: „Fajnie, fajnie. A nie chcecie się zbudować na parceli?" – czyli na tej działce, o której przed chwilą opowiadaliśmy. Odpowiadam: „Gdzie na parceli? Jak będę dojeżdżał? Kompletnie bez sensu! Kupimy jednak ten". A tam też drogo jak cholera było, ale chociaż metraż większy niż mieszkanie, i z ogródkiem. Ale pojechaliśmy z Gosią do Krakowa na jakąś robotę, zrobiłem tabelkę plusów i minusów – coś mi ten pomysł ojca w głowie zaczął kiełkować. Może jednak na tej parceli? Bo działka jest, płacić nie trzeba, czyli już megakoszt odchodzi. Tylko zbudować dom. Jeszcze dojazdy, korki, ale trudno. W tabelce było jednak więcej plusów za tym, żeby się budować, niż żeby kupować tu. Okej, dzwonię do ojca, mówię: „Ojciec, miałeś rację! Jedziemy na parcelę, budujemy się na tej działce, co ją mamy!". Na to ojciec się zbiesił i stwierdził, że jednak zmienił zdanie i że nie chce, żeby mu chodzić po łbie. To jest jego działka i lepiej znaleźć sobie coś innego.

Z: Pomyślałem sobie: kurczę, dwóch gospodarzy na tej działce – bez sensu. Straciłbym moje ulubione miejsce do koszenia trawy, do wsadzania krzaków i wyrywania ich, do walki z chwastami i kretami – bo różne wojny prowadzę.

F: Stwierdził, że jednak nie, ale ja już się strasznie napaliłem na ten pomysł budowania domu. Wymyśliłem sobie, że to będzie stodoła, bo mi się zawsze marzyła. Miałem ją już przed oczami. Do cholery jasnej, co tu robić? Przyszła mi do głowy myśl. Dwie działki dalej był taki teren, o którym marzyła cała okolica, cały Konstancin. Najpiękniejsza z działek, jaką tylko można sobie wyobrazić, z drzewami i tak dalej. Tylko cena zawsze była koszmarnie zaporowa. Działka spora, więc jakiś obłęd. Miliony za ziemię. Na całe szczęście towar jest tyle wart, ile klient jest w stanie za niego zapłacić. Była nam pisana ta działka. Co nie zmienia faktu, że po wszystkich opłatach zostało mi na koncie... 18 złotych. Następnego dnia starczyło mi na dwie kawy. Debetu niestety nie mam. I historia się powtórzyła, bo te dwie działki należały do jednej rodziny i klon tego domku, który burzyliśmy na jednej działce, stał na drugiej. I z tym samym uzbrojeniem, z tą samą piwnicą, z kaloryferami – jakby jeden deweloper zbudował.

Z: I historia z rozwalaniem domku się powtórzyła.

F: Ale teraz ojciec się na mnie zemścił. Ojciec musi robić, wywalać, czyścić, porządkować, karczować, kosić, sadzić i tak dalej. Ponieważ jego ranczo jest skończone i nie ma już co tam robić...

Z: Tam zawsze jest co robić.

F: No ale nie tyle, co tu! Bo to przecież nowa działka, kupa chwastów, drzewek owocowych, domek – roboty, a roboty! I ja byłem na wakacjach tym razem. Matka do mnie dzwoni: „Nie ma drzewa. Było drzewo, nie ma drzewa". Pytam: „Jak to nie ma drzewa? Orzecha nie ma?". Wybucha afera, gdzie jest orzech. A ojciec mówi, że to nie był orzech, tylko baobab. A ja akurat byłem w Afryce i mam baobab pod ręką. Więc mówię, że to nie był baobab, tylko przepiękny orzech. Zrobiła się awantura, że ojciec wyciął orzech. A potem się okazało, że pani architekt tak zaprojektowała dom, że i tak orzech by musiał zniknąć, i tak.

Z: Historia zatoczyła koło.

Wywodzeni

Z: W najwcześniejszych czasach wyznacznikiem mody był dla mnie bazar Różyckiego. Tam było wszystko – tandetne, bo tandetne, ale było. W latach sześćdziesiątych modne były kolorowe skarpety, na przykład żółte albo czerwone.

F: Jak u bikiniarzy.

Z: W takich się chodziło. Spodnie były nieco za krótkie i do tego musiały być kolorowe skarpetki. I weź tu kup takie! Możliwości były dwie: albo białe się farbowało, albo kupowało się u prywaciarza. Przy czym te bawełniane skarpetki od prywaciarza po jednym włożeniu wyglądały jak worek na kartofle. Nigdy się nie trzymały nogi, tylko zawsze robiły się takie obwarzanki, opadały. Brakowało właściwie wszystkiego i kupowało się rzeczy u prywaciarzy. Ulicą o dobrej renomie była Chmielna. Tam w prywatnych sklepach na przykład szyli koszule. Do tej pory jest tam szewc, który robi buty.

F: To jeszcze przedwojenny.

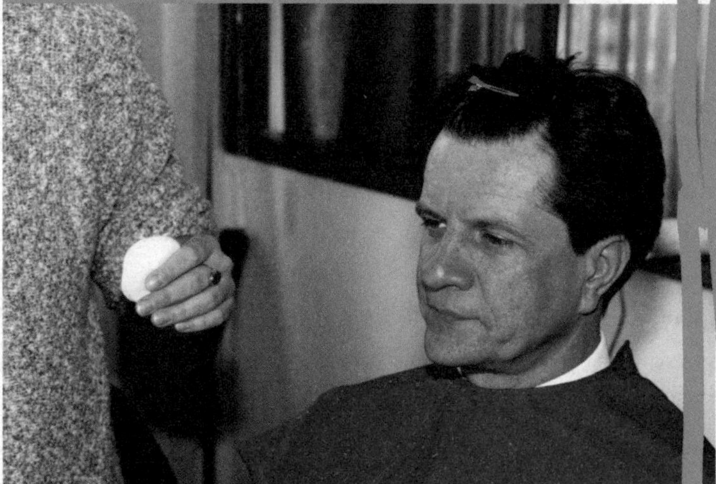

Z: No tak! Te koszule były powojenne, ale żeby kupić modną koszulę, z modnym kołnierzykiem – to tylko na Chmielnej. Kosztowało to jakieś koszmarne pieniądze. Miałem jeszcze jedną możliwość. Mianowicie moja siostra pracowała w Domach Towarowych Centrum. To były już lata mojego liceum i w Domach Towarowych od czasu do czasu trafiały się fajne rzeczy. Później jeszcze powstał Hoffland, wielki projekt modowy stworzony przez Barbarę Hoff przy współpracy DTC. Ona zaprojektowała kolekcję dla młodych ludzi, głównie z bawełny, fajnie szyte rzeczy. Chyba całe piętro w DTC wydzielono na te kolekcje. Ustawiały się gigantyczne kolejki przed otwarciem... Ktoś, kto miał dostęp do Hofflandu, był gwiazdą w towarzystwie. A moja siostra pracowała w DTC, więc ja byłem gość. Od czasu do czasu trafiały tam również tak zwane odrzuty z eksportu.

F: To znaczy to, co szyliśmy, a co się spieprzyło?

Z: Nasze zakłady szyły – ale coś im się nie udało albo zrobili więcej. I to były tak zwane odrzuty z eksportu. Pierwszy fajny garnitur, jaki miałem, był z zielonego tenisu, stuprocentowej wełny, co wtedy było dużą rzadkością. Był trochę, jeden rozmiar, za mały, ale nie miało to większego znaczenia, bo miałem piękny garnitur z prawdziwej wełny. Trochę obciągałem rękawy, bo tak mi mniej więcej do połowy przedramienia sięgały. I takie garnitury wysyłano gdzieś do Holandii czy do Anglii, bo szyto je na specjalne zamówienie, z powierzonych materiałów i tak dalej. Bardzo dumny byłem z tego garnituru. Miałem odrzut z eksportu.

F: A mój związek z modą jest intensywny od kilku lat, od materiału z blogerkami modowymi. Luiza Zając, czyli wydawczyni, dzwoni do mnie i mówi: „Słuchaj, Filip, zrobiłbyś mi taki materiał? W Ameryce, chyba w *Late Night Show*, zrobili taki eksperyment, że wysłali gościa na targi modowe, na jakiegoś fashion weeka, i on podawał widzom jakieś głupie nazwy, a oni mu mówili, że znają tych projektantów". No to ja sobie odpaliłem linka, którego mi wysłała, a tam padają jakieś głupie nazwiska typu Joe Monster, nieistniejący ludzie. Wydawczyni mówi: „Jest teraz Fashion Week w Warszawie, pojedziesz i zrobisz to samo". Ja na to: „Słuchaj, to, że w Stanach żyje dużo głąbów, to wiadomo nie od dzisiaj, i tam by się to udało. Ale u nas? Bez szans, zapomnij. Przecież polska młodzież,cokolwiek by mówić, jest obyta, uczy się w szkole, to nie wyjdzie". Słyszę: „Jedź, zobacz. Co ci szkodzi?". Okej, jadę. Z operatorem ustalam się, że wejdziemy, wyjdziemy, pewnie się nie uda, to pojedziemy na kawę. Ale myślę sobie, że nie możemy zrobić tego jak Amerykanie, tylko trzeba trochę zbajerować. A to był taki Fashion Week, na którym pokazywali się szwajcarscy projektanci. Pomyślałem więc sobie, że znajdę wszystkie niemiecko brzmiące nazwiska, jakie tylko przyjdą mi do głowy, i wtedy dopiero wkręcę ludzi, że to są projektanci. I tak oto pojawili się tam: Helmut Kohl, Hannawald, Schleswig-Holstein i Karel Gott.

Z: Ale Karel Gott nie jest Niemcem.

F: Ale brzmi jak Niemiec, więc kogo to obchodzi. No i okazało się, że, niestety, nie dość, że to wyszło, to jeszcze tak wyszło, że ja po tym materiale...

Z: Materiał zrobił furorę. Wszyscy mi gratulowali. Ja zresztą też pękałem ze śmiechu, kiedy to oglądałem.

F: Ja przez ten materiał stałem się jakkolwiek popularny.

Z: Czyli wypłynąłeś dzięki modzie, bądźmy szczerzy.

F: To jest wielka zasługa Luizy Zając, czyli mojej wydawczyni z *Dzień Dobry TVN*, która się uparła, żebym to zrobił. No i tak się uparła, że faktycznie wyszło. I potem zaczęły się pojawiać dziwne propozycje, bo wszyscy mówili o mnie, o tym materiale, ale ludzie z branży modowej nie do końca skumali, o co w tym chodziło, więc dostałem na przykład propozycję ze znanego pisma modowego, bardzo znanego i prestiżowego, żebym pisał o modzie.

Z: Jako bloger?

F: Nie jako bloger, jako dziennikarz.

Z: Jako blogerka pod pseudonimem Schleswig-Holstein.

F: Poczekaj, zaraz do tego dojdziemy. Dostałem też kilka propozycji poprowadzenia pokazów mody. Jako ekspert. No i wtedy zaczęły się na rynku pojawiać koszulki Schleswig-Holstein. Ludzie zaczęli zarabiać na tym kasę. No to sobie pomyślałem, żeby założyć swoją markę ciuchów Schleswig-Holstein. Ale jakoś miałem wtedy dużo pracy, nie miałem pomysłu, więc zaprzestałem bądź poniechujnąłem, jak mówi dzisiaj młodzież – tak słyszałem w metrze. W końcu rozeszło się po kościach, parę bluz i koszulek się sprzedało, pewnie ktoś pięć złotych na tym zarobił. Aż w końcu w roku 2016 uznałem, że mam więcej czasu i możemy spróbować. Stworzyłem swoją markę ciuchową, która nawiązuje do wspomnień z lat dziewięćdziesiątych, skierowaną do ludzi z mojego rocznika, a to jest wyż demograficzny, czyli jest nas naprawdę dużo. I wymyśliłem bluzy z polonezami, z maluchami, z gumą Turbo, z takimi nośnymi symbolami tamtych lat. Kiedy ruszaliśmy – to było dzień przed Wigilią 2016, tak się wstrzeliliśmy, żeby ludzie jeszcze prezenty kupowali – mieliśmy trzy opcje: że będzie średnio, dobrze i bardzo dobrze. No i sprzedaż tego dnia była trzy razy lepsza, niż zakładaliśmy.

Z: Zadziałał sentyment?

F: Tak. Sentyment do lat dzieciństwa.

Z: Na tym można daleko zajechać. I pomyśleć, że kiedyś był problem z kupieniem krawatu. Żółtego. W połowie lat dziewięćdziesiątych w telewizji niemieckiej – oglądałem, jak wyglądają i jak prowadzą – bardzo modne zrobiły się żółte krawaty. Wszyscy prezenterzy w tych krawatach chodzili i ni cholery w Polsce takiego krawatu nie można było dostać. Nigdzie. Nawet prywaciarze nie mieli. Trzeba było zrobić samemu. Mama gdzieś wyszukała taki materiał, z którego się kołdry szyło, taki błyszczący. Nie wiem nawet, czy moja mama nie szyła tego krawatu specjalnie do telewizji.

F: Nieźle.

Z: À propos mamy, która kiedyś szyła – to było kiedyś bardzo ważne, żeby znać osobę, która umie szyć i ma maszynę. Marzyłem o spodniach takich jak dżinsowe, ale szytych z płótna żeglarskiego. Jasne, białe spodnie. Najpierw należało znaleźć płótno, udało mi się je kupić w sklepie żeglarskim, sztywne jak plandeka. I mama mi z tej plandeki uszyła spodnie. Byłem z nich tak dumny! A to naprawdę wielka sztuka na ręcznej maszynie przeszyć poczwórnie złożone płótno żeglarskie. Biodrówki z dosyć niskim stanem, miały szerokie szlufki, więc można było założyć do nich szeroki pasek. Chodziłem w tych spodniach, aż się zupełnie przetarły i zniszczyły.

MARIN

F: Dla ciebie pewnie moda jest ważniejsza niż dla mnie. Ty zawsze taki ładny i wystylizowany...

Z: Ja nie jestem wystylizowany! Co ty gadasz za głupoty?!

F: A ja chodzę w piżamie po centrum handlowym.

Z: No nie, tak bym nie wszedł do centrum handlowego, bo uważam, że to by wyglądało nieprzyzwoicie. Staram się ubierać tak, żeby czuć się wygodnie. Chodzę w dżinsach albo spodniach podobnych do dżinsów, swetrze. Lubię krótkie kurtki, bo wygodniej jest w samochodzie. Rzadko wkładam marynarkę. Ale są sytuacje, kiedy trzeba włożyć marynarkę, smoking, krawat i muchę i nie mam z tym problemu. Na co dzień lubię chodzić tak, żeby było mi wygodnie.

F: Ja już noszę swoje bluzy, koszulki, a teraz wchodzimy nareszcie w kombinezony.

Z: Jeśli chodzi o ubieranie się zawodowe, to nie ma z tym najmniejszego problemu. Są stylistki, firmy, które pożyczają ubrania. Właściwie człowiek ma niewiele do powiedzenia. Ubierają cię i już.

F: Mnie zawsze tak samo. W beżowe spodnie i niebieską koszulę.

Z: Ale masz człowieka od tego. My kiedyś – pamiętam, jak jeszcze pracowałem w Programie Drugim TVP – mieliśmy podpisaną umowę z firmą szyjącą garnitury. Dostaliśmy chyba po pięć kompletów garniturów, mówię o panach, panie dostały garsonki. Podpisaliśmy kwit na wypożyczenie tych strojów. One nam rzeczywiście służyły przez kilka lat. Potem zapomniałem w ogóle, że takie ubrania miałem. Coś się zniszczyło, wyrzuciłem, oddałem, ślad zaginął po tych garniturach. I chyba po dziesięciu latach przyszło pismo z telewizji.

F: Że zalegasz?

Z: Tak. Komuś się przypomniało, że dostaliśmy te garnitury, że zostały wypożyczone i że trzeba je teraz zwrócić. I co z tym zrobić? Oczywiście zgłosiłem się do magazynów telewizyjnych, musiałem podpisać oświadczenie, że garnitury zostały zutylizowane, zniszczone i że ich nikomu nie sprzedałem, nie dorobiłem się na nich. Na szczęście udało się uniknąć konsekwencji finansowych.

F: Kilka dni temu robiłem materiał o latach dziewięćdziesiątych i poprosiłem stylistkę, żeby przygotowała mi ciuchy z tamtej epoki. Przyniosła, użyłem jednego kompletu. Miałem te torby z garniturami, paskudnymi, obciachowymi. I po skończeniu zdjęć wyjąłem te torby z samochodu i wyrzuciłem je prosto do śmieci. Potem ta stylistka mi mówi: „To ja już wezmę od ciebie te rzeczy!", a ja na to: „Przestań, Gośka, przecież wrzuciłem to do kontenera". No i afera: „Co zrobiłeś? Przecież to jest z magazynu, wypożyczone, za pieniądze. To jest zabytek! Jak mogłeś?! Przecież tego już nigdzie nie ma, to jest do filmów!". I teraz muszę pisać ten sam protokół.

Z: A ja z kolei z Caritasu buty odbierałem.

F: Po co?

Z: Zrobiłem przegląd butów i przekazałem jako dary dla biednych. Po czym zorientowałem się, że oddałem swoje najlepsze lakierki, bo nie pamiętałem o tym, że lakierki przełożyłem do innego pudełka. A to chyba sobota była i tego dnia musiałem włożyć na siebie smoking i mieć do niego lakierki. No i teraz idź do księdza i tłumacz, że chcesz z powrotem buty, które przekazałeś w darze. Ale musiałem to zrobić, bo nie miałem szans, żeby kupić sobie w jeden dzień nowe lakierki. Ksiądz się zresztą uśmiał, odnaleźliśmy te buty i wyciągnąłem je z Caritasu.

F: Już widzę te nagłówki: „Chajzer w butach z Caritasu!". Moda jest generalnie bardzo wdzięcznym tematem. Średnio raz na pół roku robię temat modowy, bo się pojawiają takie akcenty, które nagle wszyscy zaczynają podłapywać. Pojawia się jeden model kurtki i nagle cała Polska chodzi w tej kurtce.

Z: Ale zawsze tak było! Kurtki szwedki – jaki to był szał!

F: No dobrze, ale ja w zeszłym roku robiłem materiał o baleronie splendoru. Baleron splendoru, czyli kurtka puchowa pikowana w paski, niebieska. Pewnego razu wydawczyni mówi mi: „Zrób materiał o baleronie splendoru", a ja zaskoczony: „O czym?! Boże, o co chodzi...". Ale faktycznie, stanąłem pod metrem Centrum i jest: baleron splendoru jeden, drugi, trzeci... Wszyscy chodzą w takich samych kurtkach!

Z: No bo to lekkie, praktyczne... Pamiętam jeszcze czasy płaszczy z ortalionu w latach sześćdziesiątych, chyba włoski wynalazek. Kolory były dwa: granatowy i zielony. Ponieważ te płaszcze były dosyć cienkie, wchodziło ich dużo do paczki, przywozili je też marynarze, stewardesy, można było to kupić na bazarze. Szeleszczące okropieństwo.

F: O Jezu, pamiętam! Takie wory!

Z: Nie, to nie były wory. Miały pasek z klamrą. Szczyt mody. Od początku wydawało mi się to strasznie obciachowe. Wszyscy chodzili w tych płaszczach. One były nieprzemakalne, ale równocześnie nie przepuszczały powietrza.

F: Fuj! Mikroklimat własny!

Z: Wszyscy chodzili we własnym mikroklimacie. Wyobraź sobie jazdę autobusem: cały autobus szeleścił, bo jak się ludzie ocierali o siebie, to płaszcze wydawały niesamowity dźwięk, a poza tym wszyscy kołnierzami parowali, bo w tych płaszczach można było się zagotować. Ale moda była modą. Z takich obciachowych rzeczy pamiętam jeszcze garnitury i w ogóle ubrania z krempliny, takiej dość grubej tkaniny z włókna sztucznego. To głównie na wsiach było popularne. Te garnitury były w ostrych kolorach, jakby takie wczesne disco polo. Okropność!

F: Swetry z początku lat dziewięćdziesiątych teraz wracają jako swetry świąteczne.

Z: Te swetry przywoziło się z wypraw do Turcji. I spodnie marmurki.

F: To, co kiedyś było obciachem, teraz wraca jako hit mody. Przecież te ostatnie święta – 2016 – już wszyscy chodzili w obciachowych sweterkach! I to jest teraz fajne.

Z: Jako pastisz.

F: Oj, nie wiem, czy to jest pastisz.

Z: Przepraszam, ale nie jesteś dumny z tego swetra jako ze szczytowego osiągnięcia mody. Nosisz to bardziej dla zabawy, nie?

F: No trochę tak.

Z: W latach dziewięćdziesiątych turecki sweterek to był powód do dumy. Bo ta Turcja to był Zachód przecież. Spodnie marmurki, takie z mocno powycieranymi nogawkami, też z Turcji przywozili, całymi pakami, na bazary. Turcja była ogromnym centrum handlu tekstyliami.

F: Inspiracja modowa.

Z: Na początku lat dziewięćdziesiątych wszystko się stamtąd przywoziło.

F: A my teraz wypuszczamy linię dla najmniejszych dzieci, body z różnymi akcentami z lat dziewięćdziesiątych, bo moi rówieśnicy teraz zajmują się głównie rodzicielstwem. Pierwszym modelem, który wkłada nasze body, jest chłopiec urodzony kilka tygodni temu. Ma na imię Zygmunt. Zrobimy mu zdjęcie ze mną. Będzie Zygmunt i Chajzer.

Z: Ale wiesz co? Zaskakująca rzecz, bo wracają, jak mówisz, pewne fasony. Kupiłem sobie niedawno krawat z dzianiny.

F: Ba! One teraz kończą się na równo, nie mają dzióbka.

Z: Jestem z tego krawatu bardzo zadowolony. On jest taki lekko bordowy. Niedawno w piwnicy przeglądałem rzeczy i okazało się, że mam zbiór krawatów, jakieś 150–200 sztuk. Przeglądam je sobie, nagle patrzę... Wisi dokładnie taki sam. Ma małą meteczkę, mocno już wytartą, „Made in Italy". Skąd on się wziął? Pewnie z paczki, na ciuchach kupiony.

F: Albo wrócił z przyszłości!

Z: Identyczny jak ten, który kupiłem za kilkaset złotych.

F: Zapłaciłeś za krawat kilkaset złotych?! Jezus! W dupach się poprzewracało...

Z: Kosztował 150 złotych. Bo tak mi się spodobał.

F: Moda wraca.

Filip na koniec

To książka o tym, jak dobrze jest mieć wspaniałą rodzinę, a przede wszystkim rodziców. To wielkie szczęście, trochę jak wygrana w totolotku. Bo właśnie rodzice wpływają na to, jacy jesteśmy, jacy będziemy, jaki mamy charakter, upodobania, gust, w jakim środowisku się obracamy. To dla mnie zaszczyt, że mogę opowiedzieć chociaż trochę o swoim ojcu, fantastycznym człowieku, który przeżył kawał polskiej historii. Jest mi też niezwykle przyjemnie, mogliśmy Państwu opowiedzieć przez pryzmat naszego życia historię tego, jak żyliśmy, w co się ubieraliśmy, czym jeździliśmy, co jedliśmy, jakich wyborów dokonywaliśmy i jak niesamowitą drogę przeszliśmy od PRL-u do fajnego europejskiego kraju.

Mój ojciec nie jest człowiekiem wylewnym, raczej nie okazuje uczuć. Znałem historię jego życia, ale dość pobieżnie. Pierwszy raz mogliśmy usiąść przy stole i opowiedzieć o tym, jacy byliśmy, jaką drogę pokonaliśmy i jacy jesteśmy dzisiaj. Szczerze, w cztery oczy i bez żadnej ściemy. Piękne w tej książce jest to, że jest do bólu prawdziwa i do bólu nasza, że dała nam okazję do męskiego zbliżenia się, pogadania jak facet z facetem, jak ojciec z synem.

Reebok

Spis treści

CAŁE ZYCIE NA
relaksie